Connect

スタンフォード式

人生を変える 人間関係の授業

デイビッド・ブラッドフォード
キャロル・ロビン
David Bradford and Carole Robin
井口景子［訳］

Building Exceptional
Relationships with Family, Friends and Colleagues

CCCメディアハウス

スタンフォード式　人生を変える人間関係の授業　**目次**

Part I 草原に向かって
GETTING TO THE MEADOW

04 自分を知ってもらうために

Part II 山頂を目指して

TACKLING THE SUMMIT

Japanese translation rights arranged with
PENGUIN BOOKS LTD
through Japan UNI Agency, Inc., Tokyo

01

「格別」の関係を探し求めて

この本のテーマは、われわれが「格別」と名づけた特別な人間関係について。あなたにも1人か2人――あるいはもっと大勢――格別と呼ぶにふさわしい関係の相手がいるかもしれない。その人の前では、取り繕《つくろ》うことのない本当の自分が理解され、受け入れられていると感じられることだろう。

インスタグラムでつながっている何百人もの「友達」は、あなたが先週、素敵なレストランのディナーで注文したメニューを知っているかもしれない。一方、格別の存在であるその人は、あなたが長年、摂食障害に苦しんできたことや、そのディナーの席でパートナーと家庭を持つ計画について話し合ったこと、あるいは、今の仕事を辞める是非について議論したことを知っている。

どれも、高校卒業以来一度も会わないままインスタでつながっているだけの元同級生や、車で相乗り通勤をしているだけの相手にはまず明かさない話だ。でも、格別の関係のその人だけは、あなたの真の姿を理解し、あなたの身に起きている本当に大切なことを知っている。

人間関係は、濃淡が異なる連続体のようなもの。一方の端には、リアルな接点のないごく浅い関係、反対側の端には相手に理解され、支えられ、全面的に受け入れられていると感じられる濃密な関係がある。そして、その両極の間のどこかに位置する関係では、相手に愛着は感じるものの、多くの場合、もっと深くつながりたいという思いを抱えて生きている。

でも問題は、どうやって？　連続体の端に向かっていくためには、何をどうしたらいいのだろうか。

この本の著者であるわれわれ2人は、何千人もの学生やクライアントに向けて、この問いの答えを提供することに人生を懸けてきた。次はあなたの番だ。

格別の関係は自力で築き上げられるもの。そうした関係には、次に挙げる6つの大きな特徴が見られる。

1 あなたも相手も素の自分でいられる
2 互いに弱い面をさらけ出せる
3 本音をさらけ出しても批判されないと確信できる
4 互いに率直に議論できる
5 意見の相違があっても前向きに対処できる
6 相手の成長や発展を応援し合える

もう少し細かく見ていこう。

最初の3つは「自己開示」に関する特徴だ。やたらとプライベートをシェアしたがる今の時代に、なぜ自己開示が問題になるのか。それは、外向きにつくった顔と、本来の自分の姿の間にギャップがあるためだ。劇作家のオスカー・ワイルドは「自分らしくあれ。他の誰かの役はすでに取られているのだから」と皮肉めかして語ったが、私たちは過小評価されるリスクに怯《おび》えて、人に見せる姿を「編集」している。

SNSは、あらゆるものをポジティブに見せなければいけないというプレッシャーに満ちた世界を生み出した。最悪の旅だったのに、フェイスブックに投稿したのはエッフェル塔の前でほほ笑む写真、なんてことも……。知り合いのシリコンバレーのCEOたちはやたらと成功体験を語るが、現実には疲労と恐怖と燃え尽き症候群に苦しんでいる。

偽りのイメージを保ち続けるのは疲れるものだ。自分の姿を「編集」し続けていると、素のままの自分でいられないだけでなく、周囲の人にも「編集」を強いることになってしまう。

特定の誰か一人に「あなたのすべてをさらけ出せ」とは言わないが、その人との関係において重要な意味をもつ部分については率直にさらけ出すべきである。それも、笑顔いっぱいのバカンスの写真やクリスマスカードに紛れ込ませるのではなく、ありのままの姿をまるごと見せることが必要だ。

一方、後半の3つの特徴はフィードバックと対立について。相手の問題点を指摘するフィードバックは、相手の成長を後押しする強力な手段だが、うまくできると自信をもって言える人は極めて少ないだろう。格別の関係の場合、互いに率直に相手に意見し、忠告された側も警戒することなく、それを学びのチャンスだと受けとめられる。相手の問題点を指摘する行為は、2人の関係に本気で向き合う覚悟の表れであり、相手の成長の後押しにもなるとわかっているのだ。

どれほど良好な関係を築いていても、ぶつかることはある（われわれ2人の経験が何よりの証拠！）。でも衝突を恐れていては、いら立ちの原因が奥底に潜んでしまう。きちんと指摘して適切に向き合えば関係を深めるチャンスにできるのに、言葉にしないまま放置してしまうと大きなトラブルにつながりかねない。

その点、格別の関係では、問題点を指摘して解決できるおかげで、いら立ちのタネがくすぶったまま長期的なダメージをもたらす心配はない。互いへの忠告を学びのチャンスととらえられるおかげで、同じ問題が再発するリスクも軽減できる。

われわれ2人は長年、公私にわたって強力かつ実用的で揺るぎない人間関係を構築・維持する方策を、多数の学生やクライアントに教えてきた。読者の皆さんも彼らの後に続き、さらに多くを学び取ってほしいと願っている。

コーチングや授業、カウンセリングの現場で目の当たりにした人々の変化こそが、われわれ2人の情熱の源。われわれは、この本でお伝えするような考え方を単に研究し、教えてきたのではなく、日々実践している――もちろん、完璧とは言えないが。

デービッドは結婚55年以上の妻から「人に教えていることが、どうして自分ではできないの！」と言われ、キャロルの夫アンディも妻に似たような思いをいだいている。それでも、われわれは授業の内容を自らも実践しようと努力を重ね、おかげでよりよい人生を手に入れた。

そんな2人の格別の関係も、かつて崩壊寸前だったことがあった。デービッドの行動（正確には行動しなかったこと）がキャロルの逆鱗に触れ、二度と関わりたくないと思うに至ったのだ。詳しくは17章で述べるが、ここで重要なのは、縁が切れる瀬戸際まで追い込まれても、その後に関係を修復できたこと。おかげでこの本を共同で執筆し、その過程で格別の関係をさらに深めることができた。

失敗や誤解があっても、修復は可能――われわれ2人はその生き証人である。

われわれは教員だが、皆さんが身をもって経験しなければ学べないことが多々あるという信念から、この本は実践に重きを置いている。世界トップクラスのビジネススクールで教鞭を取ってきたとはいえ、伝えたいことの多くはビジネス以外の分野にも深く関わる。われわれが数十年間にわたって全身全霊を捧げてきたスタンフォード大学の「インターパーソナル・ダイナミクス（人間関係の力学）」のコースは、親しみを込めて「タッチー・フィーリー（感情丸出し）」の愛称で呼ばれているが、決して芯のないナンパな内容ではない。「ソフトスキル」の習得には多大な労力が必要なのだ。

この本の基盤にあるのは、数十年にわたるわれわれの経験と、対人心理学を中心とした社会科学の知見である。デービッドがスタンフォード大学ビジネススクールに着任し、「インターパーソナル・ダイナミクス」のコース開発に着手したのは50年以上前のことで、今では「タッチー・フィーリーの父」と呼ばれている。20年ほど前には「タッチー・フィーリーの女王」ことキャロルが加わり、プログラムの規模は2倍になった。

インターパーソナル・ダイナミクスは今も、スタンフォードのビジネススクール随一の知名度と人気を誇る講座だ。85％以上の学生が受講登録し、履修資格を得るには相当の好成績が求められることも。受講生から「人生が変わった」との声が多数寄せられ、卒業生たちも「強烈な影響を受けた」「公私にわたって今も役立っている」と口を揃える。

受講生同士が唯一無二の親友になることもあれば、なかには結婚に至ったケースも！　デイヴィッド・ケリーのベストセラー『クリエイティブ・マインドセット』（日経ＢＰ）や朝の情報番組「トゥディ」、ニューヨーク・タイムズなどで取り上げられ、ウォールストリート・ジャーナルで特集が組まれたこともある。どれも、このコースで取り扱うスキルが現代社会において不可欠であることの表れだろう。

受講生もすぐに気づくように、このコースは「タッチー・フィーリー」の愛称とは裏腹に「楽勝科目」ではない。受講生は「Tグループ」と呼ばれる12人ずつのチームに分かれ、10週間の学期中に約60時間の授業に参加する。TグループのTはセラピー（therapy）ではなく、トレーニング（training）のT。このグループは自己開示の重要性やフィードバックの与え方と受け取り方、違いを乗り越えてつながる方法、互いへの影響の与え方といった概念を実践に移す「実験室」であり、グループ内で交流を深め、仲間の反応から学び合う場だ。

人間関係を好転させるコツを学ぶ最善の方法は、講義や資料、ケーススタディーでもなければ、さらにはこの本のような書籍でもなく、現実の世界でリアルに人と関わること――われわれはそう確信している。この本には講義で教える内容がすべて盛り込まれているが、効果を最大限に引き出すためには、あなた自身の人間関係を「実験室」として活用すべきだ。この本には、そのための具体的な方法が詰まっている。

学生たちは数字を高速で処理して解決策をひねり出す作業に慣れているので、コース開始当初は、グループで座って「誰が誰に深いつながりを感じるか」「それはなぜか」を考えるといった内容を不快に感じることもある。それでも、このコースが支持される理由を当初は理解できなかった無数の学生が、最後には「信者」となって巣立っていく（カルト集団ではない！）。

このコースが熱い支持を集める理由は教員の素晴らしいコメント……ではない。講師陣の役割は学ぶ環境を整えることだけで、あとは学生たちが自身の言動が周囲にどう影響を与えるか――そして、それが未来のリーダーとしての成功にどうつながるか――を学び取っていく。

人間関係に関わるソフトスキルがキャリア上の成功の基盤であることは、専門家の間では周知の事実。ビジネスで向き合う相手はあくまで「人」であり、アイデアや機械、戦略、あるいはカネでさえない、というのがわれわれの信念だ。

このコースは「絆を深める」「信頼を得る」「影響力を手に入れる」といったリーダーとしての成功に不可欠なソフトスキルを伸ばす格好の場だが、学生たちはさらに奥深い力も身につけていく。それはどんな力か。かつて、ある学生がその力の本質を見事に言語化してくれた。

「トップクラスのビジネススクールならどこでも、よりよい管理職、よりよいリーダーになる方法を学べることはわかっていた。でもスタンフォードに来たら、この授業のおかげで、よりよい人間になれる――そして結果的に、優れたリーダーをはるかに超える存在になれるとも確信していた」

同窓会での会話や、長年の間に届いた多くのメールには、次のような言葉があふれている。「このコースが10年後に私のキャリアと結婚を救ってくれました」「授業で学んだことをほぼ毎日、職場で活用しています」「このコースのおかげで、よりよい同僚であるのはもちろん、よりよい親、配偶者、息子、娘になれました」

エグゼクティブ・プログラム（経営幹部を対象とした短期コース）を受講したある参加者は、こう語ってくれた。

「驚いたことに、このプログラムはリーダーシップの向上を謳《うた》っているわけではありません。授業の軸はよりよい人間になるための方法なのに、副次効果として、正しい自己認識と思いやり、弱みを見せられる力、コミュニケーション能力を備えたよりよいリーダーになれました」

こうしたソフトスキルの習得には多大な労力が必要だが、誰にでも可能だ。コースの内容はMBAの学生だけに役立つ話でもなければ、カリフォルニア特有のスピリチュアル系の話でもない。ヨーロッパでもアフリカや中東、アジア、中南米でも、スタンフォードよりずっと多様なバックグラウンドをもつ参加者が集まって同じような講座が開かれ、同じような成果が出ている。

大学でのキャリアに加えて、われわれ2人はコンサルタントやエグゼクティブ・コーチとしても、多くの国々の多種多様な業種にまたがる何百もの組織（営利も非営利も）に関わってきた。フォーチュン100の大企業からベンチャーまで、組織の規模はさまざま。また、世界中から集まる上級管理職に向けてスタンフォードでの1週間のエグゼクティブ向けコースを共同開発し、キャロルはその経験を応用して、シリコンバレーのCEOや創業者、投資家向けのコースも手がけている。

そうした長年の経験を通して発見した衝撃的な事実、それは、人は思いもよらないほど幅広いタイプの相手と、深くて充実した人間関係を築けるということだ。一見、ほとんど共通点がなさそうな人とでも格別の関係を築くことは可能だし、実際、われわれは公私両面でそうした光景を何度も目撃してきた。

必要なのは、表面的な会話の先に踏み込むスキル。時間の長さは必須ではないが、自分自身と相手について本気で知ろうという努力は不可欠だ。

もちろん、相手が誰でもいいわけではない。深い絆の構築には膨大な労力を要するので万人を相手にするのは不可能だし、その必要もない。あなたには、テニスのパートナーや映画やコンサートを一緒に楽しむ仲間、たまに夕食を共にする友人など幅広い人間関係があることだろう。仕事では協力し合っても、親しい友人ではないという同僚もいるかもしれない。

彼らは社会的交流や知的刺激、仕事上の評価、そして楽しい時間をもたらしてくれる、あなたの人生に必要な存在。濃密な関係でなくても何の支障もない。すべてのデザートが極上のチヨコレートスフレとはかぎらないように、すべての関わりが親密な相手との関わりである必要はないのだ。

一方で、そうは言っても、もっと関係を深められそうな人もいるのではないだろうか。格別の関係を築けるという確信はなくても、今よりも強い絆を育《はぐく》めそうな相手が……。

この本を手にしたあなたが知りたいのは、表面的な付き合いをプライベートな関係に発展させる方法だろうか。それとも、疎遠だった人との距離の縮め方や、ライバル関係から協力し合える仲間へと変わるコツだろうか。もしかすると、すでに手に入れた深くて特別な関係を、さらに豊かな関係に発展させる方法を模索しているのかもしれない。この本は、そうした願いを叶えるお手伝いができるはずだ。

この本が提供するのは「手軽に深い関係を築ける5つのコツ」ではない。そんなものは存在しないし、万人に当てはまる方法もない。あなたには効果的でも、他の誰かには不向きだったり、ある人との関係構築には役立っても、別の誰かとの関係にはマイナスだったり。しかも、人間関係の深さにはキリがないので、格別の関係自体も不変ではないむしろ生命体のように常に変化し、常に大切に育まれるべきものであり、常に新鮮な驚きをもたらしてくれる存在だ。

この本では、そんな関係がもたらす恩恵だけでなく、それを手に入れるために必要な努力についても歯に衣着《きぬき》せずお伝えする。われわれは、そうした努力を経て友人や夫婦、家族、同僚との関係に劇的な変化が生じたケースを目撃してきた。

この本の教訓を実践すれば、無用な対立が減り、より強固で幸せで深い関係を築けるはずだ。

また、相手に安心と誠実さを感じられれば、あなたの成長のチャンスは無限に広がり、本心をさらけ出して付き合うことでパラダイムシフトが生じる。

突き詰めれば、格別の関係とは、単なるスキルや能力の寄せ集めではなく、これまでとはまったく異なる生き方を模索すること。その先には魔法のような世界が広がっている。

02

一流コースを再現する各章での学び

インターパーソナル・ダイナミクスの授業で伝えてきたスキルは、われわれ自身も折に触れて活用している。周囲の誰かが人間関係に悩んでいるとき、自分自身がトラブルに直面したとき……。

学生からは「講義の内容を書籍にまとめてほしい。そうすれば、必要なときに見返したり、友人や配偶者、ビジネスパートナーと共有したりできるから」とたびたび要望が寄せられていた。また、われわれ自身も、コースの内容をスタンフォードの外の世界にいる多くの人々に届けたいと考え、その方法を長年模索してきた。

もちろん、書籍化には課題も少なくない。1つ目の関門は、大学の授業の肝が少人数グループでの実体験を交えた密接な学びであること。学生は10週間にわたってグループの仲間と膝を突き合わせて学ぶので、どれほど大変でも脱落者はいないし、衝突が起きても、互いの内面への理解が進むにつれてグループ内で解決に至る。

2つ目は、授業ではグループの仲間からサポートを得られること。ある2人の関係がこじれても、他の仲間が「大丈夫?」「ガブリエルは悪くないと思う」などと介入してくれる。さらに3つ目として、守秘義務や、「唯一の間違いは失敗から学ぼうとしないこと」という考え方など、学習を下支えする文化規範があることが挙げられる。

書籍を通した学びには、これら3つの要素が存在しない。もちろん、授業で伝えるのと同じ概念やエピソード、教材や読み物の情報を提供することは可能だが、11人の仲間を用意して、読者の学びや意欲を支えるのは無理だし、読者の皆さんの人間関係を支える文化規範に影響を及ぼすこともできない。われわれは指導力の高さを自負しているが、それでも限界はある。

さらに、書籍の場合、皆さんが頭で理解したことを行動に移す際のサポートがしにくいという関門もある。頭でわかっていても行動に移せないというパターンがよく見られるが、経験を通した学びでは、まず試してみたうえで学ぶという順序が肝要だ。

そのため、この本では読者の皆さんの能動的な参加を強く求める。授業でよく話すように、「傍観者が何も学べないのに対し、腕まくりをして本気でぶつかる人は最大の学びを得られる」からだ。

この本で紹介する5つのシナリオはすべて、2人の人物の関係が変化する瞬間に焦点を当てている。登場するペアは多種多様。父親との長年の関係性を変えたいと願う娘、家庭内の役割分担をめぐってすれ違う夫婦、互いの距離が縮まり、新たな課題に直面した仕事仲間――。どれも実際にどこかで見聞きしたことのありそうなエピソードなので、単に受け身の姿勢で読むのではなく、「自分がその立場だったら」と想像しながら読んでほしい。

登場人物たちが悪戦苦闘するエピソードを読み、彼らの立場に思いを馳せながら、自分だったらどう感じ、どう行動するかを考えてみよう。自分の得意なことや、押し殺してきた思い、今後伸ばすべきスキルなどについて、気づきがあるかもしれない。

その後、われわれがそれぞれの状況への対処法を提示するので、どの程度実行しやすいか、どの点が難しいかを考えよう。自らの反応を通して、自身の内面についての発見があるだろう。各エピソードを「自分ごと」としてとらえるには、こうした能動的な参加が不可欠だ。

2つ目のお願いは、学んだことを実行に移してほしいということ。各章の最後に、振り返りのための質問と、学んだ内容を実践する方法の提案が掲載されている。1つの章を読み終えるたびに時間を取って、それらの課題に取り組んでほしい。スタンフォードの学生たちも、次回の授業までに同じことをしている。

もちろん、簡単な作業ではない。明快な回答ではなく、複数の選択肢が提示されている場合も多い。これは、あなたの望む結末や能力、許容できるリスクの大きさといった要因次第で適切な解決策が変わってくるためだ。

人間関係は両者で作り上げるものなので、「何が正しい行動か」は相手によっても変わる。答えを一律に決めるのではなく、「相手は何を望み、どこまで対応してくれるのか」「その人との関係の経緯は?」といった条件に応じて柔軟に考えるほうが自由度が高まる。望み通りの関係が手に入る保証はなくても、挑戦することで学べることは多いだろう。理想としては、1つの章を読み終えたら、実生活に応用してみて、その後でもう一度同じ章を読み返してほしい。

3つ目のお願いは、2つの重要な「アンテナ」を張り巡らせてほしいということ。一方のアンテナは外に向けて、もう一方のアンテナは自分の内面に向けて。内向きのアンテナだけでは相手を理解できないし、外向きのアンテナだけでは自分を見失ってしまう。2つのアンテナを駆使することで、その場の状況と2人のニーズに最もフィットした行動を起こせる可能性が高まる。また、2つのアンテナの感度が高まると、他者とのあらゆる関わりを学びのチャンスととらえられるようにもなる。

ある共通の友人から、「インターパーソナル・ダイナミクス」という講座名よりむしろ「インターパーソナル・マインドフルネス」のほうが適切だと言われたことがある。この本が提案するような方法で他者と関わるには、自分と相手の状況に意識を集中させる（マインドフルネスな状態になる）必要があるからだ。

われわれが皆さんに成績をつけることはない！　でも、スタンフォードの授業と同じやり方に是非こだわってほしい。

関係構築の道のりと、この本の概略

人間関係はどれ1つとして同じではないが、関係が深まるプロセスには似たようなパターンが見られる。よくあるのは、音楽やハイキングのような共通の趣味から始まる関係。逆に、計画を立てて主導するのが好きな人と、そういう作業を面倒に感じる人という具合に、正反対のタイプの組み合わせもあり得る。この場合、両者それぞれが相手とどう関わり、どう影響を与え合うべきかを探る必要がある。

一方が提案した計画を、もう一人が拒否してもいいか？　提案する側が「自分の負担ばかり大きすぎる」と感じたとき、どの程度まで相手に分担を求めていいか？

この程度の浅い関係がちょうどいい相手もいるだろう。まったく問題ない。たとえば、バスケットボール好き同士の気楽な友人関係で、２週間に一度ほど一緒に試合観戦を楽しむにはちょうどいい距離感で、話題は主に映画や最近の出来事（微妙な話題は避ける）だ。２人とも現状に満足しており、心の奥底の不安や秘めた野望について語り合いたいとは思っていない。１章で述べたように、すべての友人関係が極上のチョコレートスフレである必要はないのだ。

一方で、関係を深めたい相手もいるだろう。その場合は互いを知るという初期のステージを超えて、より率直かつプライベートなコミュニケーションへと足を踏み入れていく。相手への理解が深まるにつれて新たな共通項に気づき、信頼が積み重なるにつれて、心の内をさらけ出し、弱みを見せても大丈夫だと思えるようになる——このサイクルを繰り返しながら関係が発展していくと、表面的な付き合いの相手には話さないような職場の悩みや10代の子供との対立についても話せるようになっていく。

互いが大切な存在になるにつれて、関係の複雑さも高まっていく。果たすべき義務や相手への期待が増え、同時に衝突のタネも増加する。でも、相手にイラっとしたときに衝突のタネに向き合って解決できれば、2人の関係はさらに強まり、相手への希望や不満を率直に伝えやすくなる。そして、よりオープンで誠実で健全な関係が構築されるにつれて、力の不均衡が消え、両者の満足度は同じレベルに落ち着いていく。

その過程で、互いへの関わり方も身についていく。必要なときには助けを求め、不要なときは断れるような持ちつ持たれつの関係。対立が生じても、対処法がわかっている関係。そんなステージに到達できれば、互いの心強いサポーターとして、悩みを話し合い、意見を言い合い、結果としてさらに成長できるだろう。

ただし、その関係をさらに進化させたいのであれば、リスクを冒して心の内をさらけ出すレベルを劇的に引き上げる必要がある。この時点で、両者ともすでにこの関係に多大な「投資」をしているため、その分リスクも高まる。なかには何年にもわたって楽しい時間を共有し、互いをさらけ出し、信頼を積み重ねながら距離を縮めるうちに、いつの間にか格別の関係に至っているケースもあるが、たいていの場合は、一度、または何度かの決定的な出来事を経て一気に関係が深まる。

2人の仲を引き裂きかねない対立のタネがあるとしよう。寝た子を起こさないほうがいいと考え、まったく話題にしないという選択もあり得る。その場合、2人の関係は続くだろうが、それ以上にはならない。一方、問題に向き合う選択をした場合、そこで縁が切れてしまうかもしれないが、もし対立を完全に乗り越えられれば、絆が一段と強まり、格別の関係に足を踏み入れられるだろう。

深い関係を築くには長い時間がかかる。即座に距離が縮まる魔法はない。われわれは関係を深めるスピードや方向性に関するアドバイスを提供するが、それを実現するには両者の協力が不可欠。つまり、関係を発展させたいという意欲と能力があるかを含め、この先の展開は相手次第だ。あなたが影響を及ぼせる面もあるとはいえ、相手をコントロールするのは無理なのだから。

関係が発展する道のりも一直線とは限らない。しばらく同じ場所にとどまったり、後退したりを経て、再び深まり始めるケースもある。

この本は関係が深まっていく道筋に沿って進む構成になっており、2つのパートに分かれている。まずＰａｒｔ Ⅰでは、1章で紹介した格別の関係の6つの特徴について検証する。この6つの特徴は、格別の関係に至るか否かにかかわらず、あらゆる強固な人間関係のカギとなる。

また、自分らしさを発揮し、周囲の人も自分らしく生きられるようサポートする方法や、両者のパワーバランス、互いへの影響の与え方についても扱う。さらに、小さなトラブルのタネや大きな見解の相違への対処法、互いの問題点を指摘し合える関係に向けて乗り越えるべき障害、そもそも人は変われるのかという厄介な疑問や、対立を乗り越えるために好奇心が果たす役割についても考える。

Ｐａｒｔ Ⅱでは、すでに極めて良好な関係を格別の関係にまで進化させる方法を考える。大きな衝突を乗り越え、その過程で関係をさらに深めるために必要は条件とは？　近しい距離を保ちながらも、相手との間に境界線を引くにはどうしたらいいか？

また、一方の悩みを解決しようとすると相手に苦痛を与えてしまうケースでの感情のもつれについても取り上げる。何の試練もなく格別の関係を築けることもあるが、試練を経ることで絆が一段と強まり、関係を育て、維持するスキルが高まるケースも少なくない。

２人の関係が格別のレベルに至らなくても、それは失敗ではないし、未来永劫《えいごう》そうなれないと決まったわけでもない。そんな微妙な状態への対処法については16章で扱う。

そして最後の17章では、われわれ２人の関係が決裂の危機に瀕した経緯と、この本に詰め込まれているあらゆる学びを総動員して危機を脱し、関係をさらに深めた方法について紹介する。恐ろしい経験だった。恥ずかしながら、対人関係について教えているわれわれでも、大失敗することはあるのだ。

学びのマインドセット

フランスの印象派の画家ルノワールは78歳で亡くなる直前に、「（絵画について）何かわかり始めた気がする」という最期の言葉を遺したと言われている。なんとオープンで探求心に満ちた素晴らしい考え方だろう。

われわれ２人も同じような考えを、もう少し下品な言い方で表現している。問題に直面するたびに、「まあ、これもＡＦＯＧだ（another f**king opportunity for growthの略語＝新たな成長の糞チャンス）」と考えるようにしているのだ。

ルノワールの言葉とわれわれの表現のどちらがお好みかはともかく、常に学ぼうというマインドセット（心構え）の大切さは、いくら強調しても強調しすぎることはない。オープンな心で学びと向き合わないかぎり、人間関係は（もちろん、格別の関係も）構築できない。

学びのマインドセットには、新たなスキルや能力だけでなく、自身の内面を見つめる力も含まれる。１９７０年代にアメリカの新聞の漫画『ポゴ』の主人公は「敵に会った。奴は俺たちだ」と言った。物事がうまくいかないとき、それを他人のせいにするのは簡単だが、「敵は自分の中にもいるのではないか」と自らを省みることが必要だ。

学びのマインドセットには、いくつもの特徴がある。まず、自分のやり方が常に最善だという発想を捨てること。次に、新しいことに果敢に挑戦し、失敗するリスクを恐れないことも重要だ。３つ目の特徴は、失敗を恥ずべき経験として隠すのではなく、学びのチャンスととらえること。その際にカギとなるのが好奇心だ。物事が順調に進まないときに他人のせいにするよりも、「どうしてうまくいかないのだろう」と考えるほうがずっと生産的である。

オープンな心で学び続けられる人生は最高だ。この本で論じるようなスキルと能力を磨き、ブレーキとなる思い込みについて反省し、自らのプラスにならない行動を見直しながら、成長を続けられる人生。ベテラン俳優で脚本家のアラン・アルダはこう言っている。

「あなたの中にある思い込みは、この世界への窓。ときどき窓を磨きなさい。そうしないと、光が差し込まない」

比較的楽に起こせる変化もあれば、多大な困難を伴う変化もあるが、どんな変化も人間関係の魔法のなかで起きる。

厳しい状況に直面すると、「自分には無理」と言いたくなる誘惑に駆られるものだ。確かに、「今」のあなたには難しいかもしれない。でも、将来にわたってずっと無理だろうか。心理学者のキャロル・ドゥエックが常に成長し続ける「しなやかマインドセット」を提唱しているように、「今のあなたにはまだ無理なだけ」ではないだろうか。

この本が提案するスキルや能力は決して、学習不可能な「秘伝のレシピ」ではない。そう断言できるのは、インターパーソナル・ダイナミクスの授業で「無理」と訴えていた多くの学生が、学期末を迎える頃には必要な能力を身につけているからだ。どのケースでも、ポイントは「自分には無理」というマインドセットから「過酷な道だが、私には選択肢がある」というマインドセットに変わっていく。人によって選ぶ道は異なるが、現状が自身の選択の結果であるという事実から目を背けてはならない。

苦しい道のりなのは紛れもない事実。でも、やってみる価値はある。読者の皆さんが、豊かな学びの源である失敗をたくさん積み重ねられるように幸運を祈る。

学びを深めるために——導入編

本の内容をあなた自身に引き寄せて考えられるよう、まず手始めに、関係を劇的に深めたい相手——家族でも友人も同僚でもＯＫ——を４～５人選ぼう。各章の最後にある「学びを深めるために」の「振り返る」というセクションで、あなたが選んだ「特に大切な人間関係」に、その章の内容がどう関連するかを考えよう。

各章の教訓は、あらゆるタイプの人間関係に適用可能だ。また、「実践する」のセクションでは、本の内容を実際の人間関係の強化につなげる具体的なコツも提案する。お勧めは、選んだ相手と目標を共有すること。そうすれば相手も事情を把握し、あなたが協力を求める理由を理解してくれるだろう。また、あなた自身の学びのためだけでなく、大切な関係をより強固なものにする絶好の機会だと考えているという点も強調できるといい。そして、あなたの選んだ相手がこの学びの旅に同行してくれれば最高だ。

最後の３つ目のセクション「理解する」では、実践を通じて学んだことを振り返る。経験は、その意味をしっかりと理解できてこそ大きな価値をもたらすものだ。われわれも、教室でしてきたように皆さんに問いかけていく。この章で学んだことを自身の人間関係に実際に当てはめてみてどうだったか？　自分自身について、そして絆を強める方法について、どんな学びがあったか？　と。

振り返る

1章で格別の関係の特徴として次の6つを挙げた。

1 あなたも相手も素の自分でいられる
2 互いに弱い面をさらけ出せる
3 本音をさらけ出しても批判されないと確信できる
4 互いに率直に議論できる
5 意見の相違があっても前向きに対処できる
6 相手の成長や発展を応援し合える

あなたが先ほどリストアップした「特に大切な人間関係」のそれぞれについて、次の質問に答えよう。

- 6つのうちのどの特徴が最も強いか？（複数回答可）
- 6つのうちのどの特徴について最も改善したいか？（複数回答可）
- あなた（相手ではなく）がしたこと、または、しなかったことの何が、改善の必要な特徴につながっていると思うか？

実践する

特に大切な人間関係のなかから一人を選び、その人に2人の関係に期待するものについて話してみよう。「振り返る」で行った自己評価（あなたがしたこと、しなかったことの話を含め）を相手と共有し、相手があなたとその人自身、そして2人の状況について同じように感じているか確認しよう。

理解する

どうだっただろうか。あなた自身について、そして問題の切り出し方について気づいたことは何か？　相手からの指摘を寛容に受けとめられただろうか。

この章では学びの足を引っ張る要因について見てきた。思い当たるものはあっただろうか。より強固な関係を築く「プロセス」について、何か気づきはあっただろうか。

注：いま紹介した「学びを深めるために」のアクティビティで気づいたことを記録しておこう。3章以降でもたびたび同じ人間関係を活用するので、記録によって関係が変化していく様子が見て取れるのも楽しいものだ。スタンフォードの学生たちにも受講中に記録を残すよう指示している。そのときは嫌がられるが、後になって感謝されている！

Part I

草原に向かって

GETTING TO THE MEADOW

山を登る

10代から20代にかけて、デービッドは夏休みのたびに米ニューハンプシャー州北部のホワイトマウンテン国立公園を訪れ、プレジデンシャル山脈のワシントン山に登った。多くのトレイルがあるワシントン山は彼のお気に入りの場所だったが、危険な山でもある。

北米きっての難易度とまでは言わないものの、死者数はトップ。夏の天気の急変によって、多くの無防備な週末登山家が窮地に追い込まれる。気持ちのいい晴天だと思っていたら、いきなり雲が広がって気温が急降下し、登山道の案内板も見えないほど……。

デービッドも、人と一緒に歩くのが好きなのに加えて、いつ助けが必要になるかわからないという思いもあって、決して単独の登山はしなかった。

誰かと一緒に山頂を目指す道のりは、格別の関係づくりの道のりとよく似ている。初めは、軽いおしゃべりをしながら歩く気楽なトレイルからスタート。そのうちに道がやや険しくなり、岐路が現れる。２つに分かれた道のどちらに進むべきか意見が割れるが、どちらかに決めなくてはならない。

やがて急な岩壁が目の前に現れると、選択肢の数がぐんと増える。パートナーにどこまでのサポートを申し出るべきか？　相手はその申し出を喜んでくれるだろうか、あるいは侮辱されたと感じるだろうか。あなたは休憩を取りたいのに、相手は歩き続けたいときはどうしたらいいか？

誰かと一緒に岩壁を登るのは爽快な経験だ。そして、登り切った先に広がるのは、夏の花々が咲き乱れる美しい草原。リュックを下ろして休憩し、達成感に浸ろう。また、この草原にとどまり、パートナーとくつろぐという選択もある。この先の岩はさらに巨大で、攻略するのは一段と難しそうだ。

この本で紹介する5組のペアは皆、それぞれの「草原」にたどり着く。強固で意義深い関係を構築し、個人としても多くを学んで成長できたという意味で、彼らはすでに偉業を成し遂げている。

どんな人間関係も、格別の関係という「山頂」を目指す前に、まずはこの「草原」にたどり着く必要がある。その後、草原にとどまる関係もあれば、さらに先を目指す関係もあり。でも、これだけは誤解しないでほしい――草原に到達すること自体、得るものも大きいとはいえ、多大な困難を伴う大きなチャレンジなのである。

03

伝えるべきか、黙っているべきか

エレーナ＆サンジェイ――職場の同僚 パート1＆2

私たちは日々、さほど親しくない人々と無数の関わりをもっている。「こんにちは」と声をかけ、社交辞令を交わす近所の食品店のオーナー。あなたの職業や子供の数、先日のバカンスの行き先まで知っていても、それ以上は立ち入らない隣家の住人。ときどき集まって食事をする仲だけど、伝えていない話も多い友人たち。もっと深くて意味のある交流がしたいと思っても、その方法がわからない場合もあるだろう。

格別の関係に至るには、自分のことをよく知ってもらう努力が不可欠だ。自分をさらけ出す「自己開示」によって絆が深まり、信頼も高まり、本当の自分が受け入れられているという確信にもつながる。ただし、自己開示にはリスクも伴う。

キャロルがシリコンバレーの経営幹部ら十数人と共にリトリート（日常生活から離れた環境で心身をリセットするための合宿）を行ったときのこと。当時、彼女は気になる問題を抱えていて仕事に集中しづらい状況にあり、リトリート先でも気分が落ち込みがちで、「教師」として自身の弱さを痛感していた。うまくいかなかったら、大切なクライアントたちからどう思われるだろう。いっそ自分の状況を打ち明けてみようか……。

キャリアが浅い頃なら必死に隠そうとしただろう。でも、このときのキャロルは普段教えていることを実践に移し、クライアントたちに自分の感情を率直に打ち明けた――そうすることで自身の弱さを痛感している事実も含めて。

すると、その瞬間、絆が生まれたのを感じた。参加者からも、堅苦しい雰囲気を壊してくれたことに感謝する声や、自分も同じように気分が盛り上がらず、疎外感をいだいていたという声が上がった。

この章では、本当の意味で他人に理解されるために必要な条件を考える。イメージするほど簡単ではない。本音をさらけ出してオープンに振る舞ったのに、誤解されてしまったら？ 率直な態度が相手を萎縮させてしまったら？ 自己開示を行う際に感情が果たす役割とは？ 自分を知ってもらうために、どこまでのリスクを冒せるか？

エレーナ&サンジェイ　パート1

同僚のサンジェイとランチに出かけようと立ち上がったとき、エレーナは葛藤を抱えていた。原因は、その日の朝に別の同僚ともめたこと。その同僚は数週間前に自分で引き受けると言っていた仕事をエレーナに押しつけようとしたうえに、彼女が断ると怒って当たり散らしたのだ。エレーナはサンジェイの意見を聞きたいと思ったが、「対応が下手だ」「過剰反応だ」と思われたらどうしようという不安もあった。

エレーナとサンジェイは別の部署の所属だが、1年ほど前に技術審査のプロジェクトに携わった際に知り合った。エレーナにとっては、問題解決能力が高くて度量が広いサンジェイと働くのは楽しい経験。2人は互いの発想を生かし合い、意見の相違も前向きに乗り越えた。プロジェクトが終わった後も、2人は定期的にランチで近況を報告し合うことに。どちらもアウトドア好きなので、キャンプ用品やお薦めのキャンプ場の情報を交換したり、サンジェイがエレーナの家族と一緒にキャンプに出かけたり。エレーナはカヤックでの急流下りにもハマっていた。

エレーナにとって、サンジェイとの友情は心の底から大切なもの。職場以外にも友人は大勢いるが、仕事の話はしにくいし、彼らもエレーナの職場の詳細は理解できない。エレーナには自分の意見をストレートに言いすぎる面があり、それが原因で前の職場を解雇される羽目に。次の職場では、信頼してアドバイスを仰げる人、職場の表も裏も知り尽くしている人を見つけたいと思っており、サンジェイこそ適任に思えた。

とはいえ、サンジェイに誤解されては困る。2人とも既婚者だし、エレーナが求めるのはあくまでも友人関係。また、誇れる話とは言いがたい前職でのトラブルを打ち明けた場合のサンジェイの反応も心配だ。エレーナは注意深く振る舞おうと心に決めた。

2人はカフェテリアの列に並んで食事を受け取り、空いている席を探した。

「今週はどうだった?」と、サンジェイが尋ねた。

「うーん、いつも通り、いろいろとあった」

エレーナはどこまで話そうか迷いながら、そう答えたが、サンジェイはそれ以上尋ねることもなく、週末に行ったキャンプについて熱く語り始めた。

「君の言った通り、あのキャンプ場は最高だった。よちよち歩きの子を追いかけ回す必要がなくなったら、また行きたいな」

今朝のトラブルについて話さなくて正解だった、とエレーナは思った。彼はエレーナの発したサインに反応せず、それ以上聞いてこなかったからだ。それに、妊娠を待ち望んでいるエレーナにとっては、子供との週末の話はうらやましくて胸が痛む。でもプライベートすぎるから、不妊の話もやめておこう。エレーナはそう決めると、他のキャンプ場のお薦め情報を話し始めた。

その後、話題が社内の話に移ったところで、思い切って朝の出来事について触れてみることにした。おおまかな流れを話した後、エレーナは「ここの仕事は楽しいけれど、こういうことがあるとイライラする」と語った。

話に熱心に耳を傾けていたサンジェイは、「僕も同じような経験をして、激怒したよ」と話し始めた。「それも昨日、直属の上司とやり合ったんだ」

その話を詳しく聞いたエレーナは安心し、サンジェイとの距離が少し縮まった気がした。エレーナは気難しい上司との付き合い方についてもアドバイスを求めようかと思ったが、解雇された過去をうっかり口にしてしまう危険を考えて、やめておくことに。話題が会社のＣＥＯからの発表に話題が移ると、ほっとした。その後、２人は皿を片付けながら、「楽しいランチだった」と言い合った。


エレーナが選んだのは安全路線だった。その気持ちも理解できる。個人的な話を打ち明けるときには誤解されるリスクが付きまとい、厳しい指摘を受け、拒絶されるかもしれないという恐怖心が沸き起こるものだからだ。

人は誰しも「過去の経験」というフィルターを通して情報を処理しており、なかには衝撃的すぎる経験が原因で、現状への対応まで歪んでしまうケースもある。

たとえば、われわれがコンサルティングを行ったフォーチュン５００のある企業に、会議でめったに発言しない部長がいた。話を聞くと、何年も前に、ある課題について強い口調で意見を述べた直後にクビを言い渡されたことが判明。その翌日には職場に復帰できたが、ショックが大きすぎて、その後は異論を唱えることも、強く意見を言うこともなくなっていた。他にも、両親に言われた「お前は怠けものだ」といった批判的な言葉が頭を離れず、その言葉を裏づけるような指摘に極めて敏感に反応してしまう人もいる。

関係が深まるにつれて新たに共有する内容も増えるため、自己開示をめぐる恐怖心は関係構築のあらゆるステージで湧き上がってくるものだが、なかでも恐怖心が最も強いのは初期の段階だ。相手はあなたのことをよく知らないため、あなたの言動の真意を読み解く手がかりがない。そのため、意図していない深い意味を勝手に感じ取ってしまう場合もあれば、さらに困ったことに、あなたへの先入観に縛られて、それと相容れない新情報が耳に入らない場合もある。「すべてを知るとは、すべてを許すことである」という古い格言がある。もしも相手があなたの行動の背景をすべて理解していれば、「ひどい」と感じた行動も許せる可能性が高まるが、常にそううまくいくとは限らない。知り合った直後や、まだ日が浅い段階ですべてをさらけ出すのは難しいからだ。

ある年のインターパーソナル・ダイナミクスの3週目の授業でのこと。その日のトピックは他者の助けを借りる大切さだった。学生との関係構築がまだ道半ばだったので、デービッドは自ら率先してオープンな態度を示し、セラピーの価値を伝えたいと思っていた。ところが、ある学生から「あなたを尊敬できなくなった。他人の力を借りるのは弱さの証だと思う。自分の問題は自分で解決すべきだ」と言われてしまったのだ。

キャロルにも似た経験がある。あるクライアントに「ユダヤ教のおかげで、『人生のユーザーマニュアル』を手にできた」と語ったところ、クライアントは驚いた様子で、「あなたのような知的な人が宗教に引っかかるなんて信じられない。あなたからは期待したようなサポートは得られないと思う」と言ったのだ。

どちらのケースでも、トラブルの発端はわれわれの自己開示。当初は批判され、誤解されていると感じたが、それ以上に気がかりだったのは、われわれの指導の効果が失われてしまうという懸念だ。学生がデービッドの話を聞かなくなったら、十分に学べないのではないか？　クライアントはキャロルのコーチングに心を開けないのではないか？

幸い、２人とも授業とコーチングに熱心に取り組み、心配は杞憂《きゆう》に終わった。これは、彼らがわれわれを理解するようになるにつれて、当初感じた疑念が払拭されたためだ。しかし、第一印象を覆せるほど継続的な関わりをもてるという贅沢が常に許されるわけではない。

彼らが不満を言葉にしてくれたおかげで、反応を知ることができた点も幸いだったが、現実にはそうではないケースも多い。特に関係の初期段階では「今のあなたの発言に腹が立った」と口にする人はまずおらず、相手の本音を知る手がかりはボディランゲージや声のトーンといった解釈の難しいものだけだ。額にしわを寄せたら、賛同していないサイン？　そうかもしれないが、その人が悩みを抱えているだけで、あなたには無関係かもしれない。

つまり、自己開示にはリスクが伴うのだ。しかし、手の内を見せないことにも別のリスクがある。隠し事をすればするほど相手も隠し事が増えるので、自己開示なくして深い関係には至ることができない。

では、どの程度まで自分のことを明かすべきか？　そのタイミングは？　こうした問いに決まった正解はないが、われわれの経験から言えるのは、一般的に人は慎重になりすぎるということだ。もっと早いタイミングで、もっと多くの情報を相手と共有してもいいのではないだろうか。

15%ルール

意識しているか否かはともかく、人は常に状況に合わせて、相手に伝える情報量を加減している。その判断基準は話の流れやリスクの許容度、そして何よりも相手との関係によって大きく変わる。

解雇された過去や不妊の悩みをサンジェイに話さなかったエレーナの判断も、状況を考慮すれば一理ある。解雇に至った背景を知らず、エレーナのことを深く理解していない段階でサンジェイがそんな話を聞いたら、エレーナに否定的な感情をもつ可能性もあった。同様に、不妊という極めてプライベートな話を聞かされて、居心地の悪さを感じるリスクも。

キャンプ情報とCEOの発言という自己開示とは程遠い話題を選んだという点で、エレーナは超安全路線を取ったわけだ。同僚とのトラブルについて軽く話したのは事実だが、それ以上踏み込むこともなかった。結局、この日のランチは和《なご》やかだったが、エレーナが望むような関係の構築にはあまり役立ちはしなかった。

リスク回避は賢い選択かもしれないが、エレーナのように慎重に振る舞いすぎて、関係を停滞させてしまう人が多いのも事実。このジレンマにどう向き合えばいいのだろうか。

われわれが学生に提案するのは「15％試してみようルール」だ。

同心円状の三重の輪をイメージしてほしい。中心から外に向かうにつれて「居心地のよさ」の度合いが減っていく。

中央の小さな円は「快適ゾーン」。深く考えることなく言葉を発し、行動しても、まったく問題ないと感じる状態を指す。一方、一番外側の輪は「危険ゾーン」。悪い結果につながる可能性が極めて高いため、口にしたり行動に移したりしない言動が含まれる。そして、2つの間に位置するのが「学びのゾーン」。相手の反応を予測できない状態がここに該当し、人はこのゾーンでの経験を通して多くの学びを得る。

思い切って「学びのゾーン」に飛び出してみたら、意図せずして「危険ゾーン」に入ってしまった――そんなリスクを恐れる学生たちに提案するのが、「快適ゾーン」から15％分だけ「学びのゾーン」に足を踏み入れてみるという穏やかなアプローチだ（図参照）。

このアプローチはうまくいかなくても深刻な事態にはなりにくく、逆にうまくいけば、相手に自分を深く知ってもらえるというメリットがある。そして、うまくいけば、さらに15％外に踏み出す選択肢も浮上してくる。

15％ルールは絶対的なものではなく、可能な選択肢を探すためのツールだ。たとえば、ある友人からどう思われているかを知りたい場合、快適ゾーンにとどまるなら、「自分が人からどう思われているか気になるときがある」というような無難な言い方になるだろう。

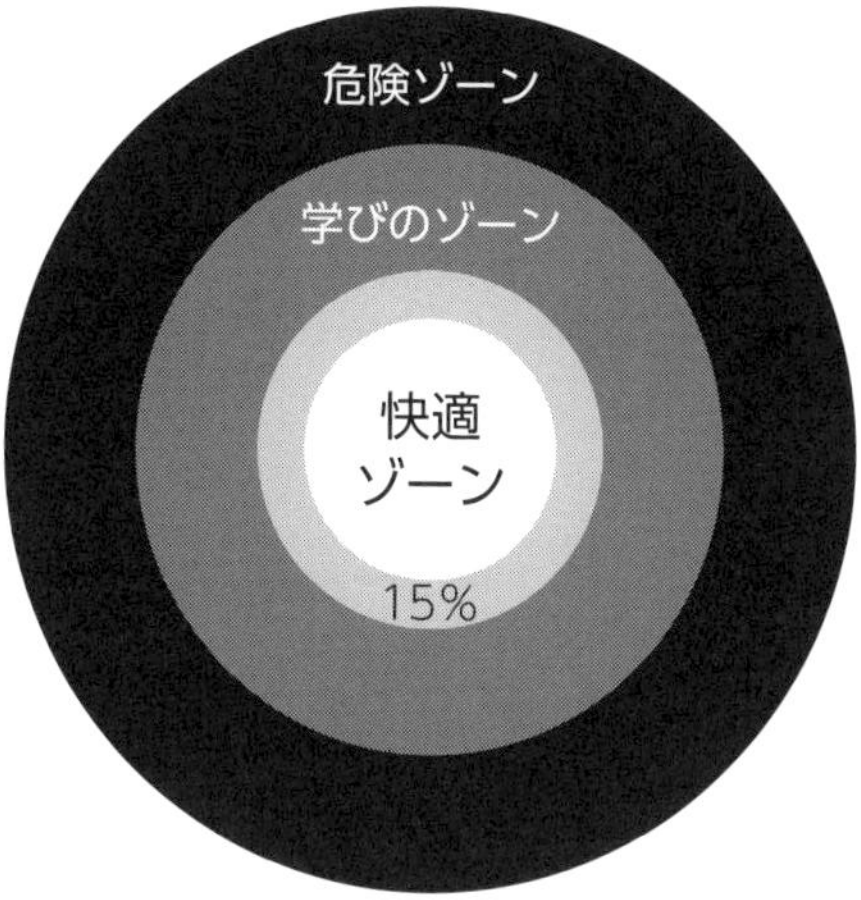

一方、少しリスクを取って快適ゾーンの15%外に踏み出すなら、「先週、君との共通の友人のマイケルを僕が批判したことについて、君にどう思われているか気になっている」といった表現がいいかもしれない。

学びを生む原動力は、快適ゾーンの外に踏み出すこと。初めてスキーをするときは上級者コースではなく初級者コースを選ぶが、ひとたび滑り方をマスターしたら、挑戦しがいのあるコースに移らなければ上達は望めない（これが15%に当たる）。

新しいコースにチャレンジするときには怖かったり、逆にわくわくしたり、あるいはその両方かもしれないが、ある程度の時間が経つと快適ゾーンが広がっていることに気づき、さらに難しいコースに行けそうな気がしてくる（これが次の15%）。

恐怖を感じたくなければ、ずっと初級者

コースに居続けることも可能だが、それでは上達は無理。同じように、自分にできることを少しずつ増やしていくプロセスこそが人間関係構築のカギであり、それがあって初めて自己開示を重ねるための土台が整う。

では、エレーナにとっての「15％」とはどんなものだろうか。

前職を解雇されたことまで打ち明ける必要はないが（そこまでやると、危険ゾーンに入りかねない）、前の会社で不快な思いをしたことは伝えられたはずだ。

また、その日の朝の同僚のおかしな言動を単に伝達するのではなく、「サンジェイだったらどう対応したか」と尋ねる方法もあり得る。あるいは、もう少しリスクを取って、「自分には柔軟性が足りないのではないか」という不安を打ち明けるのもあり。いずれの自己開示も深刻な事態につながる可能性は低く、2人の関係をただの「キャンプ談義の仲間」以上に発展させる力を秘めている。

15％ルールには、重要な留意点がいくつかある。まず第1に、15％はあくまで主観的な基準であること。私が15％に当たると考える言動が、あなたの目には低リスクに見え、別の人の目には危険極まりない行動に映るかもしれない。ニューヨーク在住の35歳にとっては、心理セラピーの話題は15％に該当しても、イングランドの田舎に住む55歳にとっては15％をはるかに超える危険な行為に見えることだろう。

第2の留意点は、あなたの自己開示が相手に与えるインパクトを考慮すべきという点だ。たとえば、母親と死別したばかりの人に、母との喧嘩について事細かに話すのは適切ではない。

第3に、その行動が状況に合っているかを考えるべき。1対1の会話では適切な内容も、大人数のディナーパーティの席では不適切かもしれない。

行動の裏にある感情を読み解く

他者を理解するためには、事実についての情報共有も大切だが、それ以上に大きな意味を持つのは感情を共有すること。この2つは大きく異なり、前者は事実に関する認識（考えたこと）を、後者は「それがどのくらい重要か」に関する感情（感じたこと、気持ち）を共有する（感情と気持ちは厳密には異なるが、この本では便宜上、どちらの表現でも同じものを指す）。2人の人物が同じ出来事を経験しても、感情面の反応は大きく異なるかもしれない。解雇されたとき、1人は打ちのめされた気分で、もう1人は新たな挑戦に身震いする気分、という具合に。

感情にはもう1つ、利点がある。それは、感情によって事実に「意味づけ」ができること。たとえば、エレーナはカヤックについて、気分爽快と感じる可能性も、恐ろしいと感じる可能性もあった。自分の意志で始めた冒険だから勇気が湧く、逆に、友人に無理やり誘われたから気が乗らない——客観的には同じ行動でも、その意味合いは行動に伴う感情によって大きく異なる。

感情は、経験の「濃密さ」の尺度にもなる。他人の行動に対して、「気に障る」「イラつく」

考えたこと／認識	感じたこと／感情
会社についての思いを伝えた	サンジェイとの絆を感じた、自分だけではないという安心感
解雇については話さないことにした	サンジェイにどう評価されるか不安
不妊に悩んでいる	子供がいないため悲しい、子供がいるサンジェイがうらやましい、不妊の話題はプライベートすぎるのではないかと不安
同僚とトラブルがあった	サンジェイにどう思われるか心配、彼の反応に安堵した、サンジェイに親近感を覚えた
ＣＥＯの発表について話した	自分以外のことに話題が移って安堵した
「楽しいランチだった」とサンジェイに言われた	サンジェイもランチを楽しんでくれたことがわかって嬉しい、次回への予感を感じた

「腹が立つ」「怒る」あるいは「激怒する」――度合いの異なるこれらの感情は人間同士の交流に不可欠であり、あなたの本音を映し出すもの。気持ちには「色」があり、感情を排した理性的なアプローチには不可能な形で、相手の心を引き寄せる力がある。

感情を音楽ととらえてみよう。オペラ作品の魅力は、ソプラノからバリトンまでバリエーション豊かな音域である。素晴らしい楽曲には高音域と低音域の両方が必要なように、質の高いコミュニケーションにも「考えたこと／認識」と「感じたこと／感情」の両面を表現することが不可欠だ。

もしエレーナがサンジェイに、考えたことだけでなく感じたことまで伝えていたら、2人のコミュニケーションはどう変わっていただろうか。

エレーナはこの日のランチの間に、穏や

かな感情から強い感情までおよそ12種類の感情を経験したが、表に出したものは1つもなかった。

ここに挙げたすべての感情を逐一、サンジェイに伝えるべきだったという意味ではない。15%ルールは感情面にも当てはまるので、たとえば不妊をめぐる悲しみやうらやましさ、妊娠できないのではないかという恐怖を口にするのは踏み込みすぎだろう。でも、エレーナにはそれ以外にもさまざまな感情が渦巻いており、サンジェイとの距離を縮めたいなら、一歩を踏み出す方法はいくつもあった。もしエレーナが一部の気持ちをサンジェイに伝えていたら、どうなっていただろうか。

朝の同僚との衝突について打ち明けた際に、サンジェイが似たような経験について話してくれたおかげで、エレーナはずいぶん気が楽になった。時間を戻して、エレーナが自身の気持ちをサンジェイに伝えた場合のシナリオを想像してみよう。

「あなたと話して心が落ち着いた。そんなふうに感じるのは自分だけだと思っていたから。率直に語ってくれてありがとう。気が楽になった」

サンジェイは微笑み、「よかった！　そう言ってもらって嬉しいよ」と答えた。

またエレーナは、前の会社と比べて今の職場は居心地がいいと感じる一方、解雇された過去を打ち明けるのは15%をはるかに超える危険な行為だと感じていた。そんな思いを、次のように表現する道もあった。

「ムカつくこともあるけれど、この会社で働くのは本当に楽しい。ストレスだらけだった前の職場とは大違い。前の職場は意見を言うのが怖いときもあって、いろいろとうまくいかなかった」

こんな言い方で快適ゾーンから一歩外に踏み出せれば、その後は複数の展開が考えられる。

a　サンジェイが「それは大変だったね」と返し、話題を変える。エレーナは前の職場の話題に引き戻すか、そのまま別の話題に移るかを選べる。

b　サンジェイが「どんなふうに？」と返し、エレーナが「ひどい環境だったから、抜け出せてよかった」と答える。それに対するサンジェイの反応を見て、これ以上は踏み込まないか、あるいは前職について詳しく話すかを選択する。

c　サンジェイが「大変だったね。かわいそうに」といった言葉で感情を表現する。この対応は、やや個人的な内容に踏み込みつつも、快適ゾーンから踏み出してはいない。これを受けて、エレーナは複数の選択肢から対応を選ぶ。深呼吸をして、さらに15％踏み込み、前職での出来事を打ち明けるか、これ以上は踏み込まないという判断をして、「詳しいことは話さないけれど、共感してくれて本当にありがとう」と伝える。

別の場面についても振り返ってみよう。サンジェイが週末のキャンプについて話し、エレーナがうらやましさを感じた場面では、次のような対応もありだ。

「楽しそう。でも実は、ちょっと嫉妬しちゃう。夫のエリックも私もずっと子供がほしいと思っていて、待ち遠しい気持ちでいっぱいだから」

前の職場に関する会話と同じく、今回もサンジェイの反応やエレーナのリスク許容度によって、その後の展開にはさまざまなパターンが考えられる。

サンジェイが一瞬黙り込んで話題を変えた場合、エレーナには、そこでやめるか、さらに話を続けるかの選択肢が残る。一方、サンジェイが「うん、子供は本当に楽しいよ」といった反応をしたなら、エレーナも子供を持つことへの希望を語ったかもしれない。

仮にサンジェイが快適ゾーンから踏み出し、「息子の相手は楽しいけれど、妻も僕もここまで大変だとは思っていなかった。ちゃんと息子と向き合えているかな」といったプライベートな悩みを打ち明けた場合、エレーナもさらなる自己開示に踏み切り、自分たち夫婦が抱えているいら立ちや、不妊専門医に相談する計画について話せる可能性も浮上する。そして最終的には、「働く女性が出産したり妊娠を望んだりすると、『野心のない母親』枠に分類されがちだから、この話題を口にするのはとても難しかった」といったことまで伝えられるかもしれない。

エレーナがさらに自己開示を続けるかどうかは、この言葉に対するサンジェイの反応次第だ。エレーナの2本のアンテナ――1本はサンジェイに向けた、もう1本は自身に向けたアンテナ――を働かせれば、答えは見えてくる。

感情が言われなき非難を浴びる理由

感情にそれほど価値があるなら、なぜ私たちは感情を軽く扱いがちなのだろうか。

多くの文化圏で、論理と理性は「通貨」のごとく価値の高いものとみなされる。学校の数学のテストで「23のほうが好き」と答えても、Aの評定はもらえないし、職場では上司から「感情を排して頭で考えろ」と言われる（その上司本人が「報告書の提出が遅くて腹が立つ」「新規契約が取れて嬉しい」「この顧客を失うんじゃないかと不安だ」という具合に、感情丸出しの発言を連発したりするものだが）。

「感情的になる」のは悪いことだと考え、気持ちを表に出さないよう忠告されることも少なくない。特に男性は感情を見せるべきでないとの社会的圧力にさらされ、一方、男性社会で働く女性は「神経質すぎる」「強さが足りない」「大げさに反応しすぎる」といった評価を恐れて、感情をどこまで露《あらわ》にしていいのか悩む。

ただ、幸いなことに、そうした規範も変化しつつある。大きなきっかけはダニエル・ゴールマンが提唱した「ＥＱ（心の知能指数）」である。自分の気持ちを敏感に感じ取り、それを適切に表現する力がリーダーとしての成功の要であるという彼の主張は、大反響を呼んだ。以前は感情表現をタブーとみなす男性が多かったが、最近は許容範囲であり、望ましいと思われることさえある。それでも、ステレオタイプの多くは今も根強く残っているが。

矛盾した感情が同時に沸き起こることもあり、それも感情表現をためらう一因となる。誰かと話して「楽しい」一方で、「不安」も感じたり、相手からの指摘に「傷ついた」反面、話しにくい内容をあえて指摘してくれたことへの「感謝の念」も浮かんだり。そんなとき、どれが正しい気持ちなのかわからず、黙り込んでしまうかもしれない。

たとえば、ある金曜日、ストレスだらけの1週間がようやく終わり、朦朧《もうろう》とした気分で家路についたとしよう。好きな本を片手にソファに倒れ込みたい……。ところが玄関の扉を開けると、最愛のパートナーから「素敵なレストランで食事をした後にダンスをしよう」と誘われる。普段なら嬉しい提案だが、今日だけは拷問のような気分。でも、自分を元気づけようとするパートナーの気遣いは有り難いと思っている。

こんなとき、あなたならどうするだろうか?

相手の機嫌を損ねないようレストランに出かけた場合、楽しかったとしても、不満が募り、一段と疲れがたまる可能性が高いだろう。一方、外出を断ることもできるが、パートナーが拒絶された気分になるリスクがあり、あなた自身もせっかくの楽しみを台無しにしてしまったという罪悪感に駆られることに。結局、どちらの選択も理想的とは言えない。

しかし、実はもう1つ別の選択肢がある。それは、ハムレットの「生きるべきか、死ぬべきか」になぞらえて、われわれが「伝えるべきか、黙っているべきか」と名づけた方法——レストランに行くか否かを選ぶという形の問題解決ではなく、あなたの直面しているジレンマをそのまま言葉にするというアプローチだ。

「ハニー、計画してくれてありがとう。今週ずっと大変だった僕を心配してくれたんだね。ただ、今日は疲れ切っていて、どうしても出かける気分じゃない。どちらも満足できる方法を考えてみない？」

こんな感じで問いかければ、両者の希望を満たす選択肢が見えてくるのではないだろうか。

エレーナの場合も、自身のジレンマをサンジェイと共有する道もあり得た。過去の職場に関する話題を打ち切るのではなく「職場のトラブルにうまく対処できなかった。あなたにどう思われるか不安だったし、私たちの関係に悪影響が及ぶのが心配で、これまで話せなかった」と伝えるのだ。

ジレンマの両面を率直に伝えることで、悩みの全体像を伝えられるし、相手もあなたが大切にしているものだけでなく、あなたの行動を阻む要素についても理解を深められる。つまり、自己開示によって相手に見せる弱い部分は増えるが、それと引き換えに関係を深められる道が開けるのだ。

感情表現についてもう1つ重要なポイントは、その際に使う言葉だ。われわれには、「私は～と感じる（I feel～）」という表現の使われ方にこだわりがある。この表現には2通りの使い道があり、一方は有益だが、もう一方は誤解につながりやすいからだ。

有益なのは「私はあなたのコメントに怒りを感じる」という具合に、本当に「感じたこと／感情」を表明する場合。誤解につながりやすいのは「私はあなたが会話の主導権を握ろうとしているように感じる」という具合に、実は「考えたこと／認識」を表現している場合だ。

われわれは対人関係における感情面を極めて重視しており、「私は～と感じる」の表現を使うのは、前者の感情を表す場面に限定すべきだと提唱している（家族や友人に鬱陶《うっとう》しがられるが）。

「私は～と感じる」という表現が本当に感情を表しているのか見分けるには、2つの方法がある。1つ目は「～」の部分に注目すること。ここに「悲しい（sad）」「怒っている（angry）」のような感情関連の表現が入らないときは、疑問を持つべきだ。

2つ目の方法として、「～と感じる（I feel）」を「～だと思う（I think）」に置き換えても意味が通じるなら、感情を表しているわけではないと判断できる。たとえば、「私はあなたが会話の主導権を握ろうとしているように感じる」と「私はあなたが会話の主導権を握ろうとしていると思う」は同じような意味で、どちらも感情ではなく認識の表明だ。

細かすぎると思うかもしれないが、ここは重要なポイントだ。「軽んじられているように感じ、いら立ちを感じる」と「私の意見が尊重されていないと感じる」の違いを考えてみよう。表現の違いは小さくても、インパクトの差は歴然としている。

「私の意見が尊重されていないと感じる」には感情を指す言葉は皆無だが、字面《じづら》に表れない強い感情が潜んでいる可能性が高い（この表現では、「と感じる」の部分を削除しても文意が変わらない点に注目）。「軽んじられているように感じ、いら立ちを感じる」が自分についての描写なのに対し、「私の意見が尊重されていないように感じる」は相手を責める表現であり、そう言われた相手は身構えることとなる。

選択肢はいくつもある

この本の中核には「どんな状況にあっても、あなたには対応の仕方について多くの選択肢がある」という考え方がある。相手に与えたい印象によって対応の仕方に一定の制限は生じるが、選択するのはあなた。相手の反応次第で次の対応が変わるかもしれないが、それもあなた自身の選択だ。

サンジェイの反応がエレーナに与える影響は大きいが、エレーナは彼の反応に合わせて自身の対応を決める必要はない。もちろん、サンジェイの反応次第で、さらなる自己開示に踏み切りやすくなったり、逆にそれが難しくなったりはするが、どんなときも最終的な決断を下すのはエレーナ自身だ。

「自分には行動する能力がある」という信念を、社会学では「主体性」と呼ぶ。たいていの人は、自分の身に起きたことに合わせて行動する以外の選択肢はないと考えがちだが、それは間違っている。この本には主体性を高め、より大きな影響力を行使するためのアプローチが満載だ。格別の関係を目指す道のりには難しい選択が待ち受けているため、主体性のあるマインドセットが極めて重要なのだ。

複数の選択肢をもち、影響力を高め、主体的に行動する——われわれはその大切さを強く訴えている。もちろん人間関係は協力して築き上げるものなので、あなた一人の力で格別の関係を構築できるわけではないが、それでもあなたが適切な段階を踏むことで、相手がこの旅に同行してくれる可能性が高まるのも事実。また、複数の選択肢があるからといって、格別の関係の価値が否定されるわけでもない。

たとえば、エレーナとサンジェイは、ビジネスカルチャーという外的要因――職場での友人関係は「個人的すぎる」から好ましくない（恋愛につながる可能性がある場合は特に）という常識――に縛られている（ただし、エレーナが数カ月後に経験するように、そうした外的要因が逆に、快適ゾーンから踏み出すよう背中を押してくれるケースもある）。

エレーナ＆サンジェイ　パート2

サンジェイとエレーナはその後も毎週木曜日のランチミーティングを続け、互いへの理解を深めていった。ある木曜日、上司とのトラブルを抱えていたエレーナはいつも以上にサンジェイとのランチを心待ちにしていた。解決策を考えるサポートを依頼すると、サンジェイは快く引き受けてくれた。

「リックとはどの程度の知り合い？　一緒に仕事をしたことがある？」とエレーナ。

「あまり知らない。どうして？　何かあった？」

「彼にリサーチを頼まれたのだけど、私が提案したアプローチが気に入らなかったみたい」と、エレーナは切り出した。「少し前に、見本市の予算をどの展示会につけるか調べるよう頼まれたから、関係者全員と話をして、時間をかけてリサーチしたの。それを昨日のスタッフ会議で提案したら、求めていた内容と違うと言って即座に否定された。私の分析を却下して、お礼の言葉も素っ気なかった。昨日だけじゃなくて、この数カ月間、同じようなことを何度もされている」

「それは腹が立つね。大ごとになる前に彼のところに行って、気になっていると伝えてみたら？」

「うーん、確かにそうだけど、それはない」

「どうして？」

「いい結果になると思えない」

エレーナがためらう事情を知りたくて、サンジェイはさらに質問を重ねた。「それはわからないよ。どうして遠慮しているの？」

「リックが率直なタイプかわからないし、怒り出すかもしれないし」

エレーナの見立て通りに察しのいいサンジェイは、「問題はそれだけじゃなさそうだね」と答えた。

サンジェイの言った通り、エレーナは過去を打ち明けようか迷い、恐れていた。前職での出来事を伝えたら、サンジェイからの評価が変わってしまうのではないか……。でもエレーナは、自分が望むような関係を築くには、無防備に自分をさらけ出すリスクを冒す必要があると気づいた。

エレーナの葛藤を感じ取ったサンジェイは、辛抱強く彼女の言葉を待った。

エレーナは深呼吸すると、ついに話し始めた。

「この話をするのはすごく怖い。前の職場がストレスだらけだったと以前に話したでしょう？　実は上司とうまくいかなかった。私のことが気に入らなかったみたいで、彼と話すたびにトラブルになったの。互いに丁重な姿勢で話し始めるのに、彼が次々と言い訳を繰り出すから腹が立ってしまって。必死で抑えようとしても、彼がすべてを無視するから、気づくと大声で罵倒してしまう。普段は大声なんてめったに出さないのに、どうしても我慢できなかった。そうしたら解雇された」

サンジェイは同情した様子でうなずきながら、「それはつらかったね」と言った。

その言葉に少し安心したエレーナは、言葉を続けた。「思い出すと、今でも心がざわつく。普段は落ち着いた性格なのに、リック相手に同じことをしてしまうんじゃないかと不安になる」

サンジェイは身を乗り出し、静かに言った。「でも、それは前の会社の上司との話であって、今の上司は別人だ」

エレーナは考え込んだ様子でうなずいた。「あなたにこの話をするのは不安だった。感情的すぎるとか、能力がないと思われるかもしれないし、私たちの関係が変わってしまうのが怖かったから。あの出来事は最悪で、言葉にするのは難しいし、あなたに居心地の悪い思いをさせたくもなくて」

「エレーナ、君がそんな思いを抱えていたなんて全然知らなかった。つらかったね。君が感情的すぎるなんて思わない。プロジェクトチームで一緒だったときも、そんな印象はまったくなかった。つらい話をしてくれた勇気をすごいと思う」

エレーナは安堵のため息をついた。「その反応が私にとってどれほど大きな意味をもつかわからないでしょうね。『女性は感情的』というステレオタイプにはめられるのが怖かった。真っ当な理由があって怒っているのに、前の上司はそうやって私を非難したから」

サンジェイは力強くうなずいた。「君は過去の経験を引きずっているみたいだね。リックと向き合うときは、その点に気をつけたほうがいい。この会社では、上司と本音で話して大丈夫だから」

その後、サンジェイは一息ついてから、こう続けた。「今の話を聞いて、僕も君の反応が不安で、伝えていなかったことがあると気づいたよ」

「本当に？　あなたも？」

「ああ、もちろん。僕は君との友情を大切に思っている。社内でこんな関係はなかなか持てない。特に女性とは。僕は既婚者で、君も知っている通り、プリヤを愛しているけれど、妻に仕事の話をなんでも相談できるわけじゃない。君との会話を楽しんでいても、別に不適切な関係を望んでいるわけじゃないが、他人から、それに君からもどう見えるか不安だった。こんな気持ちを言葉にするなんて、すごく変な気分だ」

サンジェイはそう言って、やや引きつった笑顔を見せた。

「よくわかるわ」とエレーナ。「私もこの関係に不安を感じていた。話ができて本当によかった」

「自分をさらけ出す」をめぐる問題

これ以前のランチでも、エレーナが打ち明け話をすることはあったが、当時は恐る恐るだった。解雇された経験をサンジェイに話した日、エレーナは「快適ゾーン」から一歩どころか、何歩も外に踏み出した。

その理由が、サンジェイへの信頼が増したからか、リックについて誰かに相談したいという思いが強かったからか、あるいは、関係を深めるなら今しかないと気づいたからかはわからないが、いずれにしても、エレーナは複数の選択肢を前にして、自分をさらけ出す道を選んだのだ。

ここで注目すべきは、「自分をさらけ出す」に2つの種類がある点だ。スタンフォードでのTグループの経験を通して、自己開示と一言で言っても、インパクトの強さに違いがあると気づいたわれわれは、その理由を探り、デービッドが受けた指摘のなかにヒントを見つけた。

まだキャリアが浅かった頃、デービッドは率直に心を開く大切さに気づき、プライベートな話を気楽に打ち明けられるようになった。するとある日、友人から「君は自分の話をするのはうまいのに、弱みを見せることはないね」と言われたのだ。デービッドは当初、誤解されたと感じて傷ついたが、友人の言葉と、学生を観察して気づいたことをベースにある結論を導く。

それは、リスクが最も高く、自分の弱さを最も感じるのは、自己開示が引き起こす影響の大きさを予測できないとき、ということだ。似たような状況で何度も打ち明けてきた内容であれば、それが極めてプライベートな内容でも相手の反応を予測できるし、仮に否定的な反応が返ってきても、長年の秘密を初めて打ち明けた場合ほど傷つくことはないだろう。

学生たちが自身の弱さを痛感するのも、自分が受け入れられるか、拒絶されるか、称賛されるか、憐《あわ》れまれるかが読めない場面だった。そして、そんな弱さこそが互いの距離を縮めてくれるのだ。

学生たちが自己開示を通して真の意味で「自分をさらけ出せた」のは、彼らが弱い自分を見せたからだ。その点を理解したデービッドは、以前より格段に大きなリスクを冒して弱みをさらけ出せるようになり、おかげで相手から全面的に信頼されるようになった。

デービッドがかつて、スタンフォードのエグゼクティブ・プログラムで自己開示のセッションを担当したときのこと。参加者の中には同僚の大学教員も何人かいたが、自己開示の模範を示したいという思いから、彼は思い切って、2年前にテニュア（大学教員の終身在職権）の審査で不合格になった経験を打ち明けた。審査に落ちた話を他人にしたことは以前にもあったが、このときは参加者の中にテニュアの教授もいたため、信頼されなくなるのではないかという不安が強く、まさに弱みをさらけ出す告白となった。

この後、デービッドはさらなる自己開示に踏み切り、不合格の経験をこの場で話すことへの懸念まで告白した。キャロルは「なんて勇気のある行動だろう」と感じ、参加者からも「おかげで自己開示が絆を生み出すことが腑に落ちた」というコメントが多数寄せられた（デービッドは今回、さらに踏み込んで、当時のエピソードをこの本に記すことにした。これぞ「自分をさらけ出す」お手本だ！）。

自己開示、特に「失敗」とみなされる恐れのある内容を告白するときには、誰しも「相手から弱い人間と思われるのではないか」という不安をいだく。だが、われわれ2人の見方は違う。自己開示は内面の勇気と強さの証だ。ちょうどサンジェイがエレーナに「つらい話をしてくれた勇気をすごいと思う」と言ったように。

特にリーダーは、従来のイメージを崩しかねないプライベートな内容を打ち明けるのを恐れる傾向にある。周囲から尊敬されなくなるリスクがあるからだ。確かに告白の中身によって、その人の職務遂行能力に疑問が浮上するなら影響力と尊敬を失うことになりかねないが、そうでなければ、自己開示はむしろリーダーがより人間的な存在として受け入れられるチャンスになる。

この点については次の章で詳しく触れるが、自分をさらけ出す気がないリーダーは、組織内の人々に「自己開示を推奨しない」というルールを課しているようなもの。部下に自己開示を促すには、リーダーが自ら率先して範を示すしかない。

デービッドがあるフォーチュン500企業の幹部を対象にリトリートを行ったときのこと。初日の夜、デザートを食べながら、仕事がらみからプライベートまで公私にわたるプレッシャーについての話題が出た。

フランクの妻が重病を患っていることは参加者全員が知っていたものの、詳細はわからない。フランクはためらいながらも苦しい状況について語って涙を流した後、すぐに気持ちを立て直して謝罪した。すると同僚たちは「謝らないで！　大丈夫」と叫び、フランクの告白に胸が震え、妻の病気と向き合っている様子に感動したと口々に伝えた。

キャロルもシリコンバレーのCEOや創業者たちとのセッションを通じて、彼らがこうした心からの交流に飢《う》えていること、自分をさらけ出すのが怖いこと、そして、弱みを見せたら弱い人間と思われてしまうという固定観念が染みついていることをたびたび痛感してきた。それでも、彼らは何度も練習を重ねるうちに、自己イメージにしがみつくのをやめ、安心して自分をさらけ出せるようになり、そうしたリスクを冒すことで周囲の人々から強くて信頼できる人間だと思われることに気づいていった。

沈黙の代償

無難で面白みのない発言でさえ、誤解されるリスクはゼロではない。情報が足りないと、聞き手は足りない部分を自分で埋め合わせる。人は他者と関わるたびに何らかの結論を導き出すので、開示される情報が少ないほど、相手は勝手に不足分を埋めて状況を理解しようとする。つまり、自分の気持ちを隠しすぎると、相手に与える印象をコントロールできなくなるのだ。

自分の表面的なイメージばかり伝えるのも、別の意味での「沈黙」だ。この場合、相手は最も興味深い部分を含めたあなたの本来の姿を知ることができない。たとえあなたが望む自己イメージを売り込めても、それは「本当の自分はつまらない」と念押しするだけの空《むな》しい勝利だ。また、17世紀のフランスの文学者フランソワ・ド・ラ・ロシュフコーが語ったように、「われわれは他人に見せる自分の姿を偽るあまり、最後には自分自身に対しても自分を偽るようになっていく。

しかも困ったことに、ひとたびイメージが定着すると、そのイメージに沿うよう振る舞わなくてはという制約が生まれ、本当の姿はますます理解されなくなっていく。その代償が、孤立と秘密の増加だ。人の内面はつながっており、一部を隠すと、他にも隠さざるを得ない部分が増える。結局、見せられる部分がどんどん減り、やがては人間関係も薄れていく。

ある同性愛者の友人が語ってくれたカミングアウト以前の経験が、まさにこれに当たる。

「自分の内面の大きな部分を隠さなければいけなかった。ゲイだという話だけじゃなくて、それにほんの少しでも関係することはすべて。交際相手がいるかどうかも口にしにくいし、机の上にパートナーの写真を飾ることもできない。休暇の話題だってすごく気を使った。うっかり『俺たち』とか、万が一にも『彼』なんて言ってしまったら大変だ。同僚との交流は控えていたし、同性婚のような話題につながりかねない政治の話も避けていたから表面的な会話ばかり。最悪だったのは、誰かが同性愛差別の発言をしても沈黙するしかなかったことだ」

こうした制約は、いたるところにある。スタンフォード大学は多様な社会的・経済的背景をもつ学生を入学させる取り組みを進めているが、裕福な家庭出身の学生がナパバレーのワインテイスティングを予約し、過去に訪れた国の話題で盛り上がる横で、奨学金頼みの学生が自らの出自について口をつぐみ、スキー旅行代のために借金を重ね、クラスメートの外国での冒険譚《たん》を聞きながら黙り込んでしまうという光景をよく目にする。また、信仰心の篤《あつ》い学生も、周囲の目を気にして宗教がらみの話をしにくいと感じている。

そうした学生はインターパーソナル・ダイナミクスの授業を経験して初めて、安心して自身の価値観や出自、恐怖心や希望、夢を言葉にできるようになる。これまで素の自分を隠してきたこととの代償に気づくのも、このタイミングだ。そうした気づきを目の当たりにするたびに、われわれは「格別の関係」の大切さを再認識させられる。万人がTグループに参加できるわけではないが、安心して自己開示ができる場を創り出す方法は誰でも学ぶことができるのだから。

「より多く」が「より少なく」より好ましい理由

安心できる環境と自己開示。先に来るべきはどちらだろうか。

「相手が信頼できる人物で、私を受け入れてくれるとわかったら、リスクを冒して自己開示に踏み切ろう。まずは相手の反応を知る必要がある」と考えがちだが、本来の順序は逆。まず15%の自己開示というリスクを冒すことが安心感を醸成する。相手がリスクを冒して自己開示してくれるのを互いに待っているだけでは、話は進まない。

しかも、さらなるハードルとして、少しばかりの自己開示をしてみても希望通りの展開につながるとは限らないという問題がある。エレーナが「うーん、いつも通り、いろいろとあった」とトラブルをほのめかしたときも、そうだった。サンジェイは特に深入りせず、エレーナもそれ以上は語らなかった。

小さな自己開示に対して相手から反応がなく、そこで止まってしまうケースは多々あるが、相手の反応を引き出すには、もう少し目に留まりやすい形でリスクを取ることが必要だ。たとえば、エレーナが解雇された経緯と、同じことがまた起きるのではないかという恐怖心について打ち明けたように。このときの彼女は、確実に快適ゾーンの15％外に踏み出していた。

仮にサンジェイが「この会社ではそんなことは起きない。もう過去は忘れるほうがいい」と答えていたら、どうなっていただろうか。

その場合、エレーナには肩をすくめて別の話題に移るか、さらなるリスクを取って、上司とのトラブルを詳しく説明するかという選択肢が生まれる。サンジェイが前向きな言葉で励ましてくれなければ、エレーナは傷ついただろうが、泣き崩れることはなかったはず。人は通常、そこまで弱くない。

深い人間関係を築くには、結果がわからない段階でリスクを取る勇気が不可欠だ。長い目で見れば、「先に自分をさらけ出す」ことこそが信頼を生み、相手に受け入れられ、心から望む人間関係を構築するカギになる。「主体性を持つ」ことの真髄もそこにある。

学びを深めるために

振り返る

1 エレーナの立場に立ってみる

前の職場を解雇されたことが今も心の傷となっており、二度と同じ思いはしたくない。あれは企業文化を理解していなかったことが一因だった。サンジェイのことを好ましく思っていて、プロジェクトチームで一緒に働いたのは楽しい経験だった。彼になら心を開けそうだし、彼ならこの会社でうまくやっていくコツを学ぶ助けになってくれるかも。大切なものを共有できる関係を望んでいるが、サンジェイに誤解されて悪く思われたらどうしよう……。

- 自分を深く知ってもらうために、あなたならどんな行動を取るか。この章でエレーナが選択を迫られたいくつかの岐路に立ち返り、自分ならその場で何と言うかを考えよう。このエピソードを基に、あなたにとって職場で自分を深く理解してもらうことはどのくらい難しいか考えてみよう。

2 自分を理解してもらう

職場に限らず一般的に、あなたが大切だと思うものを他人に理解してもらうのはどのくらい難しいと感じるだろうか。理解してもらうのが最も難しいのはどんなこと？　それを伝える際に心配な点は何か？

3　特に大切な人間関係

2章でリストアップした、あなたにとって特に大切な人物から1人を選ぼう。その人との関係に関わる問題なのに、まだ十分に伝えていないことはない？　それを伝えることについて、どんな点が不安だろうか。

4　気持ちを打ち明ける

自分の気持ちを打ち明けるのはどのくらい簡単／難しいだろうか。巻末の付録Aの感情表現の中で、特に表現しにくいと感じる感情はあるだろうか。

実践する

「振り返る」の3で考えた「その人との関係に関わる問題なのに、まだ十分に伝えていないこと」のうち、快適ゾーンから15％踏み出して伝えられそうなことはあるだろうか。

打ち明ける内容には2つの種類がある。1つは内容そのもの、もう2つは打ち明けることにまつわるあなたの感情や不安だ。エレーナはその両方について自己開示を行ったが、エレーナの立場に立ってみた先ほどの会話で、あなたはどこまで自己開示をできただろうか。

明日以降、友人や知人と話す際に、快適ゾーンから踏み出して、これまで話していなかった個人的な話をしてみよう。中身は事実でも意見でも気持ちでも構わない。

理解する

知人や友人との会話の中で自己開示をしてみて、どんなことを学んだだろうか。「振り返る」のセクションで、自己開示に当たって不安な点を挙げたが、変化はあっただろうか。この経験を通して自分についてわかったことは何か？　それが相手との関係にどう影響するか？

これまでしなかったような個人的な話をするのはどんな気分か？　相手との関わりの質にどんな影響があったか。

ここで学んだことを、今後の交流にどう生かしたいか（相手に応じて、それぞれ「何」をするか具体的に考えよう）。

04 自分を知ってもらうために

ベン&リアム　友人　パート1&2

格別の関係はあなた一人では築けない。当たり障りのないおしゃべりしかしない人と関係を深めるのは無理な相談だ。あなたがエレーナのように快適ゾーンから15%踏み出せても、相手に同じ行動を強いることはできない。「私が本音で話したんだから、あなたもそうして」は子供の遊びには通用しても、格別の関係の構築にはつながらない。

といっても、必要なのは相手を操る方法ではない。この章のテーマは、相手が心を開いてくれるよう後押しする、極めて時間のかかるプロセスについて。相手が自己開示に踏み切るか否かはコントロールできないが、そこに向かう道を整えることは可能だ。

そのためには、どのタイミングで自分について語るか、どんな場面で適切な質問を繰り出すか、あなたが相手に望むことではなく、相手が望んでいることを実現するために、どんなサポートが必要かといったことを知る必要がある。

ここで、ベンが友人のリアムと共に、格別の関係へと続く細い道を苦労しながら進んだエピソードを紹介しよう。

ベン&リアム　パート1

ベンとリアムはともにミシガン大学の卒業生で、ベンがシカゴに移り住んだ直後に行われた同窓会イベントで親しくなった。2人とも独身の30代で、バイクとシカゴ・ホワイトソックスが大好き。そう遠くない場所にお気に入りのスキー場を見つけたという共通項もある。ベンは小売り大手ウォルマートのマネジャー、リアムは大手建設会社の経理部門で働いており、業種は違うものの、2人は定期的に会ってはスポーツや職場の話を楽しんだ。

ベンはリアムとの友情を大切に思っており、遊びに出かけるたびに、友情をさらに深めたいという思いを募らせていた。共通の趣味に加えて、リアムとの会話のスタイルも気に入っている。社交的で大局的な考え方をするベンに対し、リアムは控えめで、経理畑だからか、事実と数字を重視するタイプ。異なる視点を持ち合わせているおかげで、リアムとの議論はとても興味深く楽しい時間だった。ただ、そうした性格だけに、リアムには自分の話をあまりしない傾向があり、ベンはリアムにもっと個人的な話をしてほしいと思っていた。

ある晩、行きつけのビール醸造所で、リアムがベンにアドバイスを求めた。

「ランディという同僚に手を焼いている」

「何があった？」

「一番困っているのは、やっていない仕事を自分の手柄にすることだ」

リアムは、あるプロジェクトをランディと2人で担当したのに、ランディが「ほぼすべての仕事を自分がやった」とマネジャーに報告していた顛末《てんまつ》を説明した。話しながら、ますます怒りに火がついた様子だ。

「それはひどい。本気で怒っているんだな」

「ああ、ムカつく。卑劣で信用ならない男だ」

リアムは憤慨した様子で、ランディとマネジャーのやり取りを振り返った。

「マネジャーはその話を信じたのか？」

「多分。ランディの話し方には説得力があるから。しかも、この手のことは初めてじゃない。ああいうタイプの人間が存在するなんて信じられない。とにかく腹が立って、どうしたらいいのかわからない。あいつが俺の噂を流して、俺の社内での評価に傷をつけたから対抗することもできない」

「マネジャーのところに行って、共同で担当したプロジェクトだと伝えたら？」

「大げさに騒ぎ立てていると思われるだけだ」

「同僚の誰かに話してみた？」

「それじゃあ、あいつの社内政治ゲームの思う壺だ」

ベンは他にもいくつか提案をしてみたが、リアムはいら立つ一方。

「いいか、そんなことはとっくに考えた。うちはお前の知っているような普通の組織じゃない。マッチョな建設会社で、自分の身は自分で守るしかない」

そして、リアムはこう付け加えた。

「どうせお前には、こんなくだらない経験はないだろう？」

「は？　どういう意味だ？」

「お前なら『人付き合い』はお手の物だと思っただけだ」

「いや、ちょうどランディのような同僚がいたよ」

すると、リアムは緊張が解けた様子で「それでどうなった？」と尋ねた。

「ウォルマートに勤め始めた頃、いつも俺のアイデアを横取りするマネジャーがいた」

「それで、お前はどうした？」

「何もしなかった。どうしたらいいかわからなかった。そいつを問い詰めても否定されるだけだから。気づいているマネジャーも数人いたが、危険な橋は渡りたくないから何も言わなかった。上層部が把握していたかはわからないが、そこに訴えて愚痴っぽいと思われるのも嫌だったし、八方ふさがりだったよ。誰にも訴えられず、黙っていたらどうなるかもわからなかった」

「それで？」

「ラッキーなことに、結果的には僕が昇進して、あいつはしなかった」

「簡単そうに言うね」

「簡単じゃなかった。腹が立って、ストレスだらけで、自己嫌悪と無力感でいっぱいだった」

「俺には無理だ。お前みたいな忍耐力はないし、ランディのことだけは我慢できない」

ベンはしばらく黙った後にこう言った。

「怒る気持ちはわかるし、ひどいと思う。でも、なんでこの件にそこまでいら立つんだ？　僕のケースでは昇進がかかっていたが、君の場合、先月話したとき、そのプロジェクトはそれほど重要ではなくて、キャリアにも影響しないように聞こえた。ランディのやり方はフェアじゃないが、そこまで動揺するのはなぜなんだ？」

「わからない」と、リアムは答えた。「多分、人間関係のトラブルに煩《わずら》わされるのが嫌なんだろうな。経理部門に進んだのも、数字は客観的だからだ。お前はこの手の人間相手の問題をうまく処理できるだろうが、俺は気が変になりそうで、お前みたいな仕事は絶対に無理だ。それに、ランディがやっている社内政治も大嫌いだ。社内政治でいい思いをする奴が許せない」

好奇心をそそられたベンは「なるほど、続けて」と促した。

リアムはしばらく黙り込んで頭を小さく振った後、テレビ画面を見上げて言った。「お、ホワイトソックスが5対5の同点だ。もう一杯ビールを頼んで、試合を見よう」

いきなり話題が変わり、ベンはまたも不意を突かれたが、話を合わせてバーに向かった。リアムがよくこうした態度を取ることに気づいていたが、いつも通り受け流したのだ。

自己開示を促す

ベンの言動のなかには、リアムに心の内を話すよう促す効果のあるものもあったが、一方で役立たないものもあった。

効果的だったのは、リアムの窮地に関心を寄せた点と、彼のいら立ちに共感した点。「相手の靴を履いてみる」という英語の慣用句が示すように、共感とは相手の気持ちを理解するだけでなく、同じ心境であることを示す行為だ。相手と完全に同じ状況に置かれなくても、共感を覚えることは可能だ。

たとえば、あなた自身が過去に悲しみを感じた経験があれば、たとえ相手の置かれた特定の状況について「悲しい」と感じなくても、その人の悲しみに共感することはできる。学生たちはよく「彼がなぜ、あんなに怒っているのかわからない」と言うが、そんなとき、われわれはこう答える。

「それは問題じゃない。重要なのは、あなたが怒りの感覚を知っていること。そうすれば共感することはできる」

共感は同情と混同されがちだが、この2つは別ものである。同情とは、相手が苦しんでいる状況を認識して慰めやサポートを提供することであり、必ずしも相手と同じ心境になる必要はない。また同情は「憐《あわ》れみ」とも混同されがちだが、憐れみを向けられると、相手はますます肩身が狭く感じてしまう。

共感と異なり、同情には心の内を話すよう相手に促す力はない。それどころか、他人から「かわいそう」と思われるのを嫌がる人が多いことを考えると、同情は逆に相手を黙らせてしまう結果にもつながりかねない。

ベンは会話の冒頭ではいい具合に共感を示したが、アドバイスに近い質問を重ねたために、リアムは心を閉ざしてしまった。その後、ベンが過去に感じた無力感を打ち明け、ある程度弱みを見せたことで、リアムも多少は本音を語ったが、ベンにさらなる自己開示を求められると突然話題を変えてしまった。

「もっと詳しく聞きたいのに、相手が黙ってしまった」という経験は、誰にでもあるだろう。相手の状況に関心を寄せ、自分の打ち明け話をすることも大切だが、それと同じくらい大切なのは踏み込みすぎないことだ。アプローチの方法は他にいくつもあり、こうした場面で何より必要なのは、まず相手の「現在地」に一緒に立つことだ。そうして初めて、2人揃って、その先の、より深い領域に踏み込める可能性が開けるのだ。

「相手の現在地に一緒に立つ」ためには、いくつかの条件がある。まず、「あなた自身ではなく、相手が話したい話題を取り上げているか」。また、「相手と同じ感情レベルで対応できているか」という側面も大切だ。

ベンは「それはひどい。本気で怒っているんだな」という言葉でランディへの怒りを強調したという意味で、リアムの現在地に一緒に立っていた。もしこの時点でベンがふざけた返答をしたり、リアムの望む以上に深入りしようとしたら、リアムはその場から立ち去ったことだろう（実際、彼はその後に立ち去った）。

3つ目の条件は、「相手と同じ目線で世界を見ているか」。リアムの会社の企業文化を考慮せず、自分の勧めるウォルマート流の解決策を提案した点で、ベンはこの条件を満たすことができなかった。

そして4つ目は、「相手の真の望みに応えているか」だ。リアムはランディと社内政治について愚痴りたかったのに、ベンはリアムの怒りを掻き立てる個人的な理由を知りたがった。

自分の言葉に耳を傾けてもらうには、ましてや、相手に個人的な話をしてもらうには、まず「私のことを理解したいのだな」と相手にわかってもらう必要がある。そうした絆ができて初めて、さまざまな悩みを話し合い、掘り下げた質問ができる土台が生まれる。

ベンがそれに気づいたのは、バーに向かう直前に会話が突然終わったときだった。ベンはもっと話したいと思っていたが、リアムはそうではないとわかったのだ。

「相手の現在地に一緒に立つ」には、タイミングも重要だ。ベンはこの一件を棚上げすることにした。世の中には時間をかけるべきこともあるのだから。

好奇心、質問、アドバイス

「好奇心をもつ」という行為は、一般的なイメージよりもずっと複雑である。何もわからないから知りたいという場合もあれば、よくわかっているつもりだが、自分の仮説を確かめるためにあえて聞きたいという場合もある。後者の場合、厄介なのは、質問する側が心から好奇心を感じているわけではないという点だ。自分のなかで答えがほぼ決まっており、その正しさを証明するために「証人を誘導尋問」するというスタンスでは、相手に本音を語るよう促すのは難しいだろう。

真の意味で相手に関心を寄せるには、仮に自分が察しのいいタイプで、相手のことをよくわかっていると思っていても、実際には何も知らないのだという発想を忘れないこと。この点に気をつけていれば、素朴な好奇心を持ち続けられるし、素朴な好奇心があれば、相手が胸の内を語りたくなるような質問ができる可能性も高まる。

適切な質問には、相手の自己開示を促す力がある。二者択一ではない自由な返答を促す「オープン・クエスチョン」は、新たな意見や視点を生みやすく、会話の幅を広げてくれる。ベンがリアムに、職場のトラブルの内容やランディにいら立つ理由について説明を求めたのが、これに当たる。

効果的なオープン・クエスチョンの秘訣は、「どうして?」から始まる質問をしないこと。理由を問う質問をされると、人の意識は感情ではなく論理に向かい、暗黙のうちに自身を正当化せざるを得なくなる。

もしもベンが「どうしてそんなに感情的になっているんだい?」と問いかけていたら、リアムは論理的な説明をしなければ、という思いに駆られたことだろう。また、もしもベンが「ランディのことなんて、どうしてさっさと忘れないんだ?」などと畳みかけていたら、リアムが社内政治への嫌悪感と、客観性が重視される世界を好む思いを明かすこともなかっただろう。人には、論理的には説明できない思いがたくさんあるのだ。

一方、「イエス」か「ノー」で答える「クローズド・クエスチョン」は会話の幅を狭め、押しつけがましく、批判めいた印象を与えがちになる。ベンがリアムに「同僚の誰かに話してみた？」と尋ねたのも、その一例だ。

クローズド・クエスチョンと同じく非生産的なのが、質問の体裁を取りつつ、実際は意見を表明している「質問もどき」の表現だ。仮にベンが「ランディの説得術が妬《ねた》ましいから、彼にいら立つんじゃないのか？」と尋ねていたら、それはまさに質問もどきの意見表明だろう。クローズド・クエスチョンも質問もどきの表現も、相手から見れば、質問の形を借りてアドバイスをし、聞き手の仮説を検証しているだけに思えてしまう。

ベンも気がついたように、アドバイスはたとえ相手から求められた場合でも、役に立つことはほぼ皆無。助けになりたいという熱意が空回りして、自身の経験に縛られた、現実に即さない解決策を押しつけてしまうケースも少なくない。しかも、思いつく選択肢はどれも本人がすでに考えた（そしてたいていは却下した）ものばかりだ。ベンも、こうした罠にことごとく引っかかったのだ。

アドバイスをするという行為には、2人の力の不均衡を拡大させるリスクもある。悩みをかかえた人が落ち込んでいるときに、もう一人が正解を知っているかのように振る舞えば、両者の溝は一段と広がりかねない。

相手の求めているものを誤解しやすい点も、アドバイスに伴うリスクだ。リアムはベンにアドバイスがほしいと言ったかもしれないが、それは本心だろうか。他者に悩みを訴える理由は人それぞれだ。悩みを話すことで自分の考えを整理したい場合もあれば、同情してほしくて愚痴をこぼす場合もある。解決策を探しているわけではなく、不公平な状況に共感してほしいだけ、という場合もあるだろう。効果的なサポート方法を知りたければ、まずは相手の要望を明確に把握することが必要だ。

デービッドも以前に、そんな経験をしたことがある。オフィスを訪ねてきた同僚のジムに、「どうしたらいいかわからない。デービッド、君のアドバイスがほしい」と言われたのだ。人助けが好きなデービッドは、ジムの話を熱心に聞いた。ジムはさらに続ける。「2つの選択肢で迷っている。Aにはこんなメリットがあるが、こんなデメリットもある。Bはこういう理由で魅力的だが、不安な点もある」

デービッドは、ベンが2つの選択肢について深く分析するのを真剣に聞きながら、Aのほうがいいと感じた。その根拠を伝えようと、話が終わるのを待っていると、ベンは突然立ち上がってドアに向かっていった。「やっぱりBだな。ありがとう。助かったよ」

デービッドはがっかりして、「待って、僕の意見を聞いてないだろう」と言いたくなったが、残念ながらアドバイスが不要なのは明白だった。ジムが求めていたのは、自分の考えを整理するための環境だったのだから。

このエピソードは、アドバイスを与える行為のもう1つの限界も示している。デービッドの

がちだ。

イスをする際も、相手にとってベストの選択かという点を十分に考慮せず、自分を基準に考え

も正解とは限らない。人はそれぞれ、その人なりの目的や方法論を持っており、他者にアドバ

解決策は正解だったのかもしれない――デービッドにとっては。しかし、それがジムにとって

さらに、アドバイスを与える行為には相手の本当の状況に気づきにくくなる恐れも付きまとう。リアムがあれほど怒ったのは本当に、ランディが手柄を横取りしたからだろうか。社内政治に振り回されている職場への怒り、あるいは、この世は客観的かつ合理的であるべきだというリアムの（非現実的な）願いが原因だった可能性はないだろうか。

相手の力になりたいという思いが強すぎると、問題の本質に気づく前に相手の言い分を鵜呑みにしてしまうリスクがある。まさに「不正確な問題点についての正しい解決策よりも、正しい問題点についての不正確な解決策のほうがましだ」という格言の通り。実際、解決策が不正確な場合には、何かがおかしいとすぐ気づくはずだ。

では、大半のアドバイスが役に立たないのに、なぜ人はアドバイスを繰り返すのか。理由はおそらく、自分自身のトラブルに比べて、他人の問題のほうがずっと解決しやすく思えるからだ。なかには、荒廃した町に乗り込んで喝采を浴び、トラブルを完璧に解決して立ち去る西部劇の主人公の気分に浸りたい人もいるかもしれない。理由は何であれ、アドバイスをしたくなったら、こう自問しよう。

「アドバイスをしたいのは自分の欲求を満たすため？　それとも、本当に相手を助けたいか

ら？」

そうは言っても、アドバイスが有益なケースも存在するが、そのためには条件がある。ポイントは、全体像を完全に把握し、相手が心から望むものを理解し、その人の流儀を尊重することだ。そして、最も重要なのは「自分ならどうするか」を脇に置くことである。どれも口で言うほど簡単ではない。また、アドバイスをしたからといって、必ずしも相手をより深く知ることにはつながらない。

相手を深く知るためには、その人が心情を吐露するよう支えるチャンスをうかがうのも効果的かもしれない。相手が感情を押し殺しているか否かを察知するのは困難だが、声のトーンや言葉以外のサイン、事態の深刻さに比べて感情表現が小さいといった状況を手がかりにして、推測することは可能だ。ベンの場合も、リアムの動揺を察知して「本気で怒っているんだな」と声をかけたことが、怒りを強く表現するよう促す後押しとなった。

ベンがその後もリアムの話に耳を傾け、彼の気持ちをしっかり受けとめていたら、さらなる自己開示を促せただろうが、残念ながらベンの取った行動はその正反対だった。論理的な質問を次々にぶつけたため、リアムは感情を押し殺し、役に立たない理性的な答えをせざるを得なかった。

ただし、言語化されていない感情を引き出す行為と、誘導尋問は紙一重。たとえば、「ちょっと悩んでいると言うけれど、そんなふうには聞こえない。本当はもっと苦しいんじゃない？」という問いかけは、尋ねる側が何を想定し、どんな口調で言ったか次第で、どちらにも解釈可能だ。

尋ねる側が「他人の事情を完全に理解するなんて無理だ」とわかっていれば、自分の推測はただの推測にすぎないとわきまえ、何もかもわかっていると言わんばかりの口ぶりで話すときほど相手の反感を買うこともないだろう。また、「それは本当に腹立たしいね」「そんなことが自分の身に起きたら、絶対に腹が立つ」など自分の内面を振り返って共感を示す表現も、相手に気持ちを率直に語るよう促す効果がある。

ベン&リアム パート2

数週間後、ベンとリアムは一緒に夕食に出かけた。ベンはランディとのその後について尋ねたいと思ったが、口を開く間もなく、リアムのほうから「ランディの問題は解決したよ。ありがとう」との言葉が。リアムはさらに「そうだ、経理部門の新しいポストに応募しようと思うんだ。給料は上がるが、人事関係の業務もあるから、その方面に強い君の意見を聞きたい」と続けた。

話を詳しく聞いたところ、なかなか厄介な問題のようで、ベンはいっそう興味をそそられた。リアムもベンとの議論を楽しんでいるように見えた――何かを言いかけて、突然話題を変えるまでは。

「どうしてだろう。リアムの癖だろうか。本人に聞くべきか……」。ベンはそう思いながらも、踏みとどまった。２人は食事を続け、話題は「雪不足でもスキーに行けるか否か」へ。でもベンは気が散って話に集中できない。リアムが突然に話題を変えたことがどうしても気になった彼は、話題を戻そうと決意し、恐る恐る切り出した。

「リアム、さっきのことについて話していいかな。新しい仕事の話をしていたのに、途中でいきなり話題が変わったこと。僕は戸惑っている。これまでにも何度か同じことがあって、不思議だった」

「話が終わったから、話題を変えただけさ」と、リアムは素っ気なく答える。リアムがこの件について話したくないことを察知したベンは、肩をすぼめて「ＯＫ」とだけ返した。

その後、話題はホワイトソックスの新しい抑え投手がチームの不調を救えるかという予想や、週末に開拓する新たなサイクリングルートへ。しかし夜が更けるにつれて、ベンの脳裏に「こんな話は他の誰ともできない。リアムは思慮深くて面白い。彼をもっと知りたい」という思いが沸き起こり、もう一度トライしてみることにした。

「リアム、僕は行き詰まりを感じている。もっと深い友情を感じたいから、君とはスポーツや表面的な仕事の話題を超えた話がしたい。でも、僕が詳しい事情を知りたいと思うたびに、君は話を打ち切る。何週間か前にランディについて話したときもそうだったし、今日の新しい仕事の話でもそうだ。どうしたんだい？　なんか変だよ」

リアムの返答は、ベンには衝撃的だった。

「個人的な話になるといつも、お前は次々に質問を浴びせてくる。俺が１センチ分話すと、お前は1キロ分知りたがる感じで、強制されている気がして嫌だ」

「自分の話をするのが、どうしてそんなに嫌なんだ?」。ベンはそう言ってすぐに気づいた。

「くそ、これも質問だな! 気にしないでくれ」

「よく気づいたね」と、リアムは微笑んだ。「そういう話をする気分じゃないんだ」

「わかった。僕には前のめりになって、結果を急ぎすぎる癖がある。前にも指摘されたことがあるから、君だけじゃない」

「ありがとう。サイクリングルートの話に戻ろう」

それからしばらく、2人は軽い話題の気楽な会話を続けた。カレンダーを見ながら計画を立てていると、リアムが口を開いた。

「さっきお前に聞かれたことをずっと考えていた。失礼な態度を取りたいわけじゃないが、複雑な事情がある。俺はずっと引っ込み思案なタイプで、最初に心を許した相手は大学時代のガールフレンドだった。彼女は俺のことを何でも知りたがったのに、後でその情報を使って俺を攻撃してきた。最悪だった」

「それはひどい」とベン。「その話を聞いて、君のことが少しわかったよ。僕は君が話したいと思うこと以外は追及しない。もっと聞きたいと思っても、質問攻めにしないように気をつける。君のペースに任せるよ」

リアムは感謝した様子でうなずいた。

「ただ、僕も自分の態度が正しいのか、いつも気にしているのは大変だ。質問が多すぎると思ったら指摘してもらえれば、すぐにやめる」

「そうするよ」とリアムは言って、こう付け加えた。「俺ももう少しオープンになれるよう努力してみるよ」

この日の会話では、双方ともがリスクを冒し、友情が深まるという対価を手に入れた。もしリアムが急に話題を変えたことについてベンが何も触れなかったり、身を引いてしまっていたら（どちらもよくある反応だ）、2人の関係は表層的なレベルにとどまっていただろう。ベンは自分をさらけ出して、友情に求めるものを率直に伝え、「前のめりになって結果を急ぎすぎる」という自分の癖も認めた。こうした地ならしのおかげで、リアムも自己開示に踏み切ることができたのだ。

ベンが自分の言葉がまたも「質問」であることに気づき、「質問が多すぎると感じたら指摘する」とリアムが約束した流れは、幸先のよいスタートだ。関係をさらに深めるには、今後も互いにリスクを取り、自分をさらけ出す努力を繰り返す必要があるが、この日、2人は重要な一歩を踏み出した。自己開示の方法を学び、その効果の一部を実感できたのだから。

相手に関心を寄せることと、プライバシーに踏み込むことはまさに紙一重。相手が心から自分に興味をもっていると実感でき、その理由も教えてもらえれば、あれこれ聞かれても立ち入った質問だと感じる可能性は低いだろう。

逆に、顕微鏡で観察すべき珍種のように思われていると感じた場合は、オープンに向き合うなんて無理な話。打ち明けた内容がどう利用されるのかわからない状況では、なおさらだ。

とはいえ、ベンにとっては善意の行動でも、その好意がリアムに伝わらない可能性もあった。重要なのは、ベンが二度の会話で行ったように、相手に「余地」を与えることだ。ベンはリアムのペースに合わせ、押しつけがましくならないよう注意深く気持ちを伝えた。ベンがリアムの希望を尊重しながら自身の思いも封じ込めずに伝えたおかげで、リアムも紙一重を隔てる細い線上を無事に歩くことができた。

先に自己開示するのは誰?

自己開示には双方ともに自分をさらけ出すことが重要だが、では、どちらが先に自己開示すべきか。自己開示が進むほど「相手からどう見られるか」もコントロールしやすくなるが、順番を考える際には「立場の違い」という要素も考慮する必要がある。

立場の違いは、組織内の地位の違いもあれば、過去の業績や学歴の違いもあり得る。また不幸なことだが、ジェンダーや人種、社会経済的な背景も立場の違いを生み出している。自分のほうが「下」だと感じている人に先に自己開示するよう求めるのは酷《こく》な話であり、リスクが高いと感じられるのは当たり前だ。特に男性中心社会における女性や有色人種など、社会的に排除されてきた集団の人は高いリスクを感じがちだ。

しかし、立場が「上」の人は往々にして、自分のステータスのせいで相手が自己開示しづらく感じているという現実に無自覚だ。上司がよく直属の部下に「遠慮なく意見を言え」と求めるのも、その行為に伴うリスクを軽視しているからである。権限とステータスの高い側は、その構造を自覚し、対等の立場の人に接する場合よりも積極的に、自ら自己開示を行うべきだ。

キャロルはスタンフォードで教え始めた頃、組織行動学部のある教授と良好な関係を築いていた。定期的にランチを共にしてＭＢＡコースについて情報交換したり、知的な議論を楽しんだりしていた。ただし、彼は専任教授で、自分はただの講師なので、キャロルから見れば彼は遠慮なく話せるような相手ではない。

ある日、彼はキャロルをランチに誘い、助言を求めた。学生の興味を掻き立てるのがうまいというキャロルの評判を聞き、参考にできる点を知りたかったのだ。キャロルの喜びは「光栄に思った」どころではなかったが、それ以上に大事なポイントは、助言を求めるという行為によって彼が弱みをさらけ出した点にある。大学教授は「わからない」「助けてほしい」と言わない人種なので、これは極めて重大な自己開示だった。もちろんキャロルはできる限りの協力をし、彼もキャロルの提案を取り入れ、その功績を認めてくれた。

教授からの依頼はキャロルを喜ばせただけでなく、２人の関係にも変化をもたらした。彼が弱みを見せたことで、キャロルも彼に対してよりオープンに自分を出せるようになったのだ。以来、長い年月にわたってキャロルも彼にアドバイスを求め、仕事上の困難やつらい出来事を共有してきた。２人は今も心からの友人同士だ。

もっとも、このケースでは、２人の立場には大きな違いがあったとはいえ、キャロルは彼の部下ではない。では、上司が直属の部下に対して、この教授のようにオープンに振る舞うことは可能だろうか。

われわれが指導したある上級幹部のエピソードを紹介しよう。フォーチュン500企業のカナダ支社長だったジョンは、率直に意見交換できる職場の雰囲気づくりに尽力してきた。ある日、IT部門の副部長のダリルがオフィスにやってきて、「業務目標を達成できそうにないことをお伝えしたくて。離婚問題で揉めているんです」と言った。

自らも離婚経験があったジョンは、ダリルが話をしたいかもしれないと感じ、「ちょっと外に出よう。新しいスピーカーを買いたいから、専門家としてアドバイスをくれないか。ついでにランチも」と提案。出先でダリルは結婚生活のトラブルについて語り、ジョンも自身の経験を伝えた。後日、ダリルから、「理解してもらえて支えられていると感じ、あなたを単なる上司以上の存在だと感じた」という感謝の言葉があったという。

多くの管理職は、部下の業績不振を許すことで組織に迷惑がかかる事態を恐れて、ジョンがダリルに行ったような対応は取らない。しかし、このケースではそうした心配は無用だ。ダリルはジョンにも会社にも一段と信頼を寄せ、ジョンの対応を聞いた他の幹部社員たちもジョンへの忠誠心を高め、つらい時期のダリルを支えた。もしもジョンが以前からオープンな企業風土を醸成していなければ、ダリルの業績が低下した理由もわからないままだったかもしれない。

本当に相手を深く知りたい?

ここまでの話は「人は他者をより深く理解したいものだ」という前提に基づいている。しかし、そうとも言い切れないと思う人もいるだろう。相手の子供時代のトラウマやパートナーとの確執について、本当に事細かに聞きたいと思うだろうか。聞いてしまったら、責任が生じてしまう。相手の要求に応え、どんなときもその人の味方になれるだろうか。どんなときも常に相手に寄り添わなければ、格別の関係とは言えないのだろうか。

われわれの共通の友達アニーも、長年の友人ポーラとの関係でそうした疑問に直面した。あるとき、ポーラは体調を崩して週2回の通院が必要となったが、病気の影響で自分では運転できないため、アニーに送迎を依頼した。アニーは当初は喜んで引き受けていたが、数週間すると、ポーラだけでなく彼女の息子夫婦にも怒りを覚えるようになった。息子夫婦はポーラと同居しているのに、仕事と子育てに忙しいという理由で送迎担当を拒んでいたからだ。

アニーは途方に暮れた。ポーラに直接苦情をぶつければ、息子夫婦への怒り(と、責任を果たさない彼らを許しているポーラへの怒り)が表面化し、2人の関係が悪化しかねない。そこでアニーは口実を設けて、送迎の回数を減らすことに。おかげで2人の関係は悪化しなかったが、関係が深まることもなかった。

アニーの立場に立ったときに本音をぶつけたくない理由は、それ以外にもあるだろう。たとえば、ポーラと息子夫婦の関係について立ち入りたくないという理由だ。もしも両者の間に本当に深刻な確執があり、送迎の時間が「悩み相談室」になってしまったら、その役割を辞退するのは一段と難しくなる。

3章と4章を通して自己開示の効能を強調してきたが、アニーの例のように、本音を伝えると、かえって困った事態になる場合もある。関係が深まると相手への期待値も高まるものだが、救いの手を差し伸べ、相手のニーズに応えることが大切である反面、境界線を引くことも同じくらい重要だ。適切な境界線の位置は関係の度合いによって異なるが、境界線をめぐって衝突が生じたら、問題を特定して解決する必要がある。難しそう？　大丈夫、この点については後の章でまた取り上げる。

学びを深めるために

振り返る

1　ベンの立場に立ってみる

リアムともっと個人的な付き合いがしたい。彼のことが好きだし、彼の分析能力も素晴らしいと思うが、もっと自身の話をしてほしい。自分は気楽に自己開示できるタイプで、リアムにも同じようになってほしいと思っているが、そのためにはどうしたらいいのだろう？

●この章に出てきたさまざまな場面を思い浮かべよう。あなたなら、どう振る舞うか。
●他者の自己開示をサポートするあなた自身の能力やスタイルについて、何か気づいたことはあるだろうか。

2 2章でリストアップした「特に大切な人間関係」から1人を選ぼう。次に挙げた言動のうち、その人をより深く知るために、あなたが行っていることはあるだろうか。

●理解を深めるために相手の話に耳を傾ける
●早急な判断を避け、相手の状況を急いで理解しようとしない
●相手に関心をもち、その人にとって大切なものについて質問する
●オープン・クエスチョンを活用して、本音を打ち明けるよう促す
●相手の気持ちに着目し、感情を思い切り表現できるようサポートする（「相当怒っているみたいだな」「どんな気分？」）
●相手の感情に共感する（「それは本当に腹が立つね」）
●相手を受け入れる姿勢を見せる（「君がそうした理由がよくわかるよ」）

3 反対に、次に挙げたような相手の自己開示を阻む言動のうち、あなたが行いがちなこ

とはあるだろうか。

- どう答えようかと考えていて（あるいは、すでに決めていて）、相手の話に集中できない
- 突然話を切り上げ、自分の興味のある話題に移る
- 相手の事情を完全に理解していると思い込む
- 「答え合わせ」のために誘導尋問をする
- 相手の気持ちを無視して、自分の考えを理詰めで話す
- 相手の発言や行動について評価を下す
- 相手の状況に共感を示さない

こうした態度を取ってしまうのはなぜだろうか？

実践する

「振り返る」のセクションでの回答はあなた自身の主観的な見方だが、相手も同じように感じているだろうか。あなたの言動が相手の自己開示を後押ししているのか、阻んでいるのか、本人に尋ねてみよう。

その際、「この質問をするのは、よりオープンな関係を構築したいから」と相手に伝

えること。相手の行動を変えて2人の関係を深めるためには、あなた自身が率先して自己開示に踏み出すべきだ。そうすることで、この試みが学問としての学びではなく、プライベートに直結する活動となる。

理解する

「実践する」の取り組みを通して、自己イメージと相手から見たあなたの姿の距離感がわかったのではないだろうか。両者に乖離があった場合、相手からの見え方を知るのはつらかっただろうか。

リストにある他の人々をイメージしよう。彼らの自己開示を促すために、自分には何ができるだろうか。このプロセスにはジレンマが付きものである。関係を深めながら新しい行動パターンを身につけようとする試みだが、相手に「実験の被験者扱いされている」と誤解されるのは避けたいところだ。これまでに学んだことを生かして、そんな微妙なラインの上をうまく歩こう。

05

影響力のバランス

マディ&アダム夫婦 パート1

友人であれ恋人であれ、どちらか一方が圧倒的に強い影響力をもつ人間関係を高校時代に経験した人も多いのではないだろうか。何をするにも、タイミングや詳細を決めるのは強い影響力をもつ人のほうで、もう一方はその計画が気に入らなくても、「いいね、楽しそう！」と嬉しそうに賛同するしかない。

こうした関係はしばらくはうまくいくが、いずれ距離が生まれたり、かなりの高い確率で決裂する（なにしろ高校生なので）。長続きする人間関係には影響力のバランスが重要であり、適度なバランスの土台となるのが、自己開示をし、それを相手が支え、信頼が生まれ、さらなる自己開示につながるという好循環である。相手について新たに知った情報が原動力となって、このサイクルが前に進んでいく。

相手をどれほど深く知っても、このプロセスに終わりはない。たとえば、われわれ2人は合わせて90年以上の結婚生活を送っている（デービッドが55年以上、キャロルが35年以上）が、今も配偶者について新たな発見がある（相手も同じはず）。

強固で意義深い関係を目指すのは、それ自体が目的というよりは、相手の希望に気を配り、両者の欲求がバランスよく満たされるようにするためだ。しかし、両者が満足できる水準に到達するのは容易ではない。

この章でお話しするように、そのためにはギブアンドテイクのバランスを理解し、両者の影響力を均衡させる努力が不可欠だ。また、ある時点でバランスが取れていた関係が、時間と共に変化することもある――一人の成功がもう一人の多大な犠牲の上に成り立っている場合は特に。マディとアダムの夫婦関係は、まさにそんなケースだった。

マディ＆アダム　パート1

マディとアダムは、5歳の娘と3歳の息子を育てる結婚11年目の夫婦。2人が出会ったとき、妻のマディはがん治療薬を開発する製薬会社の営業担当だった。仕事、特に出張（ハワイにも何度か行った）が大好きで、担当する薬の社会的意義にも誇りをもっていた。

フルタイムの共働きは疲れる面もあったが、2人は夜や週末の時間を共有し、料理や娯楽を一緒に楽しみ、自分たちは対等の関係だと自負していた。一軒目の家を買う場所や子供を持つタイミングといった重要な問題は一緒に決断し、それ以外の責任は分担——共同で貯金をして実現したキッチンリフォームは妻のマディが担当し、休暇の計画は夫のアダムの担当だった。ある年の冬休みをマディの実家で過ごしたら、次の冬はニューヨークのアダムの実家を訪れるという具合に、休暇の過ごし方まで順番制。こうした役割分担をしながら、2人は互いにいい影響を与え合える関係だと感じていた。

娘を出産した後もマディは仕事を続けたが、息子が生まれたのを機に退職した。子供が1人のうちはなんとか仕事と家庭を両立できていたが、2人の乳幼児を抱えて家庭を切り盛りするのは無理だった。その後、隣人と子供の世話を分担できたため、マディは地元の病院の小児がんセンターで週に半日ほどボランティア活動に従事。おかげで家事と育児で疲労困憊の日常から離れて、大人との接点をもてている。

一方、ソフトウェア・エンジニアのアダムも常に新たな学びの多い仕事を気に入っていた。給与面でも恵まれていたが、勤務時間が長く、平日の夜や週末にも仕事が入ることがあった。

そんな2人の関係に緊張が走る。収入があるのに財布の紐が固い夫に、マディがいら立ちを感じ始めたのだ。アダムの両親もお金に細かいタイプなので、その影響だろうと思いながらも、買い物の理由をいちいち報告させられることにマディは困惑していた。私は浪費家ではない、古くなったものは買い換えるしかないし、生活を便利にしてくれる買い物もあるのに……。

週末もやることが山積みで、子供抜きでゆっくりと話す時間はなかなかもてない。夜のデートなんて遠い夢。夕食を終えると2人とも疲れ切っており、会話といえば子供の話と一日の報告くらいのものだった。気持ちの面でも肉体的にも夫婦の距離は遠のき、相手のことなど気にする余裕もなくベッドに倒れ込む毎日だ。

マディの不満は日増しに高まり、やりがいと知的刺激に満ちた以前の仕事が恋しくなっていく。母親に相談しても、「それが母親の仕事よ。素晴らしい2人の子供たちを育てられることに感謝しなきゃ」と諭《さと》されるだけだった。母の言葉には納得できないが、どう反論していいかわからない。世間ではそういうものだと思われていても、私は違う……。

マディはアダムに不満を訴えたが、アダムの反応は極めて否定的だった。

「子供を持つと決めたときに、こうするって話し合ったじゃないか。それに、僕だってストレスはある。今の仕事はプレッシャーだらけだ」

マディは「そうね、でも、あなたは仕事で達成感も得ている」と思ったが、何も言い返さなかった。アダムはさらに続けた。「とにかく、子供たちが学校に行くようになって、クラブ活動で忙しくなれば大丈夫だから」

とはいえ、それは何年も先の話であり、その時点でさえマディにできるのはパートタイムの仕事くらいだろう。いつか状況が改善するかもしれないという曖昧な約束を盾に、目の前の不満を消し去るのは無理だった。昔のような働き方は絶対にできないし、子供たちが大学生になる頃には私のスキルは時代遅れになっているはず……。それでも、これ以上もめたくなかった彼女は何も言わず、洗濯に向かった。

一方のアダムは、「マディは子供たちに大きな影響力をもっていて、子供たちは僕より彼女を慕っている。何が不満なんだ?」と考えていた。

これは難しい問題で、答えは簡単には見つかりそうにない。問題の一部は、マディとアダムのライフステージに起因するものだ。さまざまな研究で、結婚生活での不満は子供が生まれると高まり、子供が自立すると低くなることが示されている。

それでも、完全にお手上げというわけではない。この夫婦にまず必要なのは、2人のバランスを見直すこと。その方法について論じる前に、まずは2人の関係の根底に流れる問題点を理解しよう。ほぼすべての人になじみのある悩みが浮かび上がってくるはずだ。

公平だと思える環境を整える

どんな人間関係にも妥協はつきもので、関係を長く続けるには、互いにある程度要求が満たされると同時に、互いに何かを諦める必要がある。時間の経過とともに、その関係がもたらすメリットがデメリットを上回る。互いに相手に伝える情報が増え、メリットを増やしつつデメリットを減らす方法がわかってくるからだ。

マディとアダムの関係も、まさにこのパターンだ。互いの知的刺激を楽しみ、経済的にゆとりがあり、愛し合っており、子育ての喜びを手に入れた夫婦。結婚生活の初期はメリットがデメリットをはるかに上回っていた。しかし、特にマディにとっては新たな妥協点や制約が増え、デメリットが徐々に大きくなっていった。

順調な人間関係においては両者はほぼ対等であり、それが「公平感」を生み出す。一方、相手が自分よりもいい思いをしていると感じた場合、たとえ自分にとってのメリットがデメリットを上回っても、相手に搾取されていると感じてしまう。メリットとデメリットを常に天秤にかける必要も、常に完璧に対等である必要もないが、長期的な視点で両者が「ほぼ対等」と感じていることが重要だ。

人間関係におけるメリットとデメリットは、足し算や引き算の理屈では説明できない。何を大切に思うかは極めて主観的な問題だ。たとえば、アダムは仕事上の挑戦に大きな価値を置いており、妻子とゆっくり夕食を楽しめないという代償は小さな犠牲にすぎない。逆に、家族との夕食に大きな価値を見出し、17時半に退社することで仕事のチャンスが失われても構わないと考える人もいる。

メリットとデメリットをどう計算するかには、その人の社会的価値やバックグラウンド、個人的な経歴などすべてが影響する。アダムは伝統的なジェンダー規範を求める家庭で育っており、マディも現状に満足すべきだと考える母親の伝統的な価値観に影響を受けている可能性がある。

また、他者との比較も判断に影響する。マディの場合、離婚して経済的に苦しい思いをしながら、2人の子供を育てる友人と比べれば、自分はなんて幸運なのかと思うかもしれないが、結婚生活が順調で、子供を持ちながらフルタイムの仕事を続けている別の友人と比べたら別の思いが湧き出すはずだ。

大切なのは、それぞれが相手の希望を理解すると同時に、自分の希望を明確にすることである。アダムはマディの不満に耳を貸さずに「子供たちが学校に行くようになれば大丈夫」と答えたが、これは共感を示さず、妻が払っている大きな犠牲を無視した無神経な対応だ。

では、自分と相手の希望を知るにはどうしたらいいのだろうか。

バランスを取り戻す——要望を明確にしたうえで見直す

繰り返しになるが、感情は重要な道しるべである。手始めに、自分の本当の希望を表す指標として、自身の感情に注目しよう。

マディは母親という役割に縛られているという思いを強め、アダムとの知的・個人的触れ合いが減っていると感じていた。アダムが「2人で決めたことだ」という正論を返しても、マディのいら立ちは収まらない。

不幸なことに、人は相手からぶつけられた要求や不満の「妥当性」を、自らの欲求や価値観に照らし合わせて判断しがちだ。マディの不満に対する母親とアダムの反応も、まさにそれだった。しかし、そうしたアプローチでは互いの距離が遠のき、理解も進まない。マディの要求には彼女なりの正当性があり、彼女はそれを母と夫に理解してほしかったのだ。

もちろん、アダムの要望などどうでもいいという意味ではない。実際、彼がマディの不満に深入りしないのは、現状に変化が生じて自分の要望が満たされなくなる事態を恐れているからかもしれず、アダムが自分の思いを言葉にすることも同じくらい重要だ。

それでも、人間関係においては、自分だけでなく相手のメリットとデメリットのバランスにも気を配る責任がある。その点、アダムがマディの置かれた不利な状況に関心を向けなかったのは残念な対応だった。

2人のバランスを取り戻すために、アダムはどうすべきだったのだろうか。たとえば、自分に好都合な現状が失われることへの不安を言葉にしたうえで、その不安を一時的に棚上げして、マディが不満の根本的な原因を究明できるようサポートするアプローチがある。好奇心旺盛なアダムなので、この方法ならきっと妻への理解を深め、同時に妻も理解してもらえたと実感できたはずだ。

相手の気持ちに理解を示す行為は、それだけで相手の要望を満たすことにつながる（この2つは、9章で詳しく解説する「気持ちが通じ合う」ための2つの要件に該当する）。ただし、われわれは夫婦間の対立の責任がアダムだけにあるとは思っていない。マディにも責任の一端はあるが、その点はまた後ほど。

要望や不満について話し合う場が持てると、人は全員にとって都合のいい解決策を探そうとするものだが、そう簡単ではない。キャロルも、赤ちゃんと2歳児の育児に専念していた時代にそれを痛感した。

一日が終わる頃には、大人との関わりが心底ほしくなるが、長時間勤務を終えて帰宅した夫のアンディはソファで新聞を読みながらリラックス。キャロルはキッチンから夫の元に飛んでいき、新しい保育園が狭いこと、息子の中耳炎がぶり返したことについて延々と愚痴をぶつけるが、内向的で、一人で過ごす空間と時間が必要なアンディからは「ふーん」といった反応しか返ってこない。これでは、キャロルが激怒するのも当然だ。並外れて外交的な性格の彼女は、夫に100%集中して話を聞いてもらいたかったのだ。

2人のすれ違いは、キャロルがアンディに「気持ちを聞いてもらえず傷ついている」と伝えるまで続いた。するとアンディも、不満とプレッシャーを感じていると打ち明けた。どちらにとっても好ましくない状況を改善すべく、2人は話し合いを持ち、キャロルはアンディにリラックスタイムが必要だと納得した。アンディの希望は30分間。

「30分！」とキャロルは叫んだ。「あなたが帰ってくるのを1分単位でカウントダウンして待っているのに。5分じゃだめ？」

結局、2人は15分で合意し、不毛な喧嘩に陥るパターンを変えることができた。この解決策では、キャロルはアンディの帰宅後すぐに集中して話を聞いてもらうことはできないし、アンディも思う存分くつろぐことはできない。それでも、2人とも自分の要望がある程度叶えられ、最終的には諦めたものより手に入れたもののほうが多いと感じた。

双方の要望を明確にしたら、バランスを取り戻すための2つ目のステップ――過去に決めた内容を見直す段階――に移る。ある時点では都合のよかった合意も、時間が経つにつれて状況に合わなくなる場合がある。アダムとマディが2人目の子供が生まれたときに交わした約束は、その時点では、そしてその後数年間もうまく機能したが、やがてマディの満足感が薄れ、失われたものの価値が大きくなってきた。

どんな人間関係でも、新たな仕事を始めたり、家族が病気になったり、年を取ったりして状況は変化するものだ。過去の約束に縛られていると、成長が阻害され、2人の関係も発展しないリスクが高まる。最良の人間関係とは、各自が新たな要望に気づき、新たなメリットを探し、従来の限界を突破しながら発展し続ける関係だが、人の成長の速度や方向性はさまざまなので、トラブルが浮上して緊張が走ることもあるだろう。

そんなときに危険なのは、一方、あるいは双方が衝突を避けたい一心で成長を止めてしまうことである。アダムとマディのケースで見たように、ひとたびバランスが崩れたら、前向きな形で前進する唯一の方法は、変化と真正面から向き合い、変化がもたらす影響の大きさを理解したうえで、力を合わせて問題解決に取り組むことだ。

2人で決めた内容を見直す作業は容易ではない。変化が迫ってくると「どんな結果になるのだろう。心の準備ができていないのに、大切な何かを諦めたり、大きな犠牲を強いられるのだろうか」といった抵抗の気持ちが湧いてくる。また、相手の反応が予測できない不安や罪悪感、「どうしてもっと前に話し合わなかったのか」といった争いもつきまとう。

一度の話し合いですべてを解決するのは無理だ。解決に至るまでには罪悪感や不満が募る場面もあると覚悟しよう。人間関係の見直しは極めて重要なプロセスだ。くれぐれも簡単だとは思わないように。

深く掘り下げる

アダムとマディが過去の取り決めにとらわれていたのはなぜだろうか。うまくいっていない現状を、アダムが認めなかったせい？　マディが衝突を恐れて、強く主張しなかったから？　どれも一因ではあるが、より重大で根本的な原因は、意見の分かれる問題を前にして、2人が相手への働きかけを避けていたことにある。

夫婦が話し合いを避けていた話題は、家庭の運営をめぐるマディの不満だけではない。マディにとっては、アダムの過剰な倹約精神も悩みのタネだった。こうしたズレの一部は、2人の立場の違いによるものである。一方（通常は女性）が仕事を辞めて子育てのために家庭に入ると、夫婦間のパワーバランスが変化する。家庭に入った側は金銭がらみの決定権を失いがちで、それが新たな緊張を生み出してしまう。

影響力の大きさの違いは、ほぼすべての夫婦間に見られる。小さな差異なら通常は、率直に話し合って効果的な解決策を導き出す妨げにはならないが、大きな違いがある場合は機能不全の悪循環に陥るケースも少なくない。

悲しいかな、この構図は「自己達成的予言」を生み出す。影響力の強い側が弱い側の主張に価値がないと思ったら、その人の話に耳を傾けなくなるだろう。人は従属的な立場（影響

影響力の差が大きい場合の代償

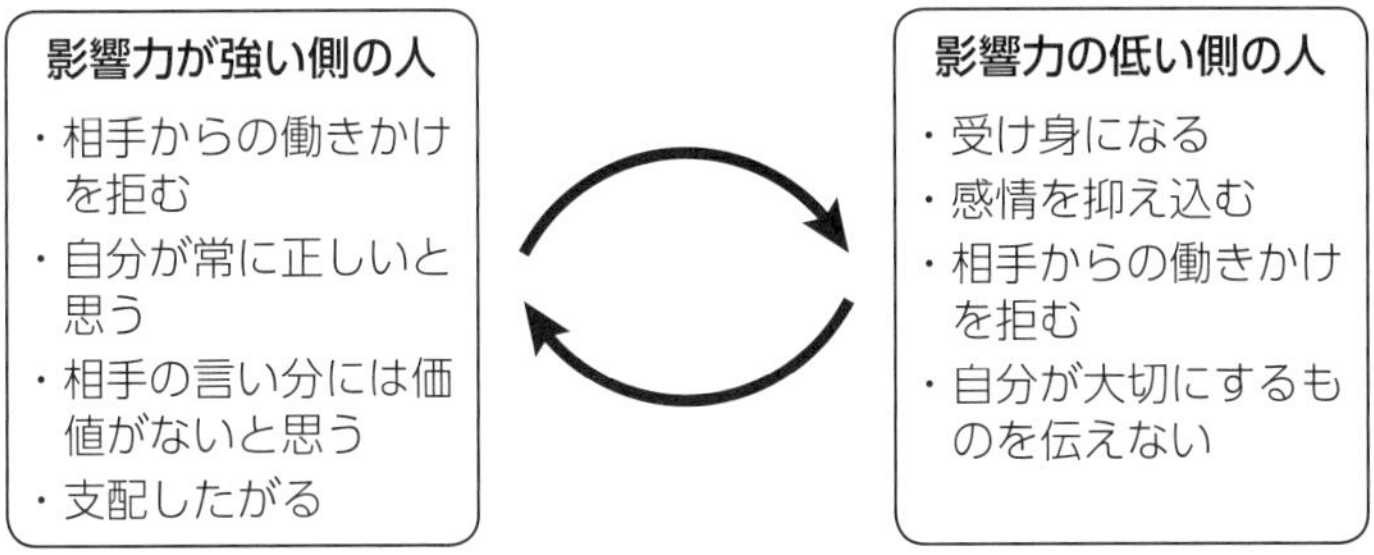
影響力が強い側の人
・相手からの働きかけを拒む
・自分が常に正しいと思う
・相手の言い分には価値がないと思う
・支配したがる
影響力の低い側の人
・受け身になる
・感情を抑え込む
・相手からの働きかけを拒む
・自分が大切にするものを伝えない

力の弱い人の立ち位置）に押し込まれたくないという思いから、一歩引く。すると貢献度が減り、それが「弱い側の人間は役に立たない」という認識に一段と拍車をかけてしまう。

　アダムとマディも（無意識のうちに）共謀して、影響力の大きな差異を作りあげてきた。アダムがマディの悩みを真剣に受けとめず表面的な解決法を提案した結果、マディは理解されず、感謝もされず、無力だという思いを募らせていた。しかも、アダムはマディを過去の約束に縛りつけ、彼女の言い分を理解することなく唐突に、自分には変わる気がないと伝えたのだ。

　一方、マディも不満を十分に伝えることなく引き下がって洗濯に向かった行動によって、影響力の差異を拡大させてしまった。また、自分の気持ちを重んじないで、アダムの屁理屈を放置したこと、「一度決めたことだから、変更の余地はない」というアダムの言い分を鵜呑みにしたことも、マディが影響力を失う一因となった。

この夫婦には「メタレベル」の議論が必要だった。メタレベルの議論とは「なぜ話し合えないかを話し合う」こと。意見が分かれる問題はいったん脇に置いて、コミュニケーションが取れない理由を議論するのだ。

たとえ話をしよう。自宅から職場まで車で通勤する場合、目的は職場に時間通りに到着することだが、同時に車の状態にも注意を払うだろう。ブレーキの利きが弱い、ハンドルが緩い、エンジンからおかしな音がする——そうした兆候を無視して蛇行運転を続けていたら、事故が起きて会社にもたどり着けない。

しかし、アダムが現状に満足していて、マディが無力感に覆われている限り、こうしたメタレベルの議論は始まらないだろう。

コミュニケーションの取り方と問題解決の方法について考えるメタレベルの能力は、深い人間関係の構築に不可欠な力の1つだ。この能力があれば、目の前の問題解決だけでなく、将来起こり得る問題への対応もはるかに容易になる。

3章と4章でも、メタレベルの対応能力が発揮された例があった。3章では、サンジェイにプライベートな話をしにくいと感じていたエレーナが、そう感じる理由を打ち明けて壁を乗り越えた場面。4章では、急に話題を変える癖のあるリアムが、その理由をベンと一緒に考え、一歩前進できた場面だ。

われわれもこの本の執筆中に何度も、メタレベルの議論を実践する機会にぶつかった。デービッドは本の内容に関する新しいアイデアを次々に思いついては議論したがるが、キャロルの頭にはまず「えー、また？　原稿を削ろうと頑張っているのに、どうして増やそうとするの？」という思いが浮かぶ。

この時点で、キャロルの選択肢は3つ。1つ目は「無理」と断る、2つ目は「私は疲れて忍耐力の限界だから、あなたがやって」と伝える、そして3つ目はいら立ちを抑えて、デービッドのアイデアを検討する。キャロルは3つ目を選ぶことが多かったのだが、同時に、自分の不満と、3つの選択肢からこの対応を選んだ理由をデービッドに率直かつ直接的に伝える努力も惜しまなかった。

別の言い方をすれば、キャロルが選択したのは、デービッドと本の執筆、そして2人の関係に対する自身の関わり方を倍増させる道だ。彼女を突き動かしたのは、デービッドの終わりなき提案（腹立たしいことに、素晴らしいアイデアが多いのは事実）にどれほど不満があっても、本の執筆と2人の関係強化に全力で取り組むことが最優先だという確信だった。キャロルの対応を受けて、デービッドも同じく、キャロルとの本の執筆、2人の関係への関わりを一段と強めていった。

衝突が生じたときにそれまで以上に相手に深く関わらないと、よい結果は望めず、そのせいで深く関与するのがさらに難しくなるという負のループに陥る。一方、相手に本気で関わる姿勢を示せば、正のループが回り出すきっかけになり得る。相手への関与という「投資」をすればするほど、より多くの見返りが期待でき、さらなる投資がしやすくなるのだ。

悪循環を断ち切る

影響力の違いは、職場でも、きょうだいや友人、夫婦の間でも生じる。ただし、2人の関係が機能不全に陥っても、その状態が永遠に続くわけではない。影響力の強い側が行動を起こすほうがスムーズだが、悪循環を断ち切ることはアダムにもマディにも可能だ。影響力が弱い側が変化を主導するのは困難だが、不可能ではない。

そのための第1のステップは、マディが自身の力を手放すのをやめること。人は自覚しないまま、影響力を手放しがちだ。

影響力を手放してしまう10の方法

- 自分の要望は相手の要望ほど重要ではないと考える
- 自分の気持ちに耳を傾けない
- 話を遮られても、そのままにする
- 相手が同意してくれないと意見を取り下げる
- 衝突を避ける――反論せず、ことを荒立てない

- 自分に問題があると考え、相手の非を指摘しない
- 自分が好かれているか、認められているかが何よりも心配
- 自分の発言の価値を軽視する
- 自分の実績をアピールしない
- 解決策を提示できるとき以外は問題点を指摘しない

ここに挙げた10の信念や行動パターンはどれも、影響力の低い側が話し合いを提案し、自分の考えを押し通すのを難しくする要因となる。なかでも特に行動を制限しやすい要素を1つ挙げるなら、衝突への恐怖心――衝突は関係が壊れるサインだ。ひとたび衝突が生じれば、意見の相違が2人の関係に永続的なダメージを与え、関係が破壊されることさえある、という思いだ。

10の信念のうちのいくつかは育った環境や経験も大きく影響しており、特に社会的要因で弱者とされてきた人々の足を引っ張る（たとえば、女の子は「人当たりのいい」態度を取るよう育てられて従順な態度を身につけ、黒人男性は怒りやプライドを表に出さないよう教えられるという具合）。ただし、育った環境や自身の人種・民族的集団の影響を受けるのは誰しも同じだが、それにどこまで縛られるかは個人の選択次第だ。

人と衝突するのは楽しいものではないし、対立が危険なレベルにエスカレートすることもあるが、臭いものに蓋をするのも同じくらい危険である。問題が消え去ることはなく、腐敗が進

み、事態をさらに悪化させるのだから。

もしマディが沈黙を続けていたら、彼女の怒りはさらに膨れ上がり、「アダムは私より自分のことばかり気にしている。大事なのは自分のキャリアだけで、私の成長なんてどうでもいい。私を家政婦兼ベビーシッターにしたいだけの身勝手な男だ」といった負の感情が強まるだろう。負の感情を表に出さずにため込むと、一段と膨れ上がることを示す好例だ。マディも自分が不満を言葉にしたら、結婚生活が壊れるほどの破壊力があることを知っており、ひとたび話し出したら、怒りに任せてひどい言葉をぶつけてしまうと心配している。

マディの懸念はあながち見当違いとも言えない。この手の話し合いは、対応を誤ると深刻なダメージをもたらしてしまう。しかし、解決策は議論を避けることではない。前向きな形で意見の相違を議論の俎上《そじょう》にあげて解決に導くには、複数の重要なスキルが必要だ。次の章では、そうしたスキルについて取り上げる。さあ、頑張って進もう！

学びを深めるために

振り返る

1 アダムまたはマディの立場に立ってみる

アダムの場合：結婚当初に交わした家事育児の分担の約束が今も有効だと思っているが、自分には好都合でも、マディは変化を望んでいる。

マディの場合：今とは状況が違った何年も前に約束をしたが、当時決めた内容は現状にはそぐわない。

- どんな気分になるだろうか
- あなたなら、この状況にどう対応するか

2 影響力の違い

アダムの影響力が大きくなり、マディの影響力が小さくなった結果、2人の関係は機能不全の罠にはまった。あなたなら、この状況にどう対応するか。マディの立場なら？アダムの立場なら？

3 互いの満足度

2章でリストアップした「特に大切な人間関係」から1人を選び、その人について次の問いに答えよう。

- その人との関係によってどんな満足（メリット）を得られているか
- その人との関係によってどんな制約（代償）が生じているか
- 相手はあなたとの関係にどんなメリットを感じていると思うか
- 相手はどんな制約（代償）を感じていると思うか
- 2人の関係はどの程度対等か。自分の要望と相手の要望はどの程度叶えられているか

以上の質問を踏まえて、2人の間に大きな見解の相違があるだろうか。ある場合、相違が生じた理由は何だろうか。

4 互いへの影響力

この章では、相手に働きかけて影響を及ぼす力の重要性も強調してきた。3で取り上げた人との関係について、次の問いに答えよう。

- あなたはその人に、どの程度影響を及ぼせると思うか

1	2	3	4	5
ほとんど及ぼせない		ある程度及ぼせる		大きな影響を及ぼせる

- あなたはその人からの働きかけを進んで受け入れてきたか

1 ほとんど受け入れない
2
3 ある程度受け入れる
4
5 進んで影響を受け入れる

● 2人の影響力の大きさの関係は？

1 私のほうがずっと影響力が大きい
2
3 ほぼ同じ
4
5 相手のほうがずっと影響力が大きい

最後の問いに1または2を選んだ場合、あなた、または相手の行動のどの部分が、あなたの影響力を高めた要因だと思うか。4または5を選んだ場合、あなた、または相手の行動のどの部分が、相手の影響力を高めた要因だと思うか。2人の影響力に違いがある場合、それが2人の関係にどんな影響を与えているだろうか。

5 影響力を手放す

114ページの「影響力を手放してしまう10の方法」のうち、自分に当てはまるものはあるだろうか。ある場合、なぜ当てはまるのかを考えよう。そうした行動を取らないと、どんな不都合が生じると心配しているのだろうか。

実践する

リストから選んだ相手との関係において、互いの満足度や影響力に違いがある場合、話し合いをもとう。相手も同じように感じているだろうか。違いを小さくするためにできることを話し合おう。

話し合いの際には、1～4章で学んだことも活用しよう。自分の要望と気持ちを率直に伝え、この会話を通して何を望むのかを明確にすることが大切だ。

あなたがどんな形で影響力を手放しがちかを相手に伝えよう。また、相手から見ても、同じように思えるかを尋ねよう。相手も同じように感じている場合、その人にどんなサポートを期待できるだろうか。

理解する

話し合いをしてみて、どうだっただろう。自分について気づいたことはあるだろうか。また、それが相手との関係に何か影響を与えただろうか。今回の話し合いによって、今後も話し合いの場を持つことが容易になっただろうか。逆に難しくなっただろうか。

今回の議論は影響力そのものに加えて、2人の関係にも焦点を当てたものだ。これまでの2人はそれぞれ、相手からの働きかけを進んで受け入れようとしてきただろうか。この本で学んだことを踏まえて、行動に変化があっただろうか。

06

ピンチとクランチ

エレーナ&サンジェイ　パート3

ジェシカと兄のライアンは同じ町に暮らす独身同士で、強い絆で結ばれている。どちらも多忙で干渉することはないが、一緒に過ごせる時間は楽しいひとときだ。近況報告の連絡をして、仕事の後の食事やお酒に誘うのは主にジェシカだが、彼女は数カ月前から、いつも自分から誘っていることに少々憤りを感じている。以前はちょうどいいバランスだと思っていたのだが。ただ、ライアンが新しい仕事に追われていること、週末ごとにバチェラーパーティや結婚式が続く年齢であることはわかっているので、ジェシカは何も言わなかった。こちらから誘えば必ず応じてくれるので、ことを荒立てたくなかったのだ。それでもライアンに電話をするたびに、ジェシカは最初のひと手間をかけるのがいつも自分であることに小さな不満を覚え、その思いはやがて怒りと苦痛に発展していった。

ある金曜日、ジェシカはライアンに電話をかけて、仕事の後で映画を見ようと提案した。ライアンが締め切り間近の報告書があって無理だと答えると、ジェシカは大爆発。

「自分から誘わないだけでもひどいのに、今度は私と過ごすほんの数時間さえつくれない。私のことなんてどうでもいい証拠ね！」

「そんなに大騒ぎするようなことか？」と、ライアンは驚いて答えた。「どうしたんだ？　僕たちは気楽な関係だったじゃないか。こんなふうに罪悪感をもたされると、一緒に出かけたくなくなる」

そもそもこの話題を持ち出すべきではなかった、とジェシカは結論づけたが、いら立ちが怒りに発展する前に次のように伝えていたら、こんな大爆発は回避できたかもしれない。

「ねえ、ライアン。いつも私ばかりが会う計画を立てることがちょっと気になっているから、大ごとになる前に話し合いたい。あなたがすごく忙しいのはわかってる。そこは尊重したうえで、いつも私から連絡を取るのはいい気分じゃないこともわかってほしい」

多くの人はジェシカと同じく、相手に厳しい指摘をしないのは相手への思いやりのためだと主張する。でも、本当に相手のため？　むしろ自分自身のためではないだろうか。

ジェシカの場合、本音を隠したことがライアンや2人の関係にとってプラスになっただろうか。また、「自分からは誘わない」という態度がライアンの普段からの癖だとしたら、それを指摘しないことがライアンのためになるだろうか。

ジェシカが犯したミスの1つは、膨れ上がる自身の不満を十分にケアしなかったこと。誰しもそうだが、彼女も自分の感情を軽視しすぎたのだ。「自分の感情の手綱《たづな》を握りなさい。そうしないと、感情に手綱を握られてしまう」という言葉の通りだ。

インターパーソナル・ダイナミクスの授業で使う専門用語を借りるなら、ジェシカの当初の状態は「ピンチ」。これは「重大な問題ではないが、気に障る」状態を指す。

どんな関係にも「ピンチ」は訪れる。たとえば、相手のジョークによってさりげなく馬鹿にされたと感じたとき、それを指摘するか、「いい人」のふりをして笑顔を作るか。誰かに親切にしてあげたのに、十分に感謝されていないと感じたとき、それを指摘するか、みっともないと思われそうだから黙っているか。あるいは、個人的な話を打ち明けたのに聞き流されて、気持ちが落ち込むこともあるかもしれない。

どれも大きな衝突ではなく、気にならない場合もあるが、心の奥底にくすぶって、対処法を誤ると深刻な問題――われわれはこれを「クランチ（危機的な状況）」と呼ぶ――に発展することもあり得る。

関係が始まった当初は誰でも振る舞いに気を使うが、親しくなるにつれて、うっかり相手の気に障る言動をしてしまうものだ。問題を指摘して解決する方法から仕事の進め方まで、人にはそれぞれ異なる流儀があるのだから。

違いがあっても一緒にやっていくことは可能……と言いたいところだが、うまくいかないこともある。素のままの自分を見せたいが、自分の流儀を押し通すと相手とぶつかってしまう

――そんなジレンマが湧いてくる。

対人関係にトラブルはつきもので、それも関係を築き、維持していくプロセスの一部。しかし、この章でお話しするように、大問題に発展する前にトラブルの芽を摘むことができれば、そのほうがずっと楽だ。

われわれ2人がある大きなプロジェクトを抱えていたとき、デービッドが孫に会うために休暇を取った。デービッドの不在中に仕事を進めておきたいキャロルが、彼から質問への返信が届かないことに不満を漏らすと、デービッドは「ピンチ」を感じた。かつてキャロルが新規ビジネスを立ち上げた時期には、自分との共同プロジェクトに時間を割く余裕がなくて、しょっちゅう待たされたのに……。そうした思いは封印するほうが簡単だが、この手の問題を放置すると厄介だとわかっていたデービッドは、「ピンチ」を感じているとキャロルに伝えた。

デービッドのオープンな伝え方のおかげで前向きな形で問題が表面化したため、キャロルは自身の短気さを自覚して謝罪し、デービッドがいつも自分の穴を埋めてくれていたことへの感謝を伝えた。デービッドもキャロルは素晴らしいパートナーだと称え、キャロルも同じ言葉を返して、2人は仕事に戻った。

「ピンチ」が早めに表面化すれば、どちらにも感情的なしこりは残らない。一方、問題が放置されると、表面化したときにはすでに、多くの問題が複雑に絡み合い、引き金となったトラブル以上の深刻な事態に至っている。

最近パートナーが忘れっぽくなり、そのたびにあなたがイライラしているとしよう。1つずつは小さな「ピンチ」なので相手には何も言わなかったが、あるとき、パートナーが牛乳を買い忘れて帰宅したことでケンカが勃発。表面的には喧嘩の原因は牛乳だが、これは牛乳をめぐる問題ではなく、積み上がった怒りの「代理戦争」だ。

デービッドも最近、妻のエバとの間で似たような「代理戦争」を経験した。デービッドがキッチンでコーヒーを淹れて出かけようとすると、エバがやや強い口調で「どうして汚れたスプーンをカウンターに置きっぱなしにするの？　片付けて」と言った。デービッドには「こんなスプーン一本で大騒ぎするなよ。いつも僕が片付けているだろう？」と言い返す選択肢もあったが、幸い、そうはしなかった。問題は汚れたスプーンではなく、それが意味するものだからだ。

エバはその直前にキッチンを掃除していた。そのため、感謝の意を伝えなかったデービッドの態度も、汚れたスプーンを片付けないという無神経な行動も、エバには自分を家政婦扱いするサインに思えたのだ。２人は問題の本質――相手に感謝の意を十分に伝えているか――に気づくことでようやく前向きな話し合いを始めることができた。

エレーナ＆サンジェイ　パート3

エレーナとサンジェイはその後もほぼ毎週、ランチを共にして、互いへの理解を深めていた。個人的な関心事についても話すが、大半の話題は仕事や社内事情について。仕事が順調なこともあってエレーナは自信を深めており、前の会社での出来事について思い悩むことはもうない。

サンジェイはエレーナが部署内の狭い視点にとらわれずに、ものごとを俯瞰できる点を高く評価しており、自分が南米市場の責任者に昇格すると、メキシコ育ちのエレーナに自分の下で働かないかと声をかけた。エレーナの経歴と視点を評価したことに加えて、部下のヘザーを7人のチームのなかで唯一の女性メンバーにしたくないという思いもあった。

エレーナにとっても新たな仕事は魅力的だ。チーム会議で取り扱う問題にも大きな意義を見出しており、心を込めて議論に参加している。サンジェイは当初からチームメンバー全員に対し、「広い視野で考えよう」「最高の結果を得るために、足りない点に気づいたら互いに指摘し合おう」と伝えていた。エレーナにとっては「広い視野で考える」のは簡単に思えたが、他のメンバーには難題で、細かい話に終始する場面がよく見られる。

エレーナは、細部にこだわる彼らの傾向をサンジェイが正そうとしないのが不思議でならない。同じようなことが繰り返されるなか、彼女はある日、自身の専門分野にこだわり続けるメンバーに対して、ついにこうコメントした。

「偏狭な見方はやめて、もっと広い視野に立って、大きな目的を考えるべきだと思う」

チーム内に一瞬、沈黙が広がった後、指摘された相手がうなずいた。他に誰も発言しないまま、話題は次のテーマへ。発言の後の沈黙は気になったが、エレーナは声を上げてよかったと思い、その後の議論で多くのメンバーが俯瞰的な意見を述べたことにも気づいた。

1週間後、定例の木曜ランチでサンジェイがこう切り出した。

「君が僕の下で働くようになったから、他のチームメンバーがこのランチから排除されていると感じたり、僕たち2人で勝手に物事を決めているると思っているんじゃないかと心配だ。みんなもこのランチに呼んだらどうだろう?」

エレーナは喪失感を覚えたが、チームメンバーの反応を気にするサンジェイの気持ちも理解できるので提案に同意。大半のメンバーが木曜ランチに合流するようになり、チームの仲間意識も高まった。

エレーナには、他にもチーム会議で気に入らないことがあった。冗談を言い合える堅苦しくない雰囲気は好きだったが、とげの混じった遠回しなユーモアが飛び交うことも。エレーナは「もっとストレートに話せるといいのに」と思ったが、気にしないようにしていた。

それ以上に気がかりだったのは、エレーナの発言には誰も反応しないのに、5分後に男性メンバーが同じ内容を指摘すると、他のメンバーが反応して議論が始まる、というパターンが頻発することだ。先にエレーナが指摘していたという事実には誰も触れようとしない。そうした態度が特に顕著なのがスティーブンだった。

彼はエレーナのアイデアをなかなか理解できないようだが、にもかかわらず、すぐ後に同じような提案をする。気配り上手なはずのサンジェイさえも、男性メンバーの発言により注目する傾向がある気がして、エレーナは苦々しく感じていた。

そんなことが繰り返されたある日、ヘザーと一緒に会議室を後にしたエレーナは、ヘザーにこの件に気づいているかと尋ねた。「もちろん」と、ヘザーは肩をすぼめて答え、諦め口調でこう言った。

「でも、どうしたいの？　男は同性よりも女の発言を遮るほうがずっと多い。世の中、そんなものよ」

エレーナはヘザーの返事に納得できず、現状に甘んじる気もない。さらに、サンジェイの振る舞いも悩みのタネだ。サンジェイはチームリーダーとしてきちんと対応すべきだし、ジェンダーの問題を理解しているはずなので、会議での不健全な言動を指摘してくれるはず……。「神経質すぎる」と言われそうな気がして、自分でチーム全体に問題提起するのはためらわれる。サンジェイに対しても、友情を利用して便宜を図ってもらおうとしていると思われるのが怖くて、なかなか言い出せない。「もういい。たいしたことじゃないし、放っておこう」

しかし、これで終わりとはいかなかった。その後の会議でも同じようなやり取りが繰り返され、エレーナのいら立ちは増していく。

ある日、中南米チームとして幹部会議で進捗状況の報告をしたときのことだ。幹部の1人から取り組みの切り口を高く評価されると、サンジェイは「いい評価をいただけて光栄です」と返した。

「もともとは私の発案で、私が粘って計画に入れたのだから、そう伝えてくれたらいいのに」。そんな思いをぬぐえなかったエレーナは会議室を出た後、サンジェイの隣を歩きながら、その気持ちを穏やかに伝えた。

「僕たちはチームだから」と、サンジェイは答えた。「全員にチームとしての視点をもってほしい」

「ピンチ」を伝えない理由

人は「ピンチ」を感じても、気難しくて度量の狭い人間だと思われるのを恐れて、相手に伝えるのをためらいがちだ。あなたの周りにも、ほんの些細な発言に噛みつく人がいるだろう。「あんなふうにはなりたくない」と思う。また、「こんなこと、大騒ぎするほどの価値はない」という思いもあるかもしれない。でも、そんなふうに流していい場合もある一方、心の奥底を探ってみると、実は当初思ったよりも自分にとって重要な問題だったと気づく場合もある。

それを見極めるために、主語に「私」または「あなた」を入れてみよう。私には大騒ぎするほどの価値はない。あなたには大騒ぎするほどの価値はない。これでも、その問題を提起する意味はないと思うだろうか。そう思う場合もあるだろうが、当初思っていたよりも感情を揺さぶられる問題だと気がつく場合もあるのではないだろうか。

また、声を上げると事態がさらに悪化するのではないかという不安から黙ってしまう人も多いようだ。あなたが不満を伝えると、相手に報復されたり、別の問題が次々に起きたりする？それとも、その人との関係――またはその人自身――が傷つくと思うから黙っている？

授業でこのテーマを扱う際、学生に対して「友人があなたの発言に『ピンチ』を感じたら、直接指摘してほしいですか」と尋ねている。学生の答えは、ほぼ100％イエス。「それなら、あなたが『ピンチ』を感じたときにも、直接指摘したらいいのでは？」

「ピンチ」を早めに伝えるのを躊躇するもう1つの理由は、相手に悪意がないと思っていることだ。「わざとではないから、私も気にしないようにしよう」と考えるのだ。

エレーナのアイデアを自分の提案として使い回すスティーブンの行動も、初回はそうした「言い訳」で説明できなくもない。と言っても、それはあくまで言い訳だ。次の章で詳しく触れるように、行動の「意図」と「効果」は別ものだ。エレーナが気分を害したこと自体は事実で、彼女が「ピンチ」を感じたことに特段の理由は必要ない。

もしスティーブンに本当に悪意がなかったのなら、むしろ「ピンチ」を伝えやすくなる。ある会議で、スティーブンが二度、エレーナのアイデアを借用したとしよう。会議を終えて部屋を出たら、気楽な感じで「スルーされていた私のアイデアを取り上げてくれてありがとう、スティーブン。私が先に指摘したことにも触れてもらえたらよかったな」と言ってみてはどうだろうか。おそらくスティーブンは「ごめん、自覚してなかったよ」と謝り、エレーナも「そうだと思った」と返すだろう。「ピンチ」の存在に光が当たり、問題が認識され、解決されて一件落着だ。

「ピンチ」の段階であれば、エレーナもそんなふうに気軽な調子で気持ちを伝えることができるだろう。一方、怒りが膨れ上がるまで問題を放置し、きつい口調で気持ちをぶつけたら、スティーブンが攻撃されたと感じる可能性が高まる。早めのタイミングでの問題提起があってこそ、エレーナの不満は解消され、スティーブンも問題視された自身の言動を自覚しやすくなる。また、一度指摘したことで、スティーブンが今後同じ言動を繰り返しても、エレーナには前回より強い口調で指摘できる土壌が整ったはずだ。

いつの間にか消え去る「ピンチ」も少なくないが、こんなふうに自問してみよう。このピンチは長引きそう？　他の問題とつながっていないか？　本当の原因を見ないで、買い忘れた牛乳をめぐって大喧嘩しているのでは？

ピンチが大きくなってくると、より深刻な「クランチ」に発展するリスクが高まる。より強い感情が存在するだけでなく、あなたのなかで相手についてネガティブな物語ができ上がっている可能性が高いという意味でも、「クランチ」は「ピンチ」よりはるかに危機的な状況だ。エレーナは「クランチ」に近い状況にあり、期待した答えが得られなかったとはいえ、会議終了後にサンジェイに問題提起をしたのは賢い選択だった。

「ピンチ」が「クランチ」に発展するにつれて、人は頭の中で相手についてのネガティブな仮定を含む物語を作り上げていく。エレーナはスティーブンをよく知らないが、何度もアイデアを「盗まれる」うちに彼の真意と性格に疑問をいだくようになるだろう。すると、「彼は強い女性とうまくいかないタイプで、注目を集めるのが好き。偉い人から褒めてもらいたがる」という具合に、スティーブンをめぐる物語ができ上がっていく。こうした物語は（たとえ口にしなくても）、大切な同僚との間に前向きな関係を築く役には立たない。

しかも、いったん否定的な物語ができてしまうと、選択的にデータを集める――われわれの言葉では「自分の視点を補強する証拠集めをする」――傾向が生じる。人間は自分の信念や直感を裏づける事象に目が留まる一方、それに反する事象からは目を背ける傾向があり、客観的なタイプだと自負している人もそうした確証バイアスから逃れることはできない。

エレーナも今後、自分の意見が無視され、それを他人、特にスティーブンに横取りされるケースには特に敏感に反応するだろう。同様に、サンジェイに無視されたり、チームへの貢献度を過小評価されたと感じる瞬間にも目を光らせるはずだ。その一方で、スティーブンとサンジェイに自分の意見が認められて評価されても、そのことには気づきにくくなるだろう。

本当に面白い？——ユーモアを交えて「ピンチ」を伝える

エレーナが会議終了後にスティーブンに声をかけるシナリオに代わって、会議中に「いい視点ね、スティーブン。私が5分前に言ったことだけど。ここでは低い声で話さないと聞いてもらえないみたい」と発言した場合を想像してみよう。笑顔と明るい口調で言ったとしても、どんな結果が待ち受けるか心配だ。

場合によっては、極めて前向きな展開もあり得る。スティーブンを含む全員が笑い声を上げ、エレーナの功績を認めるというシナリオだ。そして、スティーブンは（他のメンバーも）「盗用」をやめ、エレーナの発言も聞き入れられるようになる。

こうした場面でユーモアが威力を発揮するのは、ユーモアに人々を結びつける力があるからだ。コメディアンでピアニストのビクター・ボーグが「笑いは2人の人間の距離を最小限にする」と言ったように、ジョークや愉快な発言を共有すると互いの距離が縮まり、明るい雰囲気が生まれ、気分が上がる。ジョーク交じりの気さくな会話には、互いをよく知るだけでなく、特別な自由を共有する力もある。

われわれの同僚のジェニファー・アーカーとナオミ・バグドナスの研究によれば、「笑いによって緊張やストレスへの肉体的耐性が強まり、社会的つながりが促され、信頼が高まる。職場で一緒に笑うことで、人間関係が改善し、大切にされて信頼されているという感覚が高まる」そうだ。つまり、すべてが理想のシナリオ通りに進めば、ユーモア交じりのエレーナの発言によって彼女の職場での立場は改善し、チームの一体感も高まる。

もっとも、人を馬鹿にするジョークや、笑えないメッセージを遠回しに伝えるジョークの場合、ユーモアが功を奏することはまずあり得ない。しかもエレーナには、スティーブンがどう反応するかも予測不可能だ。もしも彼が同僚の面前で恥をかかされたと感じたら、「ピンチ」以上の怒りを覚えるかもしれないし、腹を立てなかった場合にも、ただのジョークとして聞き流されれば本来のメッセージは伝わらない。また仮にエレーナの真意が伝わったとしても、スティーブンは今後、エレーナからの不意打ちに備えてガードを固め、エレーナも報復に備えてガードを固めるため、互いの距離は遠のく。

つまり、エレーナのユーモア交じりの発言には、スティーブンに本音をさらけ出すよう促す効果はなく、「エレーナは遠回しな表現で不快感を表すタイプだ」というメッセージを送ることにもなる。実際には、彼女は遠回しな言い方をするチームの雰囲気に不満を感じていたのに。

ユーモアは、自分の発言が侮辱だと受け取られた場合に、身を隠すための「盾」にもなる。

仮にスティーブンが「嫌味っぽいな。どうしたんだい？」と返した場合、それが引き金となって、本音で話し合える可能性もゼロではない。しかし、その際にエレーナが「いやだ、冗談よ」と答えたら、スティーブンに二度にわたって恥をかかせることになる。これでは問題の解決につながらないばかりか、2人の間に多少なりともあった信頼関係まで壊れてしまい、「率直で信頼できる人物」というエレーナの評判にも傷がつくだろう。

ユーモアを活用してメッセージを伝える方法には、曖昧さという問題もついて回る。「盗用」を繰り返すスティーブンに対し、エレーナは本気で怒っているのか、少々ムカついているだけなのか。また、スティーブンの受けとめ方にも曖昧さが残る。

その人との関係を大切に思うならなおさら、ユーモアを交えるよりも率直に向き合って対話をすべきだ。エレーナの場合は、会議室から出るときに、スティーブンに話しかける形が取ればよかったのだが。

もちろん、ユーモアがまったく役に立たないという意味ではないが、その場の状況をよく観察しよう。あなたの感じている「ピンチ」の度合いは？　当初の自己認識よりも危機的な場合もある。相手のユーモアの感覚は？　自分が少々笑いものにされてでもウィットに富んだやり取りを好む人もいれば、それを個人攻撃だと感じる人もいる。

また、相手との関係の強固さも考慮すべきだ。あなたに受け入れられていると感じている人なら、多少からかわれても気にしないだろう。そして、最後の条件はその場の状況だ。こうした条件がすべて満たされるなら、ユーモアが大いに役に立つかもしれない。

デービッドの友人のジェーン・アンは少人数のディナーパーティを開くのが大好きだ。彼女は料理上手なのに、焼きすぎた、スパイスをかけすぎた、その他もろもろ言い訳の言葉を並べて料理の失敗を謝ってばかりいる。本当においしい料理なので、ゲストは必死に否定するが、彼女には響かないようで、自己批判の言葉が延々と続く。あるとき、いつものような会話が繰り広げられると、友人のペギーが言った。

「素晴らしいディナーよ、ジェーン・アン。レシピを教えて。ただし、自己批判がないバージョンで」

みんなの大笑いがジェーン・アンの心に届いたようだ。それ以降、彼女の言い訳は劇的に減った。

この場合、ジェーン・アンとペギーは親しい友人で、ジェーン・アンはペギーが自分を愛し、尊敬してくれているとわかっていたから、ペギーの言葉が悪口ではなく、これ以上卑下しないよう願っての言葉だと感じたのだろう。他のゲストも皆、友人で、状況を理解していた。このケースは、正しく活用すればユーモアが役立つことを示す好例だ。

一方、エレーナのケースでは、スティーブンに対してもサンジェイに対してもユーモアを使ったアプローチは適切ではなさそうだ。エレーナはサンジェイと一緒に幹部会議の部屋を出た際に「ピンチ」の懸念を伝えたが、サンジェイには響かず、いら立ちがさらに募った。いら立ちが「ピンチ」を超えたレベルに膨らみ始めたので、エレーナはサンジェイと率直に話し合おうと決心したが、問題は良好な関係を維持しつつ問題解決に至るために、どんな言い方をすればいいのか。そのためには「行動に特化したフィードバック」が不可欠だが、それについては次の章に回す。

学びを深めるために

振り返る

1 エレーナの立場に立ってみる

チーム内の会議で自分のアイデアが無視され、他の誰かが同じような提案をする事態が続いていたら、あなたならどう反応するだろうか。やり過ごすか、それとも声を上げるか。幹部会議の後にサンジェイに苦情を却下されたら、どうするか。自分ならどう振る舞い、どんな言葉を発するか、具体的に考えよう。

2 「ピンチ」とうまく付き合う

過去に経験した「ピンチ」を思い出そう。

- あなたは「ピンチ」を感じたときに、どんな対応をしがちか（気にしない、引き下がる、反撃する、怒る……）

3 特に大切な人間関係

特に大切な関係の相手との間に現在、「ピンチ」を感じているか。問題提起しないのはなぜか。

4 ユーモアを活用する

あなたはどんなふうにユーモアを活用しているか。あなたが冗談を言ったときの周囲の反応は？　ユーモアを交えたのに、うまくいかないことがあるだろうか。上手にユーモアを使う友達がいる場合、その人はどんな点がうまいのか。

実践する

「振り返る」の3で、特に大切な関係の人への「ピンチ」に気づいた場合、その人にその思いを伝えてみよう。

今後、数週間かけて、「ピンチ」を感じる瞬間に意識を集中させてほしい。どの「ピンチ」をやり過ごし、どの「ピンチ」は相手に伝えるべきか？　自分の選択になんらかのパターンがあるか。そのうえで、どんな行動を取ろうと思うか。

「ピンチ」を伝えても、適切な対応をしてくれない人が周囲にいないだろうか。あなたの主張に耳を貸さなかったり、あなたを偏狭な人間扱いしたり、やたらと対立してきたり。そうした対応のせいで「ピンチ」を伝えにくいと感じる場合、どうしたらそのことを相手に伝えて関係を改善できるか考えよう。

あなたが普段から頻繁にユーモアを活用している場合、自分の言葉が常に意図した通りに伝わっているか、親しい友人たちに尋ねてみよう。具体的な事例を挙げて、うまく伝わっていたか否かを確認するといいだろう。

人を馬鹿にする冗談や遠回しに本音を伝える冗談など、人を嫌な気分にさせるユーモアを交える人は周囲にいないだろうか。大きな問題ではないかもしれないが、「ピンチ」が大きくなると不安が増大し、相手との距離を縮められなくなる。関係改善に向けてどう問題提起すべきか、戦略を立てて実行しよう。

理解する

こうした話し合いを通じて、あなたはより深い関係の構築を阻害する要因を取り除き始めている。その過程で、自分について、そして関係構築についてどんな学びがあっただろうか。

注意：「実践する」での行動は最初はうまくいかないかもしれない。大切なのは、あなた（と相手）が「実践」を通して何を学んだかである。問題点を克服する過程でさまざまなスキルを磨こう。

07

フィードバックが最強ツールである理由

エレーナ&サンジェイ　パート4

サンジェイに会って、自分の思いを伝えよう――エレーナはそう決めたが、問題はどうすれば幹部会議の後に話したときよりも真剣に取り合ってもらえるのかだ。攻撃的だとか、悪態をついているなどとは思われたくないし、2人の友情にかこつけて便宜を図るよう依頼していると思われるのも困る。

こんなとき、「行動に特化したフィードバック」を使えば、ぶっきらぼうな印象を与えることなく率直に気持ちを伝えることが可能だ。「行動に特化したフィードバック」とは、相手を身構えさせることなく伝えにくい内容を伝えられる重要なスキルで、対人関係の問題解決だけでなく、個人の学びや意義深い人間関係の構築にも役立つ。

このスキルが特に役立つのは、伝えたいことがあるのに口にしにくいときだ。われわれは現実に忠実であるかぎり、（ほぼ）誰に向かってでも（ほぼ）何だって言えると熱く信じている。「（ほぼ）」としたのは、研究者の世界で生きてきたため、100%の断言を避ける癖があるからだ。でもワインを2杯ほど飲めば、（ほぼ）は取り消し。スタンフォードの同僚でジェットブルー航空会長のジョエル・ピーターソンの「フィードバックは最強ツールだ」だという言葉に、われわれも賛成だ。

「現実に忠実」というのは、思ったよりも厄介な話である。2人の人間が交われば必ず、3つの種類の現実が存在するからだ。

幹部会議を終えたサンジェイとエレーナの会話を例に取ろう。エレーナは、チームの報告書への自身の貢献についてサンジェイが触れなかったことについて不満を伝えた。

この場面での1つ目の現実は、サンジェイの「意向」。つまり、「全員にチームとしての視点をもってほしい」という思いだ。この1つ目の現実はサンジェイだけが知っている領域で、彼の「要望」や「動機」、「感情」、「意向」などが含まれる。

2つ目の現実はサンジェイの「行動」だ。これはエレーナとサンジェイの双方から見える領域で、サンジェイの言葉や声のトーン、ジェスチャー、顔の表情などが含まれる。

そして3つ目が、彼の行動がエレーナに与えた「影響」だ。エレーナの心の動きや反応なので、エレーナが熟知している領域だ。

当初、各人にわかっているのは3つの現実のうちの2つだけ。サンジェイは自身の言動がエレーナに及ぼした影響を知らないし、エレーナにはサンジェイの言動の背景にある理由や意図

対人関係のサイクル——3つの現実

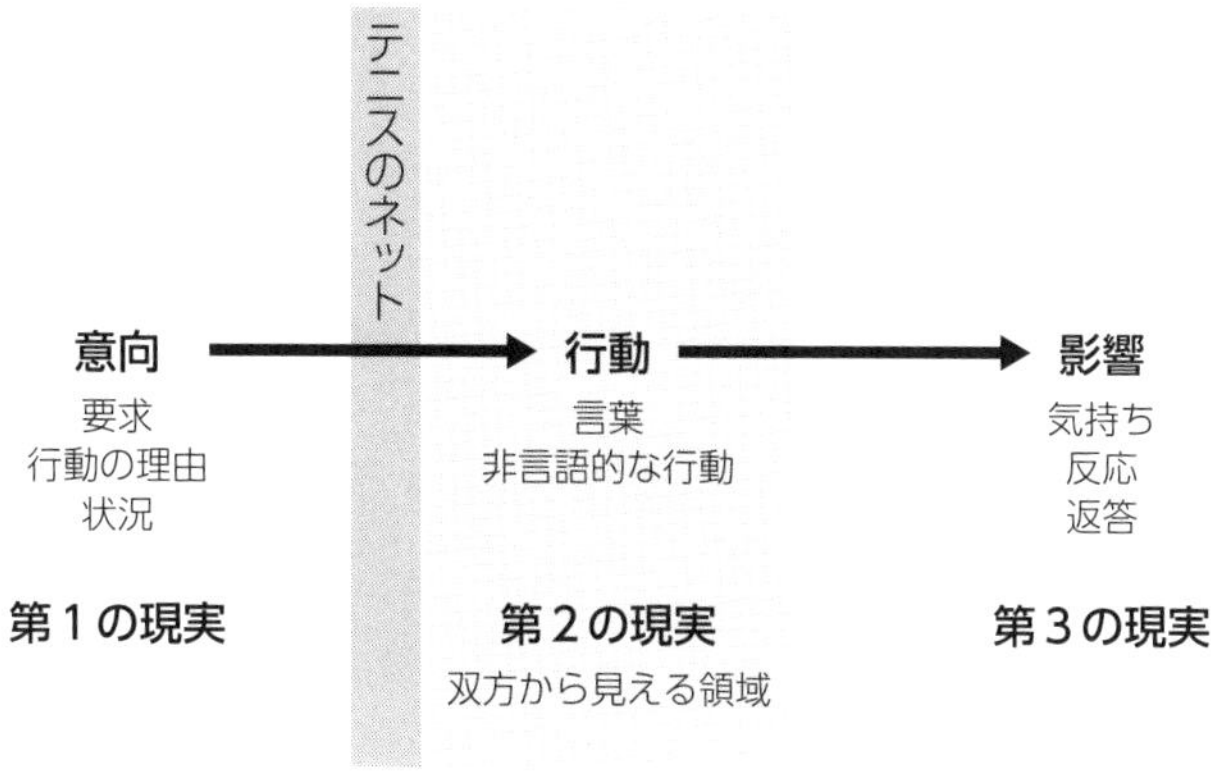

は読めない。

　エレーナのフィードバックで大切なのは、彼女自身から見た現実からはみ出さないことだ。そうすれば、相手を責めない口調で率直に意見を伝えることができ、互いに状況を把握しやすくなる。彼女にはサンジェイの気になる言動について指摘し、それによって自分がどう感じたかを伝える権利があるが、サンジェイの意図については知る必要はない。

　これに対し、もしエレーナが自身の現実の領域にとどまらず、サンジェイの言動の理由にまで踏み込んだ発言をすると、彼女の指摘は非難めいて聞こえてしまう。

　授業でこの構図を説明する際、われわれは「第1の現実（意向）」と「第2の現実（行動）」の間にテニスのネットがある光景をイメージするよう学生に指示している。

テニスでは、相手側のコートに入り込んでプレーすることはない。フィードバックも同じで、ネットを挟んだ自分のコートから踏み出してはならない。

大半のフィードバックがうまくいかない理由

一般論として、人は「自分から見える現実の領域にとどまるべき」というフィードバックモデルに従った行動は取らない。代わりに、ネットの向こうの相手のコートに入り込み、「協力する気がないのね」「お前は議論を支配しようとしている！」「あなたは自分のことしか考えていない」などと騒ぐ（ここまで読んだ読者は「感情を表す表現」についてのわれわれのスタンスをわかっているだろうが、念のため繰り返すと、今挙げた発言には「感情を表す表現」は1つも含まれていない）。

こんな言葉をぶつけられたら、相手は誤解されたと感じ、ひどい場合には攻撃されたと感じるので、大半のフィードバックが相手を傷つけ、身構えさせてしまうのも不思議ではない。おかしなことに、ネットを越えずに自分のコート内にとどまることにかけては、大人より子供のほうが得意なようだ。

キャロルの子供たちが幼かった頃、5歳の妹が7歳の兄に向かって「ニックがゲームを選ぶの、これで3回目だよ。そういうのはいや。次は私が選ぶ。そうじゃなかったら遊ばない」と言うのが聞こえた。5歳の妹には相手の真意（思い通りにしたがっている）を分析したり、レッテル（お兄ちゃんは「いじめっ子」だ）を貼ったりできるような知識はないが、兄の行動で気に入らない点を極めて具体的に挙げ、それを言葉で伝えた。なんてシンプル！　その後、2人は順番に遊びを選ぶようになり……二度と、二度と喧嘩をすることはなかった（え？）。

大人は「自分は相手の動機や意向を理解している」と思い込みがちだが、相手が明確に言葉で言わない限り、その推測はただの勘にすぎない。相手の胸の内は、本人にしかわからない領域の現実だ。

しかも、「地獄への道は善意で塗り固められている」という格言があるように、相手の意向そのものに問題があるケースは極めてまれだ。問題はむしろ相手の「行動」で、だからこそ、善意のかたまりのような人でさえ周囲に嫌な思いをさせる行動を取ることはあり得るのだ。

また、相手の行動（第2の現実）について指摘したつもりなのに、実際にはそうではないという場合も、フィードバックは不首尾に終わる。行動には言葉やジェスチャー、さらには沈黙も含まれるが、どれも外から観察可能だ。自分の発したフィードバックが相手の「行動」についてか否かを見分けるには、仮にその場面の映像を他の人が見たとして、あなたが「行動」だと指摘したものが他の人にも同じように見えるか自問するといいだろう。

逆の言い方をしよう。「お前は議論を支配しようとしている」という指摘は、外から観察できる「行動」ではなく、相手の複数の行動に基づいてあなたが下した「判断」だ。

相手の行動の具体的にどの部分が、あなたにその結論を導かせたのだろうか。人の発言を遮って話し始めたこと？　他の人の貢献を軽視する態度？　周囲が諦めるまで、自分の考えを主張し続けたこと？　いま挙げた3つは、どれも「行動」に当たる。

重箱の隅をつつくように聞こえるかもしれないが、相手がフィードバックを素直に聞き入れないタイプの場合、具体的な情報を提供するほど相手も耳を傾けざるを得なくなる。たとえば、人の話を遮った場面を4つほど具体的に挙げれば、相手もその指摘を無視できないはずだ。あなたは相手の「話を遮る」行動を見て「議論を支配しようとしている」と感じたわけだが、それはあくまであなたが導き出した結論だ。

もう1つ、フィードバック関連でよくある問題は、相手の行動から受けた影響をすべて自覚しているとは限らないという点だ。あなたの気持ちや反応はあなたにしかわからない領域なので、すべての影響に意識を向けることが大切だ。

たとえば、サンジェイに自身の仕事ぶりが認められなかったことについて、エレーナはどう感じただろうか。「少し腹が立った」のか、「心から憤慨した」のか。そして、それが彼女のサンジェイへの態度にどう影響しただろうか。

サンジェイを信頼できなくなった？　そのせいで、新しいアイデアを提案する意欲が失せて、仕事へのやる気が削がれたのか？　どれもサンジェイにとってはとても気になる情報なので、エレーナがこうした点をすべて自覚してサンジェイに伝えられれば、フィードバックの効果が高まる。

「行動に特化したフィードバック」の威力

行動に特化したフィードバックが効果的なのには、いくつもの理由がある。

エレーナが彼女から見た現実――つまり、外から観察可能なサンジェイの行動と、それに対する自分の反応――だけに即して発言すれば、彼女のフィードバックには反論される余地は生まれない。

「私の果たした役割についてあなたが触れなかったから、正しく評価されていないと感じた」というエレーナの指摘に対して、サンジェイが「いや、君はそんなふうには感じなかった」と返すことはあり得ないのだ（仮にそんな返答をしたら、サンジェイはエレーナのコートに立ち入ったことになってしまう）。

一方、もしエレーナが自身の現実の領域を超えてサンジェイの意図を推測し、「あなたが私を認めないのは、正当な評価であっても、部下を褒めたたえる必要はないと思っているからよ」などと言ったら、サンジェイは「いや、そんなことはない」と反論し、議論は膠着《こうちゃく》状態に陥ることだろう。

自身の現実からはみ出さないフィードバックには、別のメリットもある。サンジェイが自ら、自分の行動の理由について説明してくれる可能性が高まるというメリットだ。

エレーナが幹部会議の部屋を出てサンジェイに不満を伝えた際、サンジェイは「全員にチームとしての視点をもってほしい」と答えた。おかげで、エレーナはサンジェイの意向を知ることができたわけだ。この例からもわかるように、フィードバックをする側は相手の意図をあれこれ探る必要はない。遅かれ早かれ、相手が語ってくれるのだから。

サンジェイを完全に見限る前に問題提起をしたことで、エレーナはサンジェイに素敵な「プレゼント」を贈った。なにしろ、サンジェイには3つの現実のうち2つしか見えず、自身の言動がエレーナに及ぼした影響については知る由もない。それを知っているのはエレーナだけだ。有能なリーダーになるためにも、彼は自身の言動がどう受け取られるかを知っておく必要がある。

「暗闇で撃っても標的には当たらない」という格言がある。エレーナの指摘はサンジェイにとって、自身の言動が意図した結果につながっていないと気づくきっかけとなった。彼はその場ではエレーナの指摘を否定する反応をしたが、仮にエレーナが自身から見た現実（「私の果たした役割についてあなたが触れなかったから、正しく評価されていないと感じた」）をきちんと伝えていれば、サンジェイも異なる反応を見せた可能性が高いだろう。

ただ実際は、サンジェイから「全員にチームとしての視点をもってほしい」と言われたエレーナには、「これ以上、どこまで言っていいのだろう」という疑問が残った。

われわれが「行動に特化したフィードバック」を強調するのは、伝える情報量が多すぎると具体性が失われ、役に立たなかったり、関係を破壊する結果につながるからだ。

たとえば上司が部下に「ジョー、お前の態度が悪いせいで仕事の出来にも悪影響が出ている」と伝えたら、ジョーは混乱して身構えるが、どこが悪くて、どう改善すべきかに関する具体的な情報は伝わらない。どの態度が問題なのだろう……全部？　どの仕事の出来が悪かったのだろう……全部？　これでは多くの人がフィードバックを躊躇し、当たり障りのない指摘でお茶を濁そうとするのも無理はない。

行動に特化したフィードバックなら、こうしたトラブルを避けられる。たとえば「ジョー、今日のミーティングでは君の担当する仕事の話が中心で、他のメンバーの相談には応えていなかったね。他のメンバーに君の仕事に真剣に向き合ってほしいなら、相手にも同じようにしないと」という具合に具体的な指摘をすれば、ジョーは自分の態度や行動の「すべて」が悪かったのだろうかと思い悩まずにすむはずだ。

多くの人は人間関係を悪化させ、相手のやる気をそぐことを恐れて否定的なフィードバックをためらうが、そもそもの問題は、この「否定的なフィードバック」という表現にある。われわれ2人はこの表現が大嫌いだが、それは行動に関するフィードバックはすべて「肯定的」だと信じているためだ。

行動は変えられるものであり、フィードバックは改善のチャンスをもたらすと考えれば、問題行動に関するフィードバックはすべて肯定的と言える。ちなみにわれわれは、その人の強みだと感じる行動についての指摘を「前向きなフィードバック」、問題だと感じている行動についての指摘を「発展を促すフィードバック」と呼んでいる。

あらゆるフィードバックは情報だ。フィードバックをする側に関する情報もあれば、される側に関する情報もあるが（そして双方にまたがる情報も）、いずれにしてもすべては情報であり、情報量は少ないより多いほうがいい。知らないより知っているほうがうまくいきやすい、というシンプルな話だ。

昔、ある男子学生が授業後にキャロルの元に来て、「僕が質問に答えている間に先生が腕時計に目をやったので、見下された気がした」と話した。教室に時計がなく、その日教えるべき内容が残っていたために腕時計で時間を確認したのだが、理由はなんであれ、この学生の指摘には重要な情報が詰まっており、知らずにいたらキャロルは彼の不安に対処できず、将来、他の学生に同じ思いをさせるリスクにも気づけなかっただろう。相手のためを思って指摘するフィードバックは、すべて「肯定的」なのだ。

フィードバックが前向きな内容の場合にも、もちろん同じルールが当てはまる。もし私があなたから「いい仕事をしたね！」と声をかけられたら、その瞬間は温かい気持ちになるが、実はあまり意味がない。私の行動の何が褒められたのか？　それがあなたにどんな影響を与えたのか？　そこから私が何かを学び、将来の強みに変えていける？

この後の章でもたびたび取り上げるが、行動に特化したフィードバックモデルには、問題提起と解決のプロセスを通じて関係者全員がより自分らしく振る舞えるよう後押しする力がある。そうなれば順調な関係を維持できるだけでなく、後の章で触れるように、2人の関係をさらに改善して深めることにもつながる。

エレーナ&サンジェイ　パート4

「中南米チームのことで話し合いたい」とエレーナが連絡すると、サンジェイは歓迎した様子で、その日の午後に自分のオフィスに立ち寄るよう言った。

挨拶の後、エレーナが切り出した。「サンジェイ、話したいと思ったのはチーム内の出来事に不満がたまってきているから。他のメンバーの問題もあるけれど、あなたにも関わる問題もあるから、きちんと話して解決したい」

サンジェイは驚いた様子でエレーナを見た。

「心配しないで」とエレーナ。「重大な犯罪ってわけじゃない。ただ少し不満がたまっていて、仕事の楽しさにも悪影響が出始めているの」

「どうしたんだい?」と、サンジェイは心配そうに尋ねた。

「知っての通り、私はこのチームの仕事に全力で取り組んでいて、議論に役立つ提案をしてきたつもり。でも私が発言しても誰も反応しないのに、5分後に男性陣の誰かが同じことを言うと反応がある、という場面が何度もあって、自分の声が届いていないと感じる」

「僕も何度か気がついた。申し訳ない」

「気がついていたのに、何も言わなかったということ? それは残念すぎる」

「おいおい、僕は校庭の監視員じゃない」。サンジェイは弁解するような口調で言った。

「サンジェイ、あなたはリーダーで、ロールモデルでもある。あなたが何も言わなければ、その状態が当たり前になる。それに、問題はそれだけじゃない」

「他にもあるのか?」

「ええ、同僚の問題は自分で対処できるけれど、もっとつらくて失望するのは、あなたが私の発言には無言なのに、5分後の男性メンバーの発言には反応しがちなこと」

「そんなことはしていない」

「この間のミーティングでも、そんな場面が二度あったわ」。エレーナはそう言うと、二度の場面について詳しく話した。

サンジェイは少し考えてから答えた。「申し訳ない。気をつけるよ。でも、僕が君の仕事ぶりを評価していることはわかっているだろう? 幹部会議に出した報告書も、君のアイデアのおかげでずっとよくなった」

「そうよ、サンジェイ。あなたが私の提案を評価していることはわかっているし、私の発言を無視する気だとは思わない。あなたが自分の言動に気づいていないと思ったから、あえて指摘したの」

エレーナは一瞬沈黙した後、こう続けた。「わだかまりを解消したいから言うけど、やる気をそぐ要因は他にもある」

「何だい?」

「昨日の幹部会議で一番評価された案は私が必死で作り上げたものだったのに、それに対する感謝の言葉がなかった」

「でも、あのとき言ったように、僕たちはチームで仕事をしている仲間なんだ」

「それはわかる。でも、チームプレイヤーだからといって個人のアイデンティティが消えるわけではないし、各自の仕事ぶりが評価されなくていいわけでもないと思う。私はこの仕事に本気で取り組んでいるから、自分の業績をきちんと認めてほしい」

サンジェイはしばらく考えてから言った。「えこひいきはしたくない。チーム全員が評価されていると感じてほしい」

「サンジェイ、それは私も同じ。でも、評価のされ方は人それぞれ違っていいと思う。ゼロサムゲームじゃないのだから、私が評価されたからといって、他のメンバーが評価されないわけじゃない。誰だって評価されたいと思っている。あなたは会議を仕切ってチームを正しい方向に導き、目標に向かって進んでいるけれど、リーダーとして一人ひとりの仕事ぶりにも目を配るべきだと思う。私は評価されると、さらに頑張れる。他のメンバーの気持ちはわからないけれど、そう思っているのは私だけじゃないはず。それもあって、こうして話しているの」

サンジェイはしばらく沈黙した後で静かに言った。「それはわかっているつもりだが……幹部会議で君の業績について触れなかったのは、僕たちの友情のせいで、君をえこひいきしていると思われるのが怖かったからだと思う」

「なるほど」。エレーナはうなずいた。「私が望んでいるのはえこひいきではなくて、各自の仕事ぶりを正当に評価してほしいということ。私の仕事を褒めたからって、ヘザーやスティーブンや他のメンバーを褒められないわけじゃない。それから、こういう話をしているのは、あなたの言動が私にマイナスの影響を与えていることを、大きなトラブルになる前に伝えておきたかったから。あなたとの関係を大切に思っているだけに、どうしても伝えなければと思ったの」

サンジェイは同意した様子でうなずいた。

サンジェイのオフィスでの話し合いの冒頭から、エレーナは彼女にとっての現実の領域からはみ出さず、サンジェイの行動の動機や意向について責めることも、否定することもしなかった（「あなたが私の提案を評価していることはわかっている」というエレーナの言葉は、前向きな意味で相手のコートに立ち入る行為だが、このように相手を肯定する意図の場合、相手が身構えることはまずないし、発言の目的はサンジェイの意向と、行動の結果を切り離すことだった）。

エレーナが語ったのは、彼女自身の気持ちと彼女の身に起きたことだけだ。また、「重大な犯罪ってわけじゃない」という言葉と、「怒り」ではなく「不満」という弱めの感情表現によって、この問題を大局的にとらえる姿勢も見せた。そのうえで、サンジェイの言動がプロジェクトへの自身の関わりにどう影響したかを語ったのだが、その影響はチーム全体にも及ぶもので、サンジェイにとっても重要な情報だった。

またエレーナは、問題提起したのは２人の関係を大切に思っているからだという点も明確に伝えた。これも、効果的なフィードバックの重要な要素だ。

さらに、エレーナが敵対的な態度を取ることなく、共通の利益について語った点もポイントだ。彼女はサンジェイの気になる言動を具体的に挙げ、最近の2つの場面を指摘したが、ここで重要なのは「最近の出来事」という点だ。両者の記憶が鮮明なため、インパクトが大きい。逆に何カ月も前の話を持ち出されても、記憶が曖昧だったり、事実が歪められている可能性がある。

エレーナの指摘はサンジェイにとっても気になる話だったので、彼女は率直に思いを伝えることができた。目上の人には遠回しな言い方をすべきだと思われがちだが、サンジェイのリーダーシップの改善に役立つ情報を提供するのだから、エレーナが遠慮する必要はない。

このように、相手の行動について明確に指摘することがスタート地点となるが、その後、同じ行動について2人が別の結論に至ることもあり得る。エレーナは各メンバーの欠点を指摘しないサンジェイの態度（観察可能な行動）が、彼のリーダーとしての立場を損なっていると考えるが、サンジェイはそのほうがメンバーたちがリーダーに頼らず、自分たちでカバーし合えるという結論に達するかもしれない。

そんなふうに意見が分かれたら、どうすべきか？　サンジェイの態度が他のメンバーにどんな影響を及ぼしているかは現時点ではわからないが、争点となる行動を特定できたのだから、あとは協力して、その行動の影響を見極めていけばいい。

エレーナはサンジェイの意図について何の推測もしなかった。サンジェイの行動の背景にある理由を明かしたのは、サンジェイ自身。彼の掲げる目標に賛同したエレーナは、敵ではなく味方として、彼の行動が目標達成の足を引っ張っている現実を伝え、ウィンウィンの関係を築いたわけだ。

多くの例で指摘してきたように、トラブルの原因となるのは行動の目的ではなく、その目的を達成するための方法だ。だからこそ、フィードバックは「プレゼント」なのだ。

自分の気持ちと要望だけを伝えたエレーナの発言は、彼女から見た現実の表れであり、誰にも反論できない。さらに、サンジェイを攻撃することなく自分の現実の領域にとどまったおかげで、エレーナはサンジェイが彼から見た現実――彼の要望と懸念――を話しやすくなる条件も整えた。注目すべきは、エレーナの自己開示がサンジェイの自己開示につながった点だ。逆に、サンジェイを責めるような質問を浴びせていたら、サンジェイは心を閉ざしてしまったことだろう。

「サンドウィッチ型のフィードバック」に要注意

「サンドウィッチ型のフィードバック」とは、前向きな指摘で相手の心をほぐした後に、否定的な内容を指摘し、最後にまた前向きな話をして相手をいい気分にさせるものだ。指摘しにくいことを口にしやすくなるというイメージがあり、やたらと使われるパターンだ。「ジョー、あなたの仕事ぶりは本当に素晴らしい。でも、ちょっと話し合いたい問題がある。ただ、あなたが貴重な戦力なのは本当よ」という具合に。

残念ながら、このアプローチはまず成功しない。前向きな言葉が聞こえた瞬間、相手は身構えて、「でも」を待ち始めるから、誉め言葉など頭に入らない。

サンドウィッチ型のフィードバックが多用されるのは、誉め言葉で補強しないと、相手が頭ごなしに否定されたと感じるだろうと懸念しているからだ。しかし、その発想は問題の本質を見誤っている。思いが相手に届かないのは、フィードバックの内容が辛辣で後ろ向きだからではなく、行動に特化した内容でないため役に立たないからだ。しかも、サンドウィッチ型を使うと、前向きなフィードバックの価値まで下がってしまう。せっかくの指摘も策略の一環だと思われてしまうからだ。

エレーナも、サンジェイのリーダーとしての長所を挙げた場面でサンドウィッチ型のフィードバックを使ったのではないか？　いや、あれは違う。サンジェイのオフィスを訪ねた際、エレーナはまず初めに問題点を指摘した。誉め言葉を口にしたのは、フィードバックがかなり進んだ後のタイミングだった（その際の彼女の狙いは、部下の功績をきちんと認めるという仕事をサンジェイの「業務範囲」のリストに加えさせることだった）。

パンドラの箱を開ける

2人の対話は順調に進展したように見えるが、そうスムーズにはいかないシナリオもあり得る。たとえば、エレーナの指摘に対して、サンジェイが「指摘してくれてよかったよ、エレーナ。実は、僕も気になっていることがある。チームの雰囲気を良好に保ちたいのに、君は人に厳しく当たりすぎる」と答えたとしよう。

エレーナの脳裏にはまず「どうして言ってしまったんだろう……。黙っていればよかった」という後悔が浮かぶだろう。しかし、本当に黙っているほうがよかったのだろうか。

多くの人は相手の態度が一変するのを恐れてフィードバックをためらう。しかし、もし自分の言動が不興を買っているのなら、その事実を知りたくないだろうか？　知っていれば選択の余地が生まれるが、知らなければ手の打ちようがない。サンジェイはエレーナの「ピンチ」を知れてよかったし、エレーナも自分がサンジェイに「ピンチ」を感じさせていると知れてよかった、とわれわれは考える。「君は人に厳しく当たりすぎる」というサンジェイの言葉に対するエレーナの反応次第で、この状況はトラブルではなくチャンスに変わる。

「後悔する」以外のエレーナの反応として、「人に厳しすぎる」という評価に納得がいかず、自己防衛に走るパターンも考えられる。注目すべきは、サンジェイがネットを乗り越えて、エレーナの彼女の内面にレッテルを貼っていることだ。この時点でエレーナには、「そんなことはない！」と反論するか、自己防衛の気持ちを抑え、フィードバックモデルの原則に立ち返ってサンジェイの不満を理解しようとするか、という2つの選択肢がある。

後者の場合の対応は、こんな感じだ。

「驚いた。自分では人に厳しいとは思っていないけれど、そういう印象をもたれる行動をしているってことよね。どんな行動？」

「うーん、たとえば、他のメンバーが俯瞰的な視点をもてないことを厳しく叱責したり」

「なるほど、人に厳しい印象をもたれる理由はわかった。でも、そうすると他の疑問が出てくる。あなたはメンバー同士で互いの足りない点を指摘し合ってほしいと言っていたけれど、それは本心？　もし本心なら、私が厳しすぎると思われない形で他人の欠点を指摘するには、どうしたらいいと思う？」

こうした流れになれば、２人でじっくりと議論する道が開けることだろう。サンジェイは「メンバー間で互いの不足点を指摘し合ってはほしいが、エレーナがどうすべきだったかについての名案は思い浮かばない」と認めるかもしれない。しかし、仮にサンジェイがエレーナに効果的な方法をアドバイスできたなら、まさにウィンウィンの結末――エレーナは他のメンバーの問題点を柔らかい言い方で指摘できるようになり、サンジェイもエレーナへの懸念が消え去る――となる。

ここで、エレーナの前には再び選択肢が現れる。サンジェイに伝えたかったことは伝えたので、これで会話を終わりにするのもありだ。でも、彼女はこの機会にサンジェイとの関わりをさらに深め、自分の主張を念押ししておきたいと考え、こう切り出した。

「メンバーが各自の担当分野しか気にかけていないのに、あなたがその点を厳しく指摘しないことに驚いた。人と衝突するのは苦手？　こんな話をするのはリスキーだけど、あなたの力になりたいと思って」

「確かに、その点は僕の課題だ」と、サンジェイは認めた。「波風が立たず、みんなが仲よくしている状態が心地いいんだ」

「ちょっと待って。会議で激しい議論になっても、平気そうに見えるのは私の勘違い？」

「いや、それとは別の話だ。僕は人が攻撃し合うのが好きじゃない」

「それは私も同じ。他のメンバーが広い視野で考えられない点を指摘したときも、私はみんなを馬鹿呼ばわりしたり、無能扱いしたことはない。問題にしているのは、あくまで彼らの行動だから。それからサンジェイ、こうして話していて、私に攻撃されていると感じる？　正直に言うと、こんな質問をするのは、あなたがこの会話をどう受けとめているか少々心配だから。黙っているか、もっと遠回しに伝えたほうがよかったかしら？」

「いや、全然」。サンジェイは力強く言った。「楽しい話ではないが、攻撃されたとは思わないし、率直に話してくれてありがたい。皮肉なことだけど、この会話はチーム内で互いの欠点を指摘し合えた絶好の例かもしれないね」

「率直さは私が大切にしている自己イメージなの。それを受け入れてもらえるなら、あなたももっと率直な態度で、私が人にきつく当たりすぎていると思ったらすぐに教えて。それから、この会話ができて本当によかった。誤解が解けただけじゃなくて、私たちの友情も強まったと感じられるから」

「ああ、僕も同じだ」


このシナリオでは、エレーナは以下のような重要な能力を発揮して、難しい局面を見事に乗り越えた。

- 冒頭で、自己防衛に走りたくなる気持ちを抑えられた点。自分を守りたくなる気持ちがなかったわけでないが、感情に振り回されることなく、その存在を受け入れたうえで前に進んだ。
- フィードバックモデルに沿って行動できた点。(a)まず、言い訳をすることなく、彼女から見た現実(自分では人に厳しいとは思っていない)を伝えたうえで、(b)サンジェイの反応はあくまでサンジェイから見た印象だと指摘し、(c)自分のどんな行動がそうした印象を生んだのかを尋ねた。

「人と衝突するのは苦手?」というエレーナの質問は、ネットを越えてサンジェイのコートに踏み込んだ発言に聞こえるかもしれないが、そうではない。エレーナの言葉は事実を述べたというよりは直観的な疑問にすぎず、この疑問について一緒に考えようと促す言葉だ。

さらに、言葉以上に重要なのが彼女の態度だ。本当に答えがわからなくて尋ねているのなら、声のトーンやジェスチャーからそれが伝わるはずだ。一方、同じ表現でも声のトーンが異なれば、「答えを知っている」とほのめかす誘導尋問になりかねず、その場合はサンジェイのコートに立ち入る発言に該当する。

これは微妙な違いだが、重要なポイントだ。ネットを越えたかどうかは、「真意が正しく伝わったかどうか」ではなく、「相手の状況はわからないもの」という確固たる信念をもっているかどうかによって決まる問題だからだ。

今回の会話は、直観をうまく活用した例でもある。エレーナには「サンジェイは人と衝突するのが苦手」という確証はなかったが、直観でそう推測した。サンジェイの状況に常に関心を持っていたおかげで、彼女はネットを越えずにすんだのだ。

一方のサンジェイも、複数の能力を発揮した。彼から見た現実（意見の食い違いやメンバー同士が欠点を指摘し合うことが個人攻撃につながるという心配）を正直に伝えたおかげで、エレーナはサンジェイが大切にしているものを深く理解できた。またサンジェイは、聞き上手でもあった。エレーナの指摘に耳を傾け、互いに率直に意見し合うべきという価値観に賛同したおかげで、エレーナは自分の声が届いており、自分の指摘には価値があると感じられたのだ。

最後に、このプロセスにおいて、2人は互いへの理解を一段と深めた。パンドラの箱が開いても、その先にはハッピーエンドが待っていたわけだ。

「おい、ネットを越えているぞ」

エレーナがサンジェイから「人に厳しすぎる」と評されたように、他人に心の中にまで踏み込まれたら、自分を守ろうと身構えるのは自然な反応だ。即座に「そんなことない！」と反論するか、2つ目のパターンとして、「それはあなたが○○したからでしょう?!」と反撃するケースもあり得る。

どちらも「攻撃された、誤解された、見下された」と感じたときの正常な反応だが、こうした自己防衛は対立を激化させ、両者から学びの機会を奪ってしまう。大切なのは、自分を守りたいと感じた事実を受け入れつつも、それに振り回されないことだ。そして、フィードバックモデルに沿って、相手をその人のコート内に押し戻すこと。エレーナの対応は、まさにそうしたポイントを押さえたものだった。


「驚いた。自分では人に厳しいとは思っていないけれど（第1の現実）、そういう印象をもたれる（第3の現実）行動をしている（第2の現実）ってことよね。どんな行動？」


この言葉で、エレーナは相手への非難を、互いに学ぶチャンスに変えたのだ。

とはいえ、これを実行するのは難しい。スタンフォード大学のビジネススクールでは、インターパーソナル・ダイナミクスを受講した学生が増えるほど、テニスコートのネットのモデルを活用した会話が日常生活のいたるところで飛び交うようになるという興味深い現象が見られた。また、多くの卒業生が何十年経っても、このモデルを活用していることにも勇気づけられる。「ネットを越える」は今や、この講義の代名詞だ。

フィードバックモデルをうまく実践した例として、年上の友人から「ネット・モデル」について教わった知り合いの女子高校生のエピソードを紹介する。

ある日、彼女は高校のテニスコーチから、イライラした様子で「君の課題は本気さが足りないことだ」と言われた。彼女はコーチに向かって穏やかに返答した。

「どういう意味か、詳しく教えてください。練習も試合も休んだことがないし、コーチの割り当てに従って、誰と組んでも楽しくプレーしています。私にとってはこれが『本気』なのですが、コーチの見方は違うようですね。どのような点で、私が『本気』でないとお考えですか」

コーチはやや大声で、こう返した。「練習のときにユニフォームを着ていない」

「あ、なるほど。質問してよかった！『本気』の定義にユニフォームが関係あるなんて全然気づきませんでした。整理整頓が下手で忘れっぽいと言われたら、真っ先に賛同するのですが。わかりました。明日はユニフォームを着て練習に参加します」

コーチの不満の理由と対処法がわかったことで、2人の関係は劇的に変わった。フィードバックは薄汚れたラッピングに包まれていても、中に素敵なプレゼントが入っている――それを忘れないでほしい。

自分の力では3つの現実のうちの2つしか見えないので、良好な人間関係を築くには、相手からのフィードバックを受け入れて、3つ目の現実――自分の行動が相手に及ぼした影響――を知ることが不可欠だ。われわれはこれを「2人揃って初めて1つのことを理解できる」と表現している。

エレーナのフィードバックのおかげで、サンジェイはリーダーとしての自分の姿への理解を深めた。ただし、同じ行動から受ける影響は人によって違うので、エレーナには通用しなかったアプローチも、他のチームメンバーには有効な場合もある。

たとえば、デービッドには相手が話し終わる前に口を挟む癖があり、キャロルの話をよく遮る。キャロルもデービッドの話をよく遮るが、互いに気にすることもなく、むしろ議論が白熱すると感じている。

ところが、ある日、デービッドが同僚のドナルドと話していると、ドナルドが眉をひそめた。「どうしたんだい？」と尋ねると、ドナルドは「話を遮らないでくれ」と答えた。困惑したデービッドが「何か問題でも？」と尋ねると、ドナルドは「配慮が足りないと思う」と答えた。

話を遮ったデービッドの行為は間違っていたのか、という問いは愚問だ。その行為を議論を盛り上げるスパイスだと感じるキャロルに対しては正しくても、配慮が足りない行為だと感じるドナルドには不適切なのだ。

ドナルドの指摘によって、デービッドは相手に合わせて対応を変える必要性に気づいた。彼はその後、「無礼な態度を取る意図はなかった」とドナルドに伝え、「今後は話を遮らないよう努力するが、うっかり忘れたときは許してほしい」とも話した。こうして、2人は同僚として前向きな関係を築くことができた。

最後にもう1点、考慮すべきポイントは、フィードバックは受け手についてと同じくらい、発信者についても雄弁に物語る行為だということだ。相手の意図や動機についてのフィードバック（「問題はあなたが常に議論に勝ちたいと思っていること！」）には、「原因はすべて相手の側にある」というニュアンスが含まれる。

一方、フィードバックをする側が自身から見た現実に忠実に、自分のコート内にとどまった言い方（「あなたが私を論破して黙らせようとすると、気分が落ち込む」）をすれば、２人で話し合える余地が生まれる。

インターパーソナル・ダイナミクスの授業でわれわれが繰り返し強調するのは、「フィードバックは会話の始まりであって、終わりではない」ということだ。自身の感情を伝えるのは、あくまで出発点である、と。その後は、もつれた糸をほぐし、問題のどの部分が自分の責任かを探る必要がある。

考えてみよう。エレーナが他のメンバーと対立したことにサンジェイは困惑したが、その一因はチーム内の衝突に対処できないサンジェイ自身にもあった。意見が対立した場合、一方が自分に非があると認めると、相手も自分の非を認めやすくなるものだ。そうなれば協力して、両者の要望を満たす打開策を探す道が開ける。

互いに気楽にフィードバックをし合える関係を構築できれば、「ピンチ」が「クランチ」に発展するのを防げるうえに、これまでとは違う、より効果的な方法で互いの成長をサポートすることも可能になる。

互いを心から気遣い、その思いゆえに発するフィードバックは「プレゼント」である――このメッセージを学生に伝えるために、われわれはよくホールマーク社の古いグリーティングカードに書かれていた言葉を引用する。

「最悪の指摘をするくらい、あなたのことを大切に思っている」

あなたのフィードバックによって相手が一時的にショックを受けても、心からの気遣いに基づく言葉であれば、それは素敵な贈り物であり、きっと感謝されるだろう。

学びを深めるために

振り返る

1 エレーナの立場に立ってみる

一連の出来事を振り返ってみよう。サンジェイとの関係は良好だが、彼はあなたの上司。あなたもエレーナのように、サンジェイに意見することができるだろうか。エレーナほど強い態度に出られるか。どの部分が真似しやすくて、どの部分が難しそうか。

2 次に挙げたフィードバックがうまくいかない理由のなかで、特にあなたに当てはまるものはどれだろうか（5章の「影響力を手放してしまう10の方法」と類似したものもある）。

- 自分のコート内にとどまらず、相手の動機や意向を推測する
- 自身の感情を自覚できない（特に「傷ついた」「拒まれた」「悲しい」など弱さにまつ

わる感情)

- フィードバックに込めた狙いを相手に伝えない
- フィードバックが一般的すぎる。遠回しに言う、具体的な行動を指摘しない、耳ざわりのいい表現を使うため相手に意図が伝わらない、など
- 「いい人だと思われたい」「尊敬されたい」「相手を喜ばせたい」といった思いが強いために、フィードバックを控えたり軽視したりする
- 自分の指摘が間違っていたり、相手に否定されたりすることが心配。「これは自分の問題であり、人のせいにするのは身勝手だ」と考える
- 相手との関係が傷ついたり、永遠に壊れることが心配。衝突しないことが良好な人間関係の秘訣だと信じている
- 衝突を恐れている。衝突にうまく対処できる自信がない
- 特に目上の人に意見を言ったり、対立することに違和感がある
- 相手に報復されるのではないか、逆に自分の問題点を指摘されるのではないかと不安になる

3 フィードバックを受け入れるのはどの程度、苦痛か(行動に特化したフィードバックであっても難しいだろうか)。次に挙げた反応のうち、当てはまるものはあるだろうか。

- 自己防衛に走り、指摘を否定したり、言い訳や正当化の言葉を並べたりする
- 原因となった相手の行動を指摘し、相手の欠点を挙げて報復する
- 怒りを感じてフィードバックを受け入れられないため、相手が指摘を引っ込めたり、罪悪感を覚えたりする
- 相手と距離を置く
- 表面上は指摘を受け入れるふりをして、実際には受け入れない

実践する

２章でリストアップした「特に大切な人間関係」のなかに、フィードバックをする／されるのが難しい相手はいるだろうか。いない場合は、それ以外の人間関係のなかからフィードバックを含む会話がしにくい人を選び、準備段階としてまず自己診断を行おう。具体的に何が原因だと思うか。どんな形で話を切り出せば、話し合いが両者にとってプラスになると思ってもらえるだろうか。

相手のどんな行動が気になり、それがあなたにどんな影響を与えているか。あなたには相手から見た現実（その人の身に起きている出来事、その状況のとらえ方、その行動を取る理由など）は見えない。相手にとっての現実を知るために、どのように行動しているだろうか。

以上の自己診断を終えたら、相手と実際に会い、フィードバックのやり取りを試してみよう。

理解する

話し合いを通して、どんな気づきがあったか。自分について気づいたことは？　フィードバックをする／される際の難しさについて、新たな発見はあっただろうか。そうした学びに基づき、今後どのようにしていきたいか。

「話しにくい話題についてきちんと議論できれば、人間関係がさらに強まる」と、われわれは繰り返し説いてきた。この章までの実践を通じて、この言葉が当てはまる経験ができただろうか。まだできていない場合、どのような状況だと、この言葉の通りにならないと思うだろうか。

08 フィードバックを効果的に活用する難しさ

人から何かを指摘されたとき、誰もがサンジェイのように反応できたら素晴らしいのだが、現実にはそう簡単にはいかない。自己防衛に走ったり、否定したり、抵抗したり、報復に出たりして混乱は必至だ。うまく折り合いがついても、打開策に至る道のりには困難と苦痛が伴う。

フィードバックモデルのような「王道」を進まず、脇道にそれて衝突を回避しようとする人が多いのも、そのためだろう。自身の強烈な感情を認めることなく、その存在を無視して理屈を並べてしまう……。十分な情報をもち、善意に満ちた人でさえ、自身の現実を忘れて相手を責め立ててしまうものだ。

この章では、そうした罠に陥らないために留意すべきことをお伝えする。その過程で、問題解決プロセスをいくつかのステージに分け、どこで失敗しやすいのかも考える。

楽しい作業ではないかもしれないが、読者の皆さんにも効果的なフィードバックを妨げている「あなた自身」の要因について振り返ってほしい。

もちろん、人間関係は2人で作り上げるもので、一方だけに責任があるわけではないが、ここではまず自分自身に注目しよう。あなたを悪者扱いするわけではなく、結局のところ、あなたにコントロールできるのはあなた自身の行動や反応だけだからだ。

最初に断っておく。フィードバックモデルは魔法の杖ではない。どれほど念入りに準備しても、1回のフィードバックで問題が解決するケースはほぼゼロだ。

たとえば、なにかと文句の多い家族にいら立ちを感じているとしよう。相手にただ「腹が立つ」と伝えても、問題は解決しない。過去から現在に至るまで、その人の言動には「文句が多い」以外にも数々の課題があるはずだからだ。

人間関係のトラブルの大半は複雑かつ重層的だが、あなたにわかるのは「あなた」の感情や要望だけだ。つまり、あなたは全体像のごく一部でしかない。フィードバックは対話の入り口だが、単なる入り口にすぎないことは忘れないでほしい。

感情を押し殺す

フィードバックを含んだ会話がうまくいかないと、フィードバックはやはりリスクが高いという結論に至りがちだ。しかし、その原因はフィードバックで指摘した内容ではなく、指摘しなかった内容にある。

多くの場合、足りなかったのは「感情」の要素だ。フィードバックモデルは感情を軸としており、自身の感情を率直に打ち明けることが不可欠。次に挙げるような正当化の理由を並べて黙ってしまうのはＮＧである。

「【気持ちを表す表現】を感じるべきではない」

「どんな状況下でも、こんな気持ちをいだいてはいけない」と思い込んでいる感情はないだろうか。「うらやましい、妬《ねた》ましいと思ってはいけない」「人に怒りを感じるのはよくない」「さほど傷ついてはいない」という具合に。

親から言われて育ったメッセージもあれば、あなた自身の価値観や理想のイメージに起因する場合もあるだろう。あるいは、そうした感情の存在を認めてしまうと、その感情に圧倒され、振り回されてしまうという不安があるのかもしれない。

ここでも、「どう感じるか」と「どう行動するか」の区別が重要だ。気持ちは意思とは無関係に沸き起こってくるものなので、「どう感じるか」については選択の余地はほとんどないが、「どう行動するか」は選べる。

たとえば、友人のシャロンにあれこれ指図されることに腹が立つなら、あなたはシャロンに腹を立てているのだ。その事実を認めることで、選択肢が生まれる。なぜ腹が立つのかを考えることで、怒りが劇的に軽減されることもあれば、腹が立った事実をシャロンに伝えるだけで怒りが収まる場合もある。あるいは、怒りが限界に達しているのなら、次にシャロンから何か指図されたときに、思い切り怒りをぶつける方法もあるだろう（ただし、シャロンへの攻撃は避けること）。

感情をもつこと自体は決して「悪」ではない。トラブルが起きるとすれば、それは感情の表し方や、その感情を引き起こした原因に問題があるのだ。

「この状況でこんなふうに感じるのはよくない」

ある同僚の男性と共同でプロジェクトを担当しているとしよう。今日の彼は、いつにも増して柔軟性がなく、頑固な様子。「彼はさっき上司に叱責されたばかりだから、休ませてあげなくては」と頭ではわかっているが、あなたもいら立ちを抑えられず、やがてこの状況を受け流させない自分にも腹が立ってくる。

相手の行動の背後にある理由を知っているか、そして、その人の行動が理にかなっているかは、あなたの感情の「正当性」とは無関係なので、いら立ちを隠さず、「上司とぶつかったのは知っているけれど、あなたの態度には腹が立つ。私に何か手伝えることはある？」と声をかけてはどうだろうか。フィードバックは単なる対話の入り口なので、ここから話が広がるかもしれない。

「この気持ちは消えるはず」

すぐに消える感情もある一方、長く残る感情もある。不満を相手に伝えない選択をし、1時間後には不満を感じていた事実さえ忘れてしまっても、その思いが完全に消え去ったとはかぎらない。どこかに「たまって」いて、次にまたシャロンに指図をされたタイミングで、一段と大きな怒りとなって蘇る場合もある。

昔、「今払う？　後で払う？」という自動車修理のテレビCMがあったが、割高なのは後払いのほうだ。それなら今の時点で、怒りが膨れ上がる前にシャロンに気持ちを伝えるほうがいいのではないだろうか。

「矛盾する気持ちを抱えている」

（＋5）＋（－5）＝0という算数は、感情には当てはまらない！　いくつもの感情が同時に湧き上がり、しかもそれらが互いに矛盾しているように思える経験はよくある（3章で述べたように、これも自分の気持ちを相手に伝えにくい要因の1つだ）。仕切りたがりの同僚に腹が立つ一方で、激しいストレスを抱えているのにプロジェクトに熱心に取り組む姿勢には感謝している、という具合に。

危険なのは、プラスの感情の存在を理由に、マイナスの感情を存在しないものとして扱うことだ。その結果、どちらの気持ちも抑圧され、フィードバックができなくなったり、せっかくのフィードバックが骨抜きにされてしまったりする。

実際には、プラスとマイナス、どちらの感情も真実である。「＋5」の感情と「－5」の感情を足し算しても答えは0にはならず、「＋5」と「－5」が存在するだけだ。したがって、気持ちを抑え込む代わりに、両方の感情を伝えよう。2つの感情とその強さはあなたの内面の表れなので、それを伝えることで、あなたという人物をより深く知ってもらえる。また、どちらの感情も表に出さない限り消えてなくなることはない。

「あまりに腹が立って、何を口走るかわからない」

強烈な怒りを覚えると、相手への気遣いなんて吹き飛んでしまう。「腹が立つ。相手の事情なんて知るものか。このままだと、自分が何を口走るかわからない」という思いが渦巻いたら、最後の一文だけを相手に伝え、20分間待ってから話し合いを始めることをお勧めする。そうすることで、あなたの状態が相手に伝わるし、口に出すだけで怒りが落ち着くかもしれない。

怒りが収まらない場合も、20分待てば十分。必要なのは、怒りの感情を消し去ることでも、さらに高めることでもなく、感情を適切にコントロールできる状態を確保することだ。

このような形での感情の制御と適切な形での感情表現は、ダニエル・ゴールマンが提唱した「こころの知能指数（ＥＱ）」の重要な要素である。ゴールマンが指摘したように、ＥＱの基盤となるのは、まず自己認識と、自分の感情を認識する能力だ。その次に、感情をコントロールする（抑えつけるのではなく！）能力が来る。

特にコントロールしにくい感情が怒りだが、多くの人は怒りが二次的な感情であることに気づいていない。「傷つけられた、拒まれた、妬ましい」といった感情にあまりに長い間浸りすぎていると、怒りを爆発させるほうがむしろ安全な行為に思えてくる。特に、弱さを見せるべきでないという社会的圧力にさらされてきた男性に、その傾向が強く見られる。

弱さにまつわる根元的な感情は簡単に怒りに転じるため、怒っている人自身は怒りの根底にある感情に気づかない。しかし、ひとたび怒りをぶつけてしまうと、両者ともに自分を守るために敵対的な態度を崩せなくなってしまう。

怒りの表出はどんな場面でも不適切だ、という意味ではない。怒りを感じることを自分に許してあげるのは大切なことだ。実際、相手を責めたくなる思いに負けず、怒りの根底にある感情を探れるのであれば、怒りを認識できる力は大いに役立つ。怒りを感じたなら、その怒りは確かに存在する。問題は「その怒りをどう扱うか」なのだ。

物語をでっちあげる

人間には自身の身に起きたことの意味を理解したいという強い欲求があり、他人の行動の理由について勝手にストーリーを作ってしまう傾向がある。しかし、フィードバックの際にこれをしてしまうと、深刻な事態に……。特に、自分が相手についての物語をでっちあげていると自覚していない場合は最悪だ。

あてずっぽうから強い直感、確信へと段階が進むにつれて、相手への関心は薄れていく。そうやってでき上がった物語には、ネットを越えて相手のコートに入り込む典型的なパターン（「彼は捨て台詞を言わないと気が済まない」）もあれば、否定的な物語にフィットする情報ばかり集めるパターン（「彼は私を尊重してくれない。私が話しかけても、いつも携帯を見ているから」）もある。こうした物語が頭にある状態で相手に質問しても、「あなたが捨て台詞を言わないと気が済まない理由は〇〇じゃないの？」という具合に誘導尋問になりがちで、率直な話し合いにはつながらない。

ひとたび物語が出来上がると、次に待ち受けるのは相手の特性を決めつける態度だ。「彼は捨て台詞を言わないと気が済まない」はすぐに「彼は心が不安定だ」に、「彼女は自分の話ばかりする」もあっという間に「彼女は自己中心的だ」へと変わる。その先にあるのはレッテル貼りで、「自己中心的」は「ナルシスト」へと飛躍する。こうした決めつけやレッテル貼りは「色眼鏡」を生みやすく、物事を単純化しすぎる危険をはらんでいる。

では、ほぼ「自動的」とも言えるこの人間の性質とどう付き合えばいいのだろうか。いくつかの方法がある。

1つ目は、「自分の話ばかりする」という友人のスージーの癖と、それによって嫌な思いをさせられた最近の例を振り返る方法だ。自分にはできない行動を彼女がしていることに嫉妬した可能性はないだろうか。あるいは、あなたについても彼女から質問してほしかったのではないだろうか。こうやって自身の思考プロセスを振り返ることが、重要な第一歩となる（対人関係の達人になるにはマインドフルネスが不可欠であることが、ここでもわかる）。

もう1つの方法として、物語をでっちあげてしまう癖を利用して、前向きな物語に作り変えるアプローチもある。たとえば、自分の話ばかりするスージーへの否定的な見方を、「本当は互いの功績を称え合える関係を築きたいという思いから来る善意の行動だった」という別の物語に置き換えるのだ。このように別の物語を作ってみると、相手についてよく知らない部分が浮かび上がってきて、相手に関心をもつ段階に戻れるかもしれない。

3つ目は、自分の行動をそのまま言語化するというシンプルな方法だ。「スージー、あなたはよく自慢話をするわね。気に障るし、あなたがやたらと自己アピールをするのは心が不安定だからだという物語を作り上げてしまうの。私が勝手に作った物語は、あなたには不公平な内容で、本当はそんなことはしたくない。私に向かって自慢話をするのはなぜ？」

この言い方なら、あくまで「私が勝手に作り上げた物語」にすぎず、真実とは限らないと思っていることを伝えられる。ただし、自分の描いた物語が間違っている可能性を認められなければ、この方法は機能しない。

問題解決のステージ

先ほど挙げた「フィードバックをためらい、沈黙してしまう罠」を回避できたとして、次は複雑に絡み合った問題を解決する方法を探っていこう。

あなたは、幾重にも重なった厄介な問題点を相手に指摘したいと思っている。以前にも軽く指摘したことはあったが、あまり響かなかったようで、問題行動は収まらず、他の問題とも絡んで激しい衝突に発展するのではないかと不安だ。あなたは問題に真正面からぶつかろうと決心したが、罵り合いに終わらないためにはどうすればいいだろうか。

複雑な問題について話し合うプロセスには、4つの重要なステージがある。1つ目は、相手に問題を真剣に受けとめてもらうステージ。次に、相手が自身の状況をすべて積極的に語ろうとするステージ。3つ目は、議論を終わらせるための最低限の妥協案ではない、互いに満足できる解決策を模索するステージ。そして最後は、2人の関係に修復作業が必要かどうかを見極めるステージだ（議論が白熱すると、相手の言葉に傷ついたり、関係にひびが入ったりしやすいため）。

どのステージでもフィードバックモデルに沿った行動が効果的で、逆にフィードバックモデルに反した言動は各ステージの進展を妨げかねない。とはいえ、完璧である必要はない。一時的にコースを外れても、それに気づければ大惨事には至らない。「唯一の失敗は、失敗から何も学ばないことだ」と胸に刻んでほしい。

第1ステージ　相手に問題を真剣に受けとめてもらう

人は「自分のために言ってくれている」と思えれば、こちらの不安に対処してくれるものだ。そのための方法として、4つのアプローチを紹介する。

- 「あなたの行動がこんなふうに私に影響を及ぼしている」と伝える

この基本的なアプローチがうまくいくのは、相手があなたのことを気にかけている場合だ。たとえば「会議中に私がまだ話しているのに、あなたは3回も話題を変えたから腹が立った」という言い方ができる。もっとも、相手があなたのことを気にかけていない場合は指摘を無視されたり、ひどいケースでは「それは、あなたの問題でしょう！」と反論されたりする。

- 「そういう態度ではあなたの目標を実現できないと思う」と伝える

このアプローチが有効なのは、相手が目標を公言している場合だ。

「ハンス、あなたはみんなに発言してほしいと言っていたけれど、サイモンの話を遮ったあなたの態度を見ていると反対意見は言いにくいし、みんなも本音を話しにくいと思う」

またこの方法は、はたから見て相手の目指すものが明白な場面でも使える。

「私の提案を検討してくれないと、あなたに本音で接しにくくなって、あなたの私への影響力も消えてしまう」

さほど深い関係でなくても、相手の言動が目的達成の足を引っ張っていると指摘すれば、こちらの話に耳を傾けてくれる可能性は高まる。

- 「目的は達せられるかもしれないが、大きな代償を伴う」と伝える

相手の行動が気に障るときは、目的達成によって生じる犠牲を探してみよう。

「リー、会議を効率的に進めたいという考えには同意するが、急《せ》かされると、いいアイデアが浮かばなくなる」

この言い方なら、会議の効率化という最大の目標に関してリーを支持しながら、マイナスの影響を指摘してリーの関心を引きつけることが可能だ。

● 「あなたがそんなふうに振る舞うのは私のせい？」と尋ねる

たいていの場合、対人関係のトラブルの原因は、その対人関係の中にある。自分にも非があると認めることで、相手も非を認めやすくなる。

「カイル、あなたが主体的に動こうとしないのは、私がすぐに解決策に飛びつきたくなるせい？」

注：ここに挙げた4つのフィードバックモデルは、あらゆるタイプの関係に適用可能。12章のマディと夫アダムのエピソードでも、これらの方法が役立つ。

第2ステージ　すべての問題点を共有する

2人でじっくり話し合う準備が整ったら、次の課題は複数の問題点を深掘りすること。「複数」と言ったのは、最初に指摘した問題点が、実は唯一の論点でもなければ、最重要な論点でもなかったというケースが多いためだ。7章でエレーナが最初に指摘したのは「チーム会議で自分の発言が取り上げられない」という問題点だったが、話し合いが進むにつれて、サンジェイもエレーナの発言を無視しがちな点、さらには幹部会議でエレーナの功績を認めなかった点にも話が及んだ。

フィードバックを始めた側が複数の問題点を指摘するケースだけでなく、それが引き金となって、フィードバックを受けた側の不満が表面化するケースもある。サンジェイがエレーナの最初の指摘に対して、「指摘してくれてよかったよ、エレーナ。実は、僕も気になっていることがある。チームの雰囲気を良好に保ちたいのに、君は人に厳しく当たりすぎる」と答えたシナリオも、その一例だ。エレーナは当初、自分の不満を単純な問題と考えていたが、事態は一気に複雑さを増した。

サンジェイとエレーナの話し合いは大惨事に至る恐れもあった。多くの問題点が浮上しただけでなく、サンジェイからの反論を引き金にエレーナが自己防衛に走り、「私があれこれと意見を言うのは、あなたが自分の職責を果たさないからよ！」とキレる可能性もあったのだ。そうなれば、サンジェイも自分を守るためにエレーナを責め立て、非難の応酬に発展したことだろう。相手を言い負かすことが目的となり、どちらも相手への関心はゼロ。2人とも、行動に特化したフィードバックのことなど完全に忘れている。

複数の問題点が複雑に絡み合っていると、頭の中がこんがらがってくるものだ。泥に浸かった沼地を通って、反対側の高台まで行かなければいけない状況を想像してほしい。

最初は靴に泥がつかないよう注意深く石の上を歩いていたが、半分ほど行ったところで石のないエリアに。選択肢は、このまま泥の中を進むか、引き返すかの2つだ。引き返すなら、議論はそこで終わり、一方が部屋から立ち去るか、「考え方が違うってことだ」と言って決裂することになる。「考え方が違う」という結論は、政治の世界などイデオロギーの埋めがたい差異がある状況ではやむを得ない場合もあるだろうが、濃厚な人間関係にはふさわしくない。

一方、両者が頑なに自分を守ろうとする膠着状態では、そのまま前に進み続ける選択もある。当然、さまざまな混乱が待ち受けるだろうが、絡み合った問題点を解きほぐしているうちに、対立の激化にいったん歯止めをかけられるかもしれない。

この方法がうまくいかない場合は、一時的に議論の中身を脇に置き、「私たちが膠着状態に陥ったのはなぜ？」と自問してみよう。そうすることで、そもそもなぜ沼地に足を踏み入れたのか、乾燥した高台にたどり着くための前向きな方策はないのか、と考えられるようになる。

もちろん、ここで再び互いの非を責め合ってしまうと、このアプローチも機能しない。必要なのは、議論を脇にそらしてしまった具体的な行動に注目し、そこで湧き上がってきた感情を共有することだ。また「こんな話をするのは、あなたを助けて2人の関係を救いたかったからだ」という点を、このタイミングで念押しするのもいいだろう。うまくいけば問題解決の作業に戻ることができる。

ステージ3　解決策を模索する

答えを探し求めるよりも大切なのは、望ましい結果にはいくつもの形があると認識することだ。このステージで最初に達成すべき目標は、話し合いを通して「当初気になっていた問題点を互いに納得のいく形で解決する」ことである。そうした問題点には通常、実現可能な解決策が複数存在する。

気まずい会話を早く終わらせたいという誘惑に駆られて、最初に思いついた案に飛びつきたくなるものだが、互いの要望を満たす策が見つかるまで根気よく、複数の選択肢を掘り下げよう。そのためには時間をかけて、何度も話し合いの場をもつ必要があるかもしれない。

次に目指すべきは、自身の問題解決能力を高めるための話し合いだ。そもそもなぜこの問題が生じたのかを理解し、さらに解決に至った道筋についても検証する。議論が行き詰まった場面は？　つらい思いをした？　これは、将来的に別の問題が浮上したときに、互いに相手に指摘しようという気持ちを高める（低めるのではなく）ことが狙いだ。

3つ目と4つ目の目標は、2人の関係そのものに関することだ。まず、各自が内面をさらけ出した結果、互いへの理解が深まったか。エレーナとサンジェイの場合はイエス。エレーナは自身のコミュニケーションスタイルについて語り、サンジェイも衝突が苦手だと明かした。そして4つ目は、話し合いを通して2人の関係を改善すること。サンジェイとエレーナは、互いに率直に意見を言い合おうという合意に達した。

ステージ4　修復する

ステージ3で挙げた4つの目標を達成できたとしよう。お見事！　この後に待ち受けるのは関係修復のプロセスだ。話し合いの過程で、相手を傷つける言葉や言うべきでなかった発言があったかもしれない。2人の関係の意義が損なわれ、一方、もしくは双方とも相手に見くびられたと感じた場面があったかもしれない。

「ごめんなさい」の一言が関係修復のカギとなるものだが、その一言を口にできない人も大勢いる。「面子《メンツ》がつぶれる」のを恐れる人もいれば、この状況に至ったことについて謝っただけなのに、すべて自分の責任だと認めたかのように誤解されるのは嫌だから、と考える人もいる。

それでも、「ごめんなさい」は極めてパワフルな言葉だ。和解の糸口となって敵対的なムードを消し去り、対立した人々を再び結びつけ、弱みをさらけ出せるよう背中を押し、双方向の対話ができる可能性を高めてくれる。

よい謝罪とは、心の底から詫びている気持ちが伝わる謝罪だ（「そんなふうに思わせたなら申し訳ない」といった表現は、形だけの謝罪と受け取られてしまう）。そのために必要なのは、「心から申し訳ない」と本当に思うことである。本気の謝罪かどうかは、割と簡単に相手に伝わってしまうものだ。

謝罪に加えて、相手と、その人との関係を肯定する気持ちも重要だ。「こんな事態になってしまったが、私があなたとの関係を大切に思っていることはわかってほしい」というメッセージである。さらに、心からの共感を表現することも関係修復のカギとなる。「この話し合いでつらい思いをさせてしまった。我慢して付き合ってくれて本当にありがとう」

最後に、翌日になったらもう一度、1～4のステージを振り返り、やり残したことがないか確認しよう。本当に完全な形で決着したか？　解決を急ぎすぎて、見て見ぬふりをした積年の課題は残っていないか？　このように2人の関係にとって気がかりなサインがないかを確認する行為自体も、関係修復の取り組みの一環だ。

自己防衛との付き合い方

フィードバックモデルの大きな利点は、自己防衛に走る気持ちを最小限に抑えられることだ。このモデルに即して相手がネットの向こう側にとどまっていれば、彼らはあなたの「行動」に対する反応を述べるだけで、あなたの人格に判定を下すことはない。それでも、自己防衛的な感情が多少は浮かぶこともあるだろうが、自分という人間をまるごと拒絶されたとは感じないはずだ。

「自己防衛に走る」と「必要に迫られて自分の身を守る」の違いも、そこにある。不正確な情報に基づいて責められたら、正確な情報を提供するのは「自己防衛に走る」行為だろうか。相手に誤解されていたら、間違いを正すのは「自己防衛に走る」行為だろうか。もしも誰かに攻撃されたら、「必要に迫られて自分の身を守って」はいけないのだろうか。

問題の本質は自己防衛そのものではなく、その「副作用」にあるのかもしれない。自己防衛に走りたくなる気持ちが湧き上がると、フィードバックに耳を傾けられなくなったり、たとえ耳を傾けても、その内容を即座に却下してしまったりする。

また、話が誇張されていると感じると、そのなかに含まれるまっとうな指摘にも耳を閉ざしてしまう。そうやって相手の言葉をすべて間違いだと決めつけてしまうと、相手がそう感じた理由を知ろうとも思えなくなってしまう。

では、自己防衛に走りたくなる自分を受け入れつつ、こうした副作用を回避する方法はあるのだろうか。

自己防衛の感情を連続体と考えよう。一方の端にあるのは、感情が昂りすぎて相手の言葉がまったく頭に入ってこない状態だ（誰でも経験があるのではないだろうか）。そんなときは、「ごめん、頭が混乱して、これ以上話を聞けない。少し時間を置いてから話してもいいかな」と伝えて、フィードバックをやめてもらうのが一番だ。

とはいえ、たいていの場合はそこまで極端ではなく、相手の話を聞き、内容を受け入れる余力があるはずだ。そんなときは、自己防衛に走りたくなる思いがあることを認めつつ、すぐに反論したくなる癖を抑えて、相手の言葉を理解しようと努力してみよう。「正しくありたい」という思いは、いったん脇に置くこと。この時点で何より重要なのは、相手からのフィードバックであって、あなたのアイデンティティやエゴを守ることではない。

あなたがフィードバックをする側で、相手が自己防衛に走った場合も、同じ原則が当てはまる。相手の感情が極限状態にあるように感じたら、「私があなたの立場だったら、気分が昂《たかぶ》ってしまうと思うけれど大丈夫？　少し休んで、後でまた話そうか」と提案しよう。ただし、時間を置いたうえで必ず話し合いの場をもつこと。相手の感情が昂ったなら、その指摘は重要な論点に違いない。

フィードバックを受けた際の反応としてより多いのは、「ちょっと待って。いつもそうだとは限らないでしょう？」「私がそうしたのは、XとYという事情があったからなのに」といった弁解じみた反論だ。そう反論されると、フィードバックをした側は相手には学ぶ気がないと考え、指摘を引っ込めてしまう。

しかし、それでは問題解決にはつながらないし、そもそも「相手には学ぶ気がない」という前提から間違っている可能性もある。彼らの弁解じみた返答は、あなたの指摘の意味を読み取ろうともがいているサインではないだろうか。あなたの指摘と自己イメージの乖離を埋められずに悪戦苦闘しているとはいえ、相手があなたの指摘に耳を傾けているのは事実なのだから。

仮に、相手がまったく反発しなかった場合を想像してみよう。あなたが同僚に重要なフィードバックをしたのに、落ち着いた理性的な声で「本当にありがとう。そういう指摘をされたのは初めて。アドバイスをすぐに取り入れてみる」と言われたら、その言葉を信じられるだろうか。あなたの言葉は右から左へ抜けてしまった可能性が高いのではないだろうか。

それに比べれば、相手があなたの言葉を理解しようと悪戦苦闘してくれるのは素晴らしいことだ。あなたも指摘を引っ込めるのではなく、一緒になって考えよう。

「ちょっと待って。いつもそうだとは限らないでしょう?」と言い返されたら、「そうね、いつもじゃない。でも、こんなときやあんなときはそうだった」と具体的な出来事を挙げたうえで、「私は嫌な思いをした／そういう態度ではあなたの目標を達成できないと思う／あなたにも大きな代償が降りかかるだろう」と伝えてはどうだろうか。大切な関係なのに特定の言動が障害になっているのなら、それを繰り返し伝え、互いのために粘り強く話し合おう。

フィードバックをする立場であれ、される立場であれ、自己防衛的な態度はフィードバックに真実が潜んでいるサインだ。何か引っかかるものを感じるから、気になるのだ。

他人から厳しい言葉を浴びせられても、その内容が心に響かなければ、自己防衛的な感情はすぐに消え去る。そうした思いが長く胸に残るのは、相手の指摘にどこか思い当たる節があるからだ。認めたくない場合や、話が誇張されている場合もあるが、何か引っかかりを感じたのは事実なのだから、それを認めることで、対応の方法をめぐって選択肢が生まれる。

少なくとも、指摘された内容の一部については事実だと認められるだろうか。それができれば、フィードバックを拒みたくなる思いを抑え、そこから何かを学べる道が開けていく。

学習能力

この本の冒頭で述べたように、われわれは講義やコーチング、コンサルティングの経験から、人間関係を発展させ、個人の成長の促すカギは学習能力だと確信している。どんな役職であれ、仕事上の成功にも学習能力は不可欠だ。われわれは、学びを躊躇する態度が成功の妨げになるケースだけでなく、（専門知識の不足よりも）対人関係の問題に適切に対処できないせいでキャリアが制限される実例も繰り返し目撃してきた。

エレーナとサンジェイが気づいたように、個人としての学びと対人関係に関する学びは往々にして重なり合っている。エレーナがチームへの自身の貢献を認めてほしいとサンジェイに伝えたことで、サンジェイは自分の個人としての行動がもたらす負の影響に気づいた。

一方で2人は、互いの関わり方についても議論した。エレーナはサンジェイに、自分のフィードバックの伝え方が攻撃的ではないか、ストレートな表現を避けるべきかと尋ねたが、サンジェイが否定したおかげで、２人はそれまで以上に自由に意見を言い合える関係になった。サンジェイが経験したように、フィードバックを受けることで自分の強みと弱みを理解できれば、さらなる成長につながる。それなのに、フィードバックを受け入れたくないと思ってしまうのはなぜか。

相手の意向を「私を馬鹿にして、優位に立ちたいからだ」と信じている場合もあれば、あまりに事実と異なる内容を指摘されて、耳を閉ざしてしまう場合もあるだろう。あるいは、相手がネットを乗り越えて、あなたの人格まで否定したせいかもしれない。それでも学べることはあるだろうが、今後もその人からフィードバックをもらおうとは思えないだろう。

その一方で、あなたの側に学びを妨げる要因がなかったかも振り返ってみる必要がある。特定の自己イメージに固執し、そのイメージが崩れるのを恐れているのでは？　フィードバックを受け入れると、自分の失敗や不十分さを認めることになると思っているのではないか。「学ぶことは好き。でも、学んでいることを他の人に知られるのは嫌」という言葉をよく聞く。「絶対に失敗しない人」というイメージは確かに魅力的だが、それを貫こうとすると大きな代償も伴う。

相手からのフィードバックが妥当だと認めたからといって、指摘された通りに行動しなければならないわけではない。受け取ったフィードバックはあくまで1つの判断材料にすぎず、あなたの選択肢を増やすための情報だ。われわれの同僚が言うように、「フィードバックは洋服みたいなもの。試着してみて、似合うかどうか確かめればいい」のだ。

衝突を避けたがる癖など、自分の根幹をなす考え方や行動を変えるべきだと指摘されると、「そのアドバイスを取り入れたら後で後悔するのではないか」という不安に駆られる。そんなときは、比較的安心して向き合える人や状況を選んで、小さな一歩を踏み出してみよう。たとえば、衝突を避けずに率直に振る舞いたいと思っているなら、まずは親しい友人相手に試してみるといいだろう。

ドタキャンの癖がある友人に不満を伝える際に、「率直に話す練習をしている最中だ」と言い添えるのもありだろう。これは快適ゾーンから15%だけ踏み出す行為であり、手始めにぴったりだ。これに対し、上司に向かって「優先順位をころころと変えるあなたのやり方に怒り心頭だ」と伝えるのは、15%ルールの対極に位置する行為だ。

この本では、フィードバックは素敵なプレゼントだと繰り返し強調してきた。ただし、プレゼントをもらったからといって、必ず使わなければならないわけではない。行動を起こすべきでないタイミングもあるのだから。

フィードバックは情報を得て選択肢を増やすための手段であり、必ずしも自分を変える必要はない――そう思えるようになれば、相手の言葉を受け入れやすくなるはずだ。

学びを深めるために

振り返る

1　感情をないがしろにする

あなたには、次のいずれかのように考えて、感情をないがしろにする傾向はないだろうか。

- 「こんな気持ちを感じるべきでない」
- 「この状況で、こんなふうに感じるのはよくない」
- 「この気持ちは消えるはず」
- 「矛盾する気持ちを抱えている」(＋5)＋(－5)＝0)
- 「あまりに腹が立って、何を口走るかわからない」

これ以外の形でも、感情の存在を認めて表現するのを抑え込んでしまう傾向はないだろうか。そうした傾向はどこから来るのだろうか。

2　物語をでっちあげる

相手の現実について、勝手に物語を作ってしまう傾向はないだろうか。あるいは、単なる勘を事実だと決めつける癖は？　どんな状況で、そういう対応をしてしまいがちだろうか。

3　問題解決の4つのステージ

次に挙げた問題解決の4つのステージにおいて、効果的な問題解決の足を引っ張る行動をしていないだろうか。

- ステージ1：相手に問題を真剣に受けとめてもらう
- ステージ2：すべての問題点を共有する
- ステージ3：解決策を模索する
- ステージ4：修復する

4　自己防衛

あなたはどのくらい頻繁に、自己防衛に走りたくなるだろうか。どんな状況でそうなりやすいだろうか。そういう気持ちになったら、どう対処する？　相手が自己防衛的な反応をしたら、あなたはどう対応するか。

実践する

「振り返る」のセクションで自身の行動を振り返ったが、周囲からはどう見えているだろうか。特に大切な人間関係の相手に、あなたの自己認識が正確かどうかを尋ねてみよう。この取り組みによって、「フィードバックをもっと素直に受け入れ、自己防衛に走らないよう気をつけよう」という具合に、改善すべき点が浮かび上がることを願っている。

改善したい面を1~2つ選んだら、変化後の目標を設定すること。サポートしてくれる人がいるほうが変化を起こしやすいので、身近な人に協力を依頼しよう。

理解する

ここまでの章を読み、振り返り、実践するプロセスを通して、フィードバックの効果的な活用法についてどんなことを学んだだろうか。あなた自身について気づいたことは何か？　学んだことを生かして前に進むために、あなたにできることは？

今のあなたの手元には、初めにリストアップした人々だけにとどまらない、あらゆる人間関係に活用できる便利な「道具箱」がある。多くの人を相手に練習を重ね、実践から教訓を得ることで、あなたの学びはさらに深化する。

09 人は本当に変われるのか

フィル&レイチェル　父娘　パート1&2&3

これまでの章の登場人物たちは、さまざまな問題に直面しながら、それぞれにとって大切なことを学んだ。弱さをさらけ出すには強さが必要だと知ったエレーナ、衝突を避ける態度には代償が伴うと気づいたサンジェイ、急に話題を変えると相手との間に距離が生まれることを学んだリアム……。

どれも重要な教訓だ。しかし、彼らの問題以上に根元的で、長年かけて強化されてきた行動パターンについても、同じように学べるものだろうか。率直で適切なフィードバックには、長年の行動パターンさえも変える力が本当にあるのだろうか。

われわれは、人は変われると信じている。忍耐が必要で困難な道のりだが、人が変わる現場を繰り返し目撃していなければ、この仕事を何十年も続けてはいられなかったはずだ。自分を変えるなんて無理と感じたり、今は変わりたくないと思うタイミングもあるが、「変わる能力がない」わけではない。

組織論の著名な学者でマサチューセッツ工科大学教授のリチャード・ベックハードは「R＜D×V×F」という興味深い公式で、人が変化するための条件を説明した。

Rは「変化への抵抗＝resistance to change」を指し、残りの3つの要素をかけ合わせた値がRよりも大きくなれば、変化が生じる。Dは「不満＝dissatisfaction」で、従来の行動にどの程度の代償が伴うと気づいたか。Vは「ビジョン＝vision」で、変化後の行動にどの程度のメリットがあり、変わろうとする努力にどの程度の価値があると思えるか。Fは「第一のステップ＝first steps」で、変化を容易にする新たなスキルを身につけられると信じているかが指標となる。

次に紹介するフィルとレイチェルの父娘の物語は、この公式を実現するのが――そして、長年の行動パターンを変えるのが――いかに困難かを浮き彫りにしている。

フィル＆レイチェル パート1

フィルと娘のレイチェルはどちらも医師で、同じ病院に勤めており、レイチェルは自身で小さなクリニックも経営している。2人にはバスケットボール（どちらも大学の代表チームでプレーしていた）と医学という共通項もあり、昔から仲のよい親子だ。

あるとき、レイチェルは父との関係が10代の頃からあまり変わっていないことに気づいた。父はどんなときも全力でレイチェルの成功をサポートしてきた――あるときは最大の賛同者かつチアリーダーとして、あるときは仕事上の相談相手として。レイチェルの幼い娘エマがバスケットボールに興味を示すと、フィルのバスケ熱が再燃してエマの指導に乗り出したが、問題はフィルの言動の大半がアドバイスであること――それも、エマとレイチェルの双方に向けて。レイチェルが大学でプレーしていた時代や、医学部を受験した当時はフィルのアドバイスが役立ったが、年月の経過とともに、有益なアドバイスだと思えない場面も増えてきている。

2人の話題はスポーツと医療ばかりで、レイチェルは父の内面をもっと知りたいと思っていた。母の存命中は母から父の気持ちを聞いていたが、父から直接聞いた経験はほとんどない。また、レイチェルが自分の話をしても、フィルは親の立場でアドバイスをするだけで、自分自身について話すことはあまりない。

前年に母が亡くなったので、レイチェルは2週間に一度は父を招いて、夫や子供たちと夕食を共にしたり、週末に一緒に出かけたりしていた。スケジュールが合えば、病院内で一緒に朝食や昼食を取ることもあった。

ある日、2人が病院のカフェテリアでいつも通り、冴えないランチメニューへの不満や職場の社内政治、互いの患者の状況などについておしゃべりをしていると、フィルがお決まりの質問を始めた。

「開業しているクリニックを拡大して、あの友達を共同経営者にしたらどうなんだい？」

レイチェルはお腹の奥底に以前にも感じた不快感を覚え、「またその話？」という言葉が頭に浮かんだ。1人で経営しているクリニックをこのタイミングで拡大し、長年の友人で同僚のナディアにも加わってもらうべきか、レイチェルは何カ月も考え続けていた。

「まだ考え中」と、彼女は言った。「前にも話したように、メリットも大きいけれど、デメリットもあるから」

「へえ。ナディアを巻き込めるチャンスを見逃すなんておかしいと思うぞ。彼女は素晴らしい医師だし、医学部時代からの友人だから、うまくやっていけるだろう。彼女みたいな人にはそう簡単には出会えない」

「彼女がいい医者かとか、うまくやっていけるかは関係ない。パパ、問題はもっと複雑なの」

「何がそんなに複雑なんだ？」

レイチェルは財政面や事業計画の問題をもう一度説明しようかと思ったが、黙っていることにした。フィルはレイチェルの答えを待ちながら、コーラを飲み、黙ってランチをつついている。

しばらくして、レイチェルはようやく言葉を絞り出した。「パパ、この話は前にも何度もしたから、本当にもう話したくない」

「心配いらない。考えすぎないで、やってみればいい」

フィルの言葉に、レイチェルは怒りが高まるのを感じた。自分の懸念が無視されたように感じたからだ。

レイチェルは自分自身にも腹を立てていた。フィルが意見——それも、強い意見を言いたがる仕事上の問題を、またも話題にしてしまったことに。同じような会話が何度も繰り返されてきた経緯を考えると、レイチェルは「ピンチ」を通り越して、心の底からの怒りを感じていた。「アドバイスは不要」というメッセージをフィルが受け入れてくれないことも、レイチェルの怒りのタネだった。これまでに何度も穏やかな口調で伝えてきたのに、フィルは同じ話を蒸し返す。

父は被害者意識をもちやすいタイプだから強くは言いたくないけれど、もう止めなければ。私は43歳よ！　なのに、18歳のときと変わらない会話をしている。変える方法はあるはず。私が真剣に取り組んでいる問題を父に単純化させたり、ふざけながら指図されるのはうんざり。もう黙っていられない。

ランチタイムも終わりに差しかかり、2人とも診察の時間が迫っている。レイチェルは父の言葉を受け流すことにした。「パパ、この話は意味がないから、もうおしまい」

フィルは傷ついた様子で、こう言った。「え？　助けてやろうと思っただけなのに」「助けにならない」。レイチェルはキレ気味にそう言った後、気持ちを落ち着かせて「今度の土曜日の午後、エマが新しいコーチと一緒にチーム練習をする。ランチに来て、一緒に練習を見学しない？」と誘った。

フィルは「いいね。土曜の昼に会おう」と安心した様子だ。2人は食器を片付けると、それぞれの職場へ戻っていった。

その日の午後、レイチェルの診察予約はいっぱいだったが、彼女の脳裏にはランチでの会話が渦巻いていた。

理解してもらえないのは腹立たしいが、私が期待しすぎなのかもしれない。パパはずっとそうやって生きてきた。「老犬に新しい芸は教えられない」という言葉もあることだし……。

友人のトミコに最近言われた言葉も思い浮かぶ。

「私も父と同じような問題をかかえている。フィルは68歳でしょう。何を期待するの？　彼は昔から人の話を聞かないところがあったし。私の場合は、父をそういう人だと思って受け入れたら、いい関係になれた。あなたも諦めて、フィルのアドバイスとうまく付き合うほうが楽になれると思う」

トミコの言うように、フィルにこの問題を真正面から理解してもらうのは諦めるべきかもしれない……。そう思っても、レイチェルの心は晴れない。

土曜日のランチの席。エマは元気いっぱいで、中学校のバスケットボールチームと新しいコーチについて話している。

「彼はどんなコーチだ？」とフィル。

「彼じゃなくて彼女よ、おじいちゃん」と、エマは答えた。「いいコーチだと思う。でも、他の女子たちが真面目に取り組まないからコーチは困っていて、まだ練習があまり進んでいない」

すると、フィルは眉をひそめた。「シーズンはすぐに終わる。もっと頑張らないと、エマ」

レイチェルはまたも、お腹が締めつけられる感覚を覚えた。「パパ、エマは頑張ってる！エマ、着替えてきなさい。すぐに出るから」

エマが部屋から出ていくと、フィルはレイチェルの方を向いて言った。「コーチのところに行って、今すぐチームを立て直せなければコーチ失格だと伝えてこい」

「パパ、いい加減にして。彼女は就任したばかりなの」

「いいか、早く伝えるほうがいい。お前のプレーを長年見ていたから、よくわかるんだ。このままではエマのバスケへの情熱が消えてしまう」

「やめて。私が母親失格みたいに言わないで。この間もパパの言葉で、パートナー選びも満足にできない医者失格のような気持ちにさせられた。すごく腹が立つ」

フィルは不意を突かれた様子で床を見つめ、しばらく言葉を失った後、弁解するように言った。「俺は助けてやりたいだけだ。お前にとって一番いい形になることだけを望んでいるし、怒らせるつもりもまったくない。お前が望むなら、今後一切口を挟まないよ」

「それでは解決にならない。口を挟んでほしくないわけじゃない。ただ、私の仕事についてのアドバイスの仕方が、今の私には合わないの。もう練習に向かう時間だけれど、また時間をつくって話し合いましょう。このままでは、どちらにとってもよくないから」

全員で車に乗り込むと、エマは楽しそうにおしゃべりを始めたが、レイチェルとフィルは黙ったまま。

フィルの反応を変えるには、どうしたらいいのだろう？　彼は本当に変われるの？

レイチェルの悩みは珍しい話ではない。同じ言動を何度も繰り返す人にうんざりした経験は誰にでもあるはずだ。部外者は「あの人はそういう人だから。あれが彼の性格だよ」などと言うが、そんなことはない。

性格と行動は似て非なるもの。性格は変えるのが極めて難しく、たとえば外交的な人はどんなに頑張っても内向的にはなれないが、「他の人たちが話しやすいように口をつぐむ」といった行動は変えることが可能だ。思いやりのなさや身勝手さが生まれつき遺伝子に組み込まれている人はいない。フィルがやたらとアドバイスをしたがるのは、彼のＤＮＡのせいだろうか？われわれは違うと考えている。

もちろん、長年の習慣を変えるのは簡単ではないが、絶対に変えられないと思うほど特定の行動が染みついているのなら、そうなった理由を探ってみる価値はあるだろう。長年アドバイスを繰り返してきたフィルの場合、「レイチェルの役に立った」という成功体験によって、その行動が助長されてきた。

さらに、医師という職業は日常的にアドバイスを提供する仕事で、そうするよう期待されてもいる。また、医療の世界では感情を封じ込めて理性的に振る舞うよう求められる。つまり、娘の前で感情を露にしないフィルの態度は、ある意味で自然なものだったのだ。

習慣化した行動を繰り返すフィルのような人に対して周囲が調子を合わせてあげると、その行動がさらに助長される。患者や看護師、インターンの医師たちが、アドバイスしたがるフィルの癖に不満を言ったり、もっとプライベートな話を打ち明けるよう要求するとは思えない。フィルの妻も、おそらくは親切心から「通訳者」となって父と娘の仲を取り持ってきたが、それが子供の前で感情を見せないフィルの態度を固定化させてきた。

アドバイスが得意な性質は医師としてのフィルにとっては強みの1つだが、やりすぎると（レイチェルに対してのように）弱みに変わる。

こうしたフィルの態度は後天的に身についたものだが、変えることはできないのだろうか。

キャロルの家族にも似たようなパターンが見られた。父は口数が少なく、彼の世代にありがちな強くて寡黙な男だった。息子のいない父にとって、キャロルはまさに息子代わりで、2人には競争好きで実利的で、衝動に突き動かされるタイプという共通項もあった。

父に親しみをいだいていたキャロルは、父とのさまざまな会話、特に戦争体験を語るときに弱い面を見せたことをよく覚えている。まだ聞いていない話があるはずだと思いながらも、キャロルは父にそれ以上尋ねることはなかったので、継母（キャロルの母が亡くなった後、父が晩年に再婚した）から、父がキャロルと妹の子育てにもっと関わればよかったと後悔していたと聞いたときには悲しみがこみ上げてきた。そんなふうに思っていたことを想像したこともなかったからだ。

自分が思い切って快適ゾーンから踏み出し、より親密な関係を追い求めていたら、どうなっていただろう。父について何を知り、父に自分の何を知ってもらえただろう。そして、父娘関係をどこまで深められただろうか――今になって、キャロルはそんなことを考えている。

「この人はそういう人で、これからも変わらない」と早急に決めつけてしまうと、相手の価値を見誤るかもしれない。必要なのは、問題行動の根底にある要素をすべて理解しようと努めることだ。

「もっと本音をさらけ出してほしい」というフィルへの願いは、些細な要望ではない。彼の行動パターンは強固な習慣となっており、変えるのは至難の業《わざ》だ。しかし、だからといってレイチェルがそう望んでいけないわけではないし、変わるはずがないと決めつけるべきでもない。フィルの行動は、スポーツをする際の「悪い癖」のように、単に深く染みついた習慣なのかもしれない。

たとえば、テニスのバックハンドが苦手な人が、ラケットを反対の手に持ち換えて常にフォアハンドで打っていたとしよう。コーチにバックハンドで打つよう指示されても、最初はうまくいかず、「フォアハンドで打てているのに、なぜバックハンドに変えなくてはいけないのか」と疑問に思う――フィルもそんな気持ちなのだろう。

父に深く染み込んだ行動パターンだとわかっていても、レイチェルの立場に立つと「なぜわからない？　どれだけ鈍いの？」と考え、すべてをフィルのせいにしたくなるものだ。だが、レイチェルのほうには責任はないのだろうか。

彼女は言葉や声色、非言語的なサインまで数々の手段で不満を伝え、父の問題行動を指摘したが、その際の態度は手厳しいもので、父への共感を示して詳しくフィードバックをしたとは言えない。これは時間の制約（病院でのランチと、バスケットボールの練習前というタイミング）のせいでもあっただろうが、同時にレイチェルの内面の葛藤の表れだったとも言える。
彼女はアドバイスを繰り返すフィルにいら立ちを募らせる一方で、絶対に父の気持ちを傷つけたくないという思いももっている。妻を亡くしたフィルのつらさを知っており、これ以上つらい思いをさせたくはないのだ。父のことは大好き。でも、父といるとイライラする。そんな思いを吐き出せずにいるため、混乱した不明瞭な感情が渦巻いている。

もう1つの障壁は、フィルがレイチェルからのお願いを「二度とアドバイスをするな」という意味で受けとめている点だ。しかし、他人に行動を変えてほしいと願っている場合も、たいていは極端な変化を望んでいるわけではない。たとえるなら、スピーカーの電源は切らなくていいから、ダイヤルを回して音量を少し下げてほしいという状態だ。

フィルのアドバイスが役立つ場面もあるだろうし、娘の力になりたいというフィルの本心をレイチェルが理解し、別の手段でその思いを叶える方法を示してあげることも可能である。要するに、レイチェルにはフィルが変われるようサポートする力があるのだ。

フィル＆レイチェル　パート2

バスケットボールの練習終了後、レイチェルはランチでの父との会話を思い出し、きちんと話し合わなければ今後の親子関係にひびが入りかねないと気づいた。フィルと率直に向き合ってこなかったと感じた彼女は、彼の行動が自分と親子関係にどう影響を与えているかを具体的に伝えようと決心した。

「次の週末にハイキングに出かけて話をしない？」と誘うと、フィルは状況がよくわからないながらも誘いに応じた。そして迎えた土曜日、2人はトレイルの入り口で待ち合わせて歩き始めた。レイチェルがこう切り出した。

「歩きながら話そうという誘いに乗ってくれてありがとう、パパ。こういうのは好きじゃないでしょう？　だから感謝してる」

フィルが無言で肩をすぼめると、レイチェルはこう付け加えた。「私もこういうのは苦手」

「何が苦手なんだ？　はっきり言ってくれ」

「私の話でパパを傷つけてしまうかもしれない。でも話さないと、私たちの関係がおかしくなる」

「どうした？　メロドラマみたいだな。何が言いたい？」

「パパからアドバイスされるたびに腹が立つ。そのことを何度伝えても、パパはやめようとしない。どうしたらいいのか見当がつかないし、このまま放っておいたら、もっと深刻な問題になる」

「どんな問題だ？」。フィルは立ち止まって尋ねた。

レイチェルの顔に「信じられない」という表情が浮かぶ。

「本気？　どんな会話も最後はパパのアドバイスで終わるのが耐えられないって言っているの。しかも、アドバイスが役に立っていないと伝えても、それを無視して、さらに押し付けてくる。

それ以上に嫌なのは、私が何度指摘しても、それが問題だと理解してくれないこと！」

フィルはひどく傷ついた様子だ。「アドバイスするのをやめろと？　別の人格になれ、それができなければ親子関係が崩壊すると？　俺は悪い父親だな」

歩き続けながら、レイチェルの目に涙が浮かぶ。フィルも無言だ。トミコの言う通りかもしれない。レイチェルはそう思ったが、しばらくして立ち止まった。フィルも足を止める。レイチェルは、もう一度トライしてみることにした。

「違う。悪い父親じゃない。でも今みたいな反応をされると、腹が立って仕方がない。そんなふうに自虐的になるから、肝心の問題について話し合えない。アドバイスそのものよりも、そのほうが大きな問題だわ」

いたたまれない雰囲気のなか、2人は黙って歩き続け、ようやくレイチェルが口を開いた。

「この状態を脱する方法について話し合わないと。性格を変えてほしいと頼んでいるんじゃない。問題はパパの行動であって、行動は自分でコントロールできるものだから」

フィードバックが行き詰まったら

レイチェルには2つの目的があった。1つ目は引き下がらないこと。2つ目はアドバイスをしたがるフィルの癖と、その癖について話し合おうとしたときの反応について、フィルに効果的なフィードバックをすることだ。

口で言うほど簡単なことではない。ハイキングでのやり取りで、レイチェルはこれまでよりずっと率直に気持ちを伝えたが、効果はいまいちだった。フィルの反応にいら立ちが一層募り、その時点で諦める、あるいは怒りを爆発させる道も十分にあり得た。

ベンとリアム、エレーナとサンジェイの間でフィードバックがうまく機能したのは、フィードバックをする側とされる側の双方が、問題解決に向けて話し合う共同責任を負っているという感覚を共有したからだ。

今回のエピソードでは、レイチェルは自分のコート内にとどまっているが、フィルにはそもそもボールを打つ気がなく、レイチェルがプレーを続けにくくなるような反応ばかり返した。フィルは傷ついた雰囲気を醸し出し、ほとんど何も語らない。また、「じっくり話し合えない」という論点を避け、アドバイスしたがる話に話題を戻してしまった。

フィルのような振る舞いによって、相手との間に「壁」を作る行為は珍しくない。それ以外にも、フィードバックを受けた際に「壁」を作る言動には、次に挙げるようなパターンがある（8章で自己防衛的な反応を論じた際に紹介したものも含まれている）。

- 否定する
  「いや、そんなことはしていない。君の想像だろう」
- 弁解する

「そんなことはめったにしない。今回は例外だし、そもそも他の人たちもやっている」

- 説明する／言い訳をする
「これをしたのは……という理由のためだ」「私が……をしたのは、あなたが……したせいだ」

- 仕返しをする
「あなただってひどいことをしている。たとえば……」

- 相手を責める
「あなたの問題提起の仕方が悪かった」「こうなったのは、あなたの対処法がまずかったからだ」

- 相手をけなす
「あなたに失望した」「あなたなら、もっとちゃんとやってくれると思ったのに」

- 問題提起の理由を疑問視する
「自分が優位に立ちたいから、こんなことを言い出したんだろう？」

相手がこのような言動で「壁」を作った場合、その人にこちらのメッセージは届いていない。こうした反応をされると、フィードバックをした側は思わず引いてしまったり（レイチェルも話をやめようと思った）、それ以降のフィードバックを控えてしまいがちだ。

こうした反応が出るのも無理はないと思える場合もあるが、問題なのは常にこうした反応に頼り、フィードバックを受け入れようとしないケースである。そんなときはフィードバックを諦めたり、さらに強く押すのではなく、一時的にフィードバックの焦点をずらすのも一案だ。

サムという名の従業員に問題があるとしよう。彼には「やります」と答えたのに、最後までやり通せないという傾向があるが、その点を指摘されても言い訳ばかり。この癖のせいで、サムには忠告が届かず、あなたもわざわざ注意しようという情熱を失っている。

こんなときは、フィードバックの焦点を「言い訳のパターン」に移してみてはどうか。「サム、あなたには仕事を最後までやり切らないことを指摘されるたびに言い訳をする癖があって、すごく気になっている」

そう指摘しても、サムがまた言い訳をしたら？　言い訳の無限ループに腹が立つだろうが、これは絶好のチャンスだ。「まさにそのことを言っているの！」と、その場で指摘できるのだから。

レイチェルの直面した状況も、これに似ている。アドバイス癖について何度話をしてもフィルには通じず、受け流されるだけ……。根底には、協調して問題解決に取り組めないという課題があり、それこそがレイチェルが提起すべきテーマだ。

フィル＆レイチェル　パート3

「パパ、何か言って」と、レイチェルは懇願した。

「話すことは特にない」

レイチェルは静かに泣き始めた。「そんなはずはない。いろいろなことを感じているはずだし、それを聞きたい。私も自分の気持ちを遠慮せずに伝えたいから」

フィルは長い間黙り込んで、娘の言葉を理解しようとしていたが、その後も口を開かない。

レイチェルは続けた。

「もう一回試してみる。どうしてもわかってほしいから。パパを愛していなければ、パパとの関係を大事に思っていなければ、こんなことはしない。あそこの平らな岩に座って、もう少し話していい？」

フィルは足を止めてうなずくと、谷を見下ろす巨大な岩に向かう娘の後をついていった。午後の日差しが木々の間から降り注いでいる。

「お願い、パパ。これは私にはとても大切なことで、きっと2人にとっても大切なことだと思う」

「わかったよ。俺のアドバイスの何がそんなに気に障るのか、もう一度話してくれ」

「パパ、アドバイスをしたがる癖は大きな問題じゃない」

「どういうことだ？　アドバイスをしたがる俺の癖について話そうと言っているのに、お前は話したくないと言う。俺にどうしてほしいんだ？」

このまま話を続けるべきか、レイチェルはためらいを感じた。いつもなら「もういい」と言ってハイキングに戻るところだが、レイチェルは自分のそうした態度も問題の一部だと気づいたのだ。今言わなければ、もう言えなくなる。

「もっと大きくて深い問題は、私がパパに何かを指摘したり、気になっていることを伝えたときに、話を聞いてもらえない、意見を認めてもらえないと感じること」

フィルは黙ったまま、眼下に広がる谷を見下ろしていた。

「パパ、こういう話をするのはつらい。反応してくれないと、もっとつらくなる」

フィルはややいら立った様子で「一体何の話だ？」と言った。

「アドバイスをしたがる癖について話し合おうとしてくれることには感謝している。本当に。もちろん、その話もしたいけれど、パパが気づいていない、もっと大きな問題もある。今のこの会話のパターンがまさにそれ。話を聞いてもらえないと感じるし、馬鹿にされている気がする」。レイチェルは父の肩に腕を回した。「パパ、わかって。パパを愛しているから、これはとても大切な話なの」

フィルは居心地が悪い様子ながらも、態度を軟化させた。「なるほど、もっと話を聞いてほしいということはわかってきた。俺は聞いているつもりだが」

「そうね。でも問題は、パパが私の話を聞いているか、ではなくて、私が話を聞いてもらえたと感じるか。この2つはまったく違う」

「ほー、そんなふうには考えたことがなかった。となると、お前に『話を聞いているよ』と言えばいいのか？　それならできる」

「それも有り難いけど、それだけじゃない。パパは本当に私の話を理解しようとしている？先週も、いら立ちを感じていると何回も伝えたのに、聞いたことを認めなかったし、私を心配することも、私の状況を尋ねることもなかった。互いを理解し合う気持ちがなければ、この問題は乗り越えられない」

「だから、解決策を提案しているんだが。それがお前を理解し、心配していることを示す俺なりの方法だ」

「パパ、解決策は必要ない。パパが私を、私がパパを理解しようと努力すれば、解決策は自然に見えてくる」

「俺には難しいな」と、フィルは言った。「質問するより、答えを出すほうが慣れている。質問はママの得意分野だった」

長い沈黙の後、彼は続けた。「でも、お前の言いたいこともわかる気がするよ」

レイチェルの顔に笑みが浮かんだ。「今初めて、話を聞いてもらえたと感じたわ」

2人は再び歩き始め、話題はフィルのアドバイス癖へ。レイチェルは、フィルが答えを言わないよう我慢しているのを感じた。レイチェルが不快感を覚える理由を本気で理解しようと努力しているようだ。

ここで、ベックハードの公式「R＜D×V×F」に立ち返ろう。レイチェルは父に、娘が嫌がる言動の代償（D＝不満）を理解させ、状況を改善させる方法（V＝ビジョン）に気づく手助けをし、そのためにすべきこと（F＝第一のステップ）を教えた。この3つが重なった結果、フィルは「R＝変化への抵抗」を乗り越えたのだ。

気持ちが通じ合う

レイチェルがフィルに望むのは、アドバイス癖の弊害を理解し、大切な話をしたときに、これまでと異なる反応をしてほしいということだ。決して「何も話すな」と言いたいわけではない。また彼女は、われわれが「気持ちが通じ合う感覚」と呼ぶ状態も望んでいた。行き詰まりを感じたときや、対立して感情が昂り、互いに相手を理解しがたいと思っているときには特に、この感覚が大きな意味をもつ。

「気持ちが通じ合う感覚」には2つの側面がある。1つは相手がどう感じるべきか、もう1つはあなたがどう行動するべきかという側面だ。

他者と気持ちが通じ合ったとき、人は自分の言葉が100％、相手の耳に届き、理解され、受け入れられており、良し悪しを判断されることはないという感覚を覚える。そのためには言葉に表れないものにも耳を澄まし、根底にある意味まで聞き取ろうとすることが必要だ。レイチェルがフィルの反応からそうした感覚を得られたのは、最後の最後になってからだ。

気持ちが通じ合ったと感じるためには、何もフィルがレイチェルの意見に完全に同意したり、彼女の要求を「正当だ」と思わなくても構わない。彼がすべきだった（そして、最後にようやくした）のは、レイチェルがどう感じているか、そして、なぜそう感じるのかを「彼女の視点」に立って理解しようとすることを伝えることだった。

「気持ちが通じ合っている」と相手に感じてもらうために、あなたにできる行動にはさまざまな形がある。たとえば……

- 相手の話を理解していることが伝わるような能動的な聞き方をする。視線を合わせる、うなずくといった非言語的な要素も大切。相手の話をしっかり聞いていると、いい意味で会話の進展が遅くなる。自分の気持ちをぶつけるのではなく、相手が感情に浸る余地をたっぷり与えてあげることがカギだ。
- 相手の言葉を言い換える。聞いた内容を繰り返す方法は、話を聞いていたことを伝えられる効果的な話術。自分の理解が正しいかどうかも確認できる。
- 共感を示す。「それは最悪だね」といった共感の言葉のほか、そばにいて能動的に話を聞くだけでも効果的だ。あなたが別の感情をいだいている場合は、一時的にその感情を脇に置く必要がある場合も。

- 気遣いを伝える。ここでも、言葉だけでなく非言語的コミュニケーションが重要。レイチェルが父親の肩に腕を回したのも、その1つだ。
- 判断を保留し、相手に関心をもつ。オープン・クエスチョンの質問を活用して、本気で相手を理解しようと努力する。

これらの手法すべてを一度に使うことはないだろうが、「気持ちが通じ合う」ためには複数の方法を組み合わせるのが効果的だ。相手としっかり向き合っていれば、どの方法が適切かを感じ取れるはずだ。ときには、心を込めて「本当にひどいね」と言うだけで十分な場合も。レイチェルも、父親が彼女の言葉を理解しようと努力し、「でも、お前の言いたいこともわかる気がするよ」と答えてくれたことで、気持ちが通じた感覚を味わえた。

自分が感情的になっているときに、「自分の感情をいったん脇に置いて、相手の言葉に耳を澄ませ」と言われても困るかもしれない。そんなときは「この場であなたの気持ちに寄り添うのは無理だから、気持ちが落ち着いてからもう一度話そう」と伝えよう。

気持ちが通じ合えば意見の違いや衝突を避けられる、というわけではない。気持ちを通わせる行為は、感情が昂っている相手に対処する方法の1つにすぎないが、同時に、極めて個人的なレベルで相手とつながれる方法でもある。

少しずつ、一歩ずつ

大変な忍耐を要したが、レイチェルは劇的な進歩を成し遂げた。「父は話を聞いてくれない人だ」と結論づけて関係改善を諦めるほうがずっと楽だっただろうが、「俺には難しいな」と認めたフィルの一言がきっかけとなって、レイチェルは「自分は父に重大な行動変容を求めている」と気づいたのだ。

もちろん、たった一度の対話で、体に深く染み込んだ習慣的な行動が完全に変わることはまずないが、少なくともスタートは切れた。フィルはレイチェルの苦悩を理解し、新たなコミュニケーションスキルを学んだ。元の行動パターンに逆戻りするのはほぼ確実だが、大切なのはレイチェルが諦めないこと。人は往々にして、「褒めて伸ばす」の効能を忘れ、相手の悪い面ばかりに注目してしまうものだが、「二歩進んだら、一歩下がる」の精神で、相手の前進を認めてあげる姿勢がカギを握る。

一直線に進むのが近道とは限らない。最初はある話題から話し合いが始まっても、やがてそれ以外の、より重要な問題が浮かび上がってくる。そんなときは一休みして、冷却期間を置こう。乗り越えるべき「壁」はないだろうか。レイチェルが父とのハイキングで試みたように、当初の話題をいったん脇に置き、2人の対話の進め方に注目してみよう。自分の感情に目を向け、その思いそのものを論じるのだ。

深層に潜んでいた問題が解消されれば、目の前の課題だけでなく、将来浮上する課題の解決にも役立つ。その結果、2人の関係は一層深く、強固なものになるだろう。

学びを深めるために

振り返る

1 まずレイチェルの立場に立ってみる

父親にいら立ってはいるものの、父を傷つけたくはない。あなたなら、そんな状況にどう対処するか。諦める？ レイチェルが試したアプローチのうち、あなたも試してみたいものはあるか。

次にフィルの立場に立ってみる

娘との関係を大切に思い、近しい距離を保ちたいと願っている。レイチェルとの交流にも不満はなく、娘の要望を理解しがたいと思っている。あなたなら、そんな状況にどう対処するか。どんな行動を取り、どんな言葉をかけるか。

2　昔はうまくいったのに
特に大切な人間関係、あるいはそれ以外の人間関係において、相手を大切に思っているのに、関係が行き詰まってしまった経験はないだろうか。

3　あなたの果たした役割
レイチェルがしたように、相手の行動変容につながりにくい言動をしてしまった可能性はないだろうか。たとえば……

- 「この人はそういう人だから。そういう性格だから」と決めつける
- フィードバックが不明瞭
- 行動を変えるのは簡単だと決めつける
- 我慢強く向き合えない
- 「D（不満）×V（ビジョン）×F（第一のステップ）」の値を高めようとしない
- 相手の希望を考慮せず、自分に都合のいい変化を望む

実践する

「振り返る」での考察を踏まえて、その人との関係を互いにプラスとなる方向に変えられるよう、相手と話し合おう。

理解する

うまくいっただろうか。自分自身について、相手への影響について学んだことは？

もっとこうすればよかったという反省点はあるだろうか。

10

「感情の手綱を握る」ために

ミア＆アニヤ　長年の友人　パート1

親やパートナー、友人、子供と素敵なディナーを楽しんでいたのに、どういうわけかいきなり非難合戦が始まってしまった――そんな経験はないだろうか。何気ない言葉への反論が、やがて相手を責める言葉になり、事態は悪化する一方。突然、それぞれが勝手な主張を始め、過去の古傷がえぐられ、しかもなぜこんな事態になったのか見当がつかない……。まるで、気づかないうちにたまっていた蒸気が膨張し、手に負えなくなって大爆発したかのように。

すべてのケースに通用する特効薬はないが、こうした場面では「感情マネジメントの失敗」が大きな役割を果たした可能性が高い。「感情マネジメントの失敗」が意味するものは多種多様だ。ある感情を爆発するまで抑え込んでいる場合もあれば、さまざまな思いをかかえていることに気づかないほど感情が麻痺している状態もある。

これまでの章で、感情を抑え込むことにつながる数々の要因を取り上げてきた。この章では、それがどんな代償を伴うのか、また、そうした行為が感情の爆発につながるだけでなく、互いの立場を固定してしまうリスクがあることを示していく。自分の感情への理解が深まるほど感情に振り回されにくくなり、さらに、前向きな形で気持ちを表現できる手段も増えていく。

ミア＆アニヤ　パート1

大学時代にルームメートとして出会ったアニヤとミアは、恋愛から仕事まで何でも打ち明けられる仲だ。親密で信頼し合える2人の関係は、別々に暮らすようになった大学卒業後も続き、定期的に電話で話したり家を訪問し合ったりしている。互いの結婚式にも出席し、子育て期のさまざまな浮き沈みも共有してきた。

あるとき、ミアと夫のジェイクが、アニヤと夫のクリストファーが暮らすフィラデルフィアに転居してくることになった。これからは夫婦4人で交流できると思ったが、夫同士はあまり仲がいいとは言えない。2人は定期的に夕食を共にしようと試みたが、互いに子供とフルタイムの仕事をかかえており、頻繁には会えない状態が続いていた。

一緒に過ごす時間は楽しいものの、以前のような親しさは消え、それについて話し合うわけでもないまま、相手に話さないことも増えてきた。私には夫のジェイクや他の友人もいると、ミアは思った。若い頃はアニヤとの親密な関係が必要だったけれど、今はそうでもないのかもしれない。子育てにも時間を取られるし。あるいはアニヤとクリストファーは、ジェイクと私のほうが暮らし向きがいいことに納得がいかないのかも。

ミアはあれこれ考えるのをやめて、次のアニヤとのディナーを楽しみにしていた。

お気に入りのフレンチビストロを訪れた2人は、いつも通り近況報告をしながらディナーを楽しんでいる。食事が終わりに差しかかる頃、アニヤが愚痴をこぼし始めた。「いつも疲れてる。時間が全然足りなくて、睡眠と運動をどれだけ減らしても、うまく回る気がしない」

ミアもうなずく。「まったく同感。私も毎日が綱渡りよ。仕事の昇進、子供たち、新居の建設。毎日あと5時間はほしい！」

ミアに悪意がないことはわかっていても、アニヤは小さないら立ちを覚えた。「そうね、あなたも忙しいわね。でも、あなたの場合はいいことが重なった結果でしょう？　私は仕事では同じところをグルグル回っているだけだし、子供と一緒にいても、自分が悪い母親みたいに思えて反省してばかり」

「どうしちゃったの？　あなたは素晴らしい母親よ」

「ありがとう。でも、そうは思えない。先週もエバンの遠足に付き添うはずだったのに、キャンセルした。ぎりぎりのタイミングで上司から報告書の修正を指示されてしまって。エバンはすごくがっかりしていた」。アニヤの目に涙が浮かぶ。「ごめん。どうして気持ちが昂ぶるのかしら。多分疲れているのね。あるいは、自分がどれほどダメージを受けているのか気づいていなかったのかも」

「そろそろ新しい仕事を探すタイミングかもね」

「何が言いたいの？」

「ずいぶん前から仕事への不満を聞いていたから、何か新しいことを探すタイミングみたいだなと思っただけ」と、ミアは答えた。

アニヤは失望といら立ちを覚えた。「あなたにとっては簡単なことよね、ミア。あなたの人生はすべてがうまく回ってる。それに、我が家には私の収入が必要で、今の仕事は給料がいいの」

その後は2人とも無言。デザートの注文を取りに来たウェイターに「結構です」と伝えるまで、沈黙が続いた。

「あなたを助けたいだけなのに、私が何を言っても怒らせてしまうみたいね。アニヤ、どうしてそんなに神経質な反応をするの？」

「相手の状況に神経質になれるほうがいい場合もある」

「どういう意味？」

アニヤは深くため息をついた。「あのね、私は疲れているの。個人的な話を打ち明けたのに、あなたは『新しい仕事を探せ』と言うだけ。親切心から言っているのは知っているけれど、私のつらさをわかってもらえないみたい」

アニヤは、ミアと話したことで一段と不安が募った経験がたびたびあったことを思い出した。ミアは自分は何でも知っていると思っているタイプだ。ミアには、うまくいかないことなんてないんじゃない？　と、アニヤは思った。

「よくそんなことが言えるわね。あなたのつらさはよくわかってる！」。ミアも言い返す。「私がわかってないなんて、どうしてそんなことを？」

「そう思ったんだから仕方がないじゃない」と、アニヤは答えた。「それに、昇進と新居建設の話を聞くのもつらかった。あなたの幸せを願っているから、こんなことを言うべきじゃないのに……」

「つまり、私は自分の話をせずに、あなたの話を聞くべきだと？　えー、地雷原みたい。何の話ならあなたの気に障らないのか、見当がつかない」

いつものことながら、アニヤは神経質すぎる、とミアは思った。彼女との会話は卵の殻の上を歩いているみたい。

「今夜はもう終わりにしましょう」と、ミア。

アニヤも自分の食事代を出しながら、諦め口調で「賛成」と返した。

「あーあ、ジェイクと子供たちと離れて、素敵な夜だったこと」。駐車場に向かいながら、ミアが皮肉っぽく言った。

「遅くなったわ」と、アニヤ。「ここに着いたとき以上に疲れている。もう帰りたい。じゃあね」

「私も」とミア。

2人は相手への怒りと憤りを胸に、それぞれの車に乗り込んだ。

蒸気を解き放つ――何が起きたのか

一言でまとめると、ミアとアニヤの会話は、これまでの章で指摘してきた法則にことごとく反している。

1 「ピンチ」を積み上げてしまう

2人それぞれに、いくつもの問題行動があった。アニヤはミアが個人的な悩みをほとんど話さないことが不満で、自分の悩みを打ち明けたときにも共感してもらえなかったと感じている。ミアは共感の代わりにアドバイスを提供したが、アニヤの目には、それもミアが自分を理解してくれない証に思えてしまう。また、ミアの仕事上の成功と裕福さにも、アニヤは嫉妬を感じている。

一方のミアも、心の中に「ピンチ」を抑え込んでいた。仕事の愚痴を言い続けながらも、なんの対応策も取ろうとしない（ように見える）うえに、被害者意識の強いアニヤにうんざりしていたのだ。助けになりたいと思ったが、アニヤの神経質すぎる面には腹が立つ。仕事や新居の話ももっとしたいのに、アニヤの妬みを察知して我慢している。

どれも一つひとつは大した問題ではなく、それだけに2人ともこれまでは口にしなかったのだろう。早い段階で話し合っておけば、より円満に解決できたかもしれないが、長い時間をかけて不満が積み上がった結果、壊滅的な事態に至ってしまったのだ。

2　自分の気持ちを表現しない

どちらも「感じたこと」を言葉にしているように見えるが、実際には「〜みたいに思う・感じる（I feel like）」を多用し、感情ではなく自分の解釈を伝えている。また、声のトーンや語彙の選び方にも、言葉にしていない感情がにじみ出ている。

3　責任を擦《なす》り付け合う

帰宅した2人が夫に「ディナーはどうだった？」と聞かれたら、どちらも自分は真っ当な方法でコミュニケーションを取ろうとしたのに、相手の対応が不適切だったと話すだろう。アニヤが「私のつらさをわかってもらえないみたい」「あなたの人生はすべてがうまく回ってる」という言葉をミアにぶつけたとき、言葉にされていない数々の感情が浮かび上がってミアを攻撃した。これを皮切りに、2人とも自分が正しいと信じ、相手を批判するようになる。「どうしてそんなに神経質な反応をするの？」というミアの言葉は、実は質問ではなく糾弾だ。

責任の擦り付け合いは非生産的で、反省にはつながらず、根底にある原因を解き明かすことも、ましてや問題解決を目指すこともできない。相手を締め出し、自己防衛の気持ちを生み出し、往々にして非難合戦に陥ってしまう。

4　相手の言い分を理解しようとしない

どちらも自分が正しく、相手がおかしいと信じているため、相手の言動の背景にある理由もわかったつもりになって、真相を探ろうというインセンティブが働かない。有意義な話し合いができるタイミングがあったとすれば、アニヤが息子の遠足をキャンセルした話をして涙を浮かべたときだ。この時点でミアが共感を示しながらアニヤの気持ちに寄り添い、「心配だわ。どうしたの？」と言っていたら、会話の流れは変わったはずだ。

しかし、ミアが選んだのは、「そろそろ新しい仕事を探すタイミングかもね」という理性的な解決策の提案だった。そのため、アニヤは心を閉ざし、自分の弱さを一段と痛感した。その意味では、ミアのせいでチャンスが失われたのだが、ミアはアニヤへのいら立ちが募っていたために、本来なら親友に示して当然の共感を示すことができなかった。

会話が進むにつれて、どちらも自分が正しいという確信を強めて自己防衛に走ったため、相手の状況に関心をもつのがますます困難になった。途中でアニヤが「何が言いたいの？」、ミアが「どういう意味？」という質問を発したが、どちらも相手への関心とは異質の攻撃的なニュアンスだった。

ディナーがあのタイミングでお開きになったのは幸運だった。2人とも感情をコントロールする余裕がなく、二度と修復不可能なレベルにまで対立がエスカレートする可能性もあったからだ。

われわれが「自分の感情の手綱を自分で握りなさい。そうしないと、感情に手綱を握られてしまう」と強く訴えるのは、このためだ。この「感情の手綱を握る」とは、ミアとアニヤのように気持ちを封じ込めるという意味ではなく、むしろ前向きな形で、気持ちを「表現する」ことを指している。

感情を認識し、その手綱を握る

今から55年近く前、デービッドがスタンフォードでTグループの指導を始めた頃は、学生たちに感情を尋ねると、「わかりません」という返事がよく返ってきた。その後、ＥＱなど感情面の研究などが進み、感情表現が社会的に許容されるようになるにつれて、そうした反応はめっきり少なくなったが、自分や相手の気持ちに注目する前に、まずは頭で考え、論理的に理解しようとする傾向は変わっていない。

この習慣を変えるのは至難の業だ。この分野で何十年も活動してきたわれわれでさえ、あえて立ち止まって「自分はいったい、どんな気持ちなんだ？」と自問しなければならない場面がある。

キャロルは幼い頃から感情を押し殺し、麻痺させてきた。母がひどい癇癪《かんしゃく》もちで、一番古い記憶といえば、わめき、叫び、大きな音を立ててドアを閉める母に見つからないよう家の隅に隠れていた記憶だ。キャロルにとって「怒り」とは感じるべきでない悪い感情であり、心の底から恐れる存在なので、自分が怒っていることを認識し、それを適切に表現する方法を身につけるのに大変苦労した。

著名な心理学者ブレネー・ブラウンが指摘したように、人は特定の感情のみを選んで麻痺させることはできない。つまり、怒りや悲しみ、恐れの感情を麻痺させたら、感謝の心や愛、喜びも感じられなくなる。

職場は感情表現に適した環境ではない。企業は何十年にもわたって、職場環境から感情を排することの重要さを強調してきた。

1975年、キャロルはフォーチュン500のある企業に事務職以外では初の女性として採用されたが、そこで最初に学んだのは「(特にあの時代の女性が)仕事で成功を収めたければ、男性と同じように――つまり攻撃的で、強くて大胆で、何よりも理性的で冷静に――振る舞うべき」ということだった。感情の入り込む余地はない。キャロルはうまくこなして成果を挙げたが、昇進し、他の会社に転職し、上級管理職になるにつれて、彼女の理性的なスタイルに限界が見え始めた。

5000万ドル規模の営業マーケティング部門を動かしていたキャロルがある日、社外に場所を移して行われたチーム会議で「力を合わせて目標を達成しよう」と熱く語っていると、思わずこみ上げてくるものがあった。すると、全員が驚いて沈黙した。部下の管理職の男性(ちなみに参加者は全員が男性だった)が「ワオ、あなたも人間なんですね」と言うと、キャロルは大声を上げて泣き出した。「私を人間じゃないと思っていたの?」

キャロルはその日予定されていた議題をすべて取り消し、この問題について話し合うことが最優先課題だと宣言。その後の話し合いは、彼女のキャリアのなかでも最も誠実で、心のこもった有益な内容だった。

キャロルがありのままの自分の姿や大切にしている価値観を伝え、部下たちもそれぞれ、自分の本音や大事に思っているものについて語った。希望、悲しみ、プライド、失望、挫折、気遣い……。すべてがあふれ出し、参加者は皆、自分の半分――それも、重要なほうの半分――をこれまでどこかに置き忘れていたことに気づいたのだ。話せば話すほど、互いを深く知ることができた瞬間だった。

この社外会議の後、チームは破竹の勢いで進化を遂げた。当時の7人の部下たちは今もキャロルを慕っている。ただ、仮にキャロルへの信頼が確立されていない転職1年目にこの会議が行われていたとしたら、これほどの成果は見込めなかっただろう。

職場以外の場でも、感情はないがしろにされがちだ。大半の教育システムは論理と理性を重視しているし、私たちは幼い頃から気持ちを抑えるよう教えられて育つ。「否定的なことを言われても傷ついちゃダメ。相手はあなたのためにに言ってくれるのだから」「弟は赤ちゃんなんだから、怒らないで（自分に集まっていた注目を弟にすべて奪われたのに）」。こうした「～してはいけない」という制約のせいで、人は自身の気持ちを認識できなくなりがちだ。

愛情に満ちあふれた親でさえ、感情を否定すべきというシグナルを子供に送ってしまうことはある。デービッドが4歳の息子ジェフリーと一緒に近所の公園に行ったときのこと。ジェフリーが滑り台を滑り降りたところで後頭部を打ち、泣き出した。

デービッドは駆け寄って息子を抱きかかえると「痛くないよ」と言ったが、すぐに反撃された。涙が止まらないジェフリーから、「僕の痛みがどうしてわかるの？　わかるのは僕だけだよ」と言われたのだ。デービッドは意識的にジェフリーの感情を否定したわけではなかったが、「痛かったね。かわいそうに」というような表現のほうが正確で、かつジェフリーの支えにもなったはずだ。

人間には感情を表現した場合でも、その強さを控えめに伝える傾向もある。「非常に穏やか」から「極めて激しい」まで10段階の目盛りをつけたスケールを使って感情の大きさを尋ねると、多くの場合、人が自分の感情に気づき、それを申告するのは7の目盛りを過ぎてからだ。低い数値の感情はともかく、中間レベルの感情も本当に表現しなくていいのだろうか。

Tグループでも、受講生が「今の発言に少し怒りを感じました」と言うことがあるが、そんなとき、われわれは親指と人差し指で数ミリの隙間を作って、「本当に少しだけ？」と冗談っぽく尋ねる。すると、学生はたいてい「実は違います」と笑い出し、それがきっかけとなって、より正確で実のある議論が始まるのだ。

肉体的な反応（胃が締め付けられる、鼓動が変化する、首のあたりがぞくっとする、喉が苦しい、手のひらに汗をかくなど）は、感情の重要な手がかりだ。体の変化への気づきがきっかけとなって、麻痺していた感覚を脱し、事態の深刻さを認識できるケースもある。

体が発するサインを無視すると、健康状態や幸福度、人間関係にまで悪影響が及ぶことが数々の研究で明らかになっているが、それでも無視してしまう場合も少なくない。また、声のきつさや軽蔑した表情といった形で感情が「漏れ出す」こともあり、ミアとアニヤの場合のように話が一段とこじれる結果につながりやすい。ただし、白熱した議論の最中には、両者とも自分の感情を完全には理解できていない場合がほとんどだ。

ミアとアニヤがすべきだったこと

レストランでのミアとアニヤは、難しい局面に立たされていた。公共の場で、互いに疲れ切り、さまざまな感情が積み上がっていく……。ディナーを切り上げてダメージを最小限にとどめたのは賢明な判断だったが、そうは言っても、会話の早い段階で別の展開を選べていれば、より多くの選択肢が手元に残ったはずだ。

ミアが「あなたを助けたいだけなのに、私が何を言っても怒らせてしまうみたいね。どうしてそんなに神経質な反応をするの?」と言った場面に立ち返ってみよう。この場面で、少なくとも3つの有効な対応策があり得た。いずれの場合も、カギとなるのは7章で示した対人関係のサイクルに則り、自分にとっての現実にとどまる、つまり、自分のコートから外に踏み出さないことだ。

オプション1　自分の感情を率直に伝える

ミアの言葉に対し、アニヤが「ミア、私は傷ついた。さっきの発言だけでなく、この会話にも」と自分の気持ちを率直に打ち明けていたらどうなっただろうか。

自分の内面をさらけ出すことで「壁」を壊せる可能性が開けるのは確かだが、すでに追い込まれ、しかも「神経質すぎる」と批判された直後のアニヤにそれを求めるのは酷な話だ。それでも、もしアニヤが胸の痛みを打ち明けていれば、ミアもそれに倣《なら》い、「ごめんね。あなたを傷つけたくない。私はどうしたらいい？」と共感と謝罪の気持ちを伝えられたかもしれない。

とはいえ、自分の感情を素直に言葉にして目詰まりを解消する役割には、ミアのほうが適任だろう。たとえばミアが「私、ひどいことを言ったわ。ごめんなさい」、または「今日の私の対応の仕方を申し訳なく思っている。あなたのつらい話を聞くのが苦しかった。私だって、すべてがバラ色というわけじゃない」と反省を示すシナリオもあり得る。

素晴らしい展開だが、このシナリオに現実味はあるだろうか。ミアがアニヤの愚痴に不満を募らせていた状況を踏まえると、アニヤを責めた直後に態度を１８０度転換させる可能性は高いとは言えない。ミアが共感や謝罪の思いを口にするのを期待するのは、おそらく難しいだろう。

だが、怒りの感情を唐突に思いやりに切り替えなくとも、互いの気持ちを共有する方法は存在する。先の章でも、怒りは二次的な感情で、通常はその根底により不安定な感情があると指摘したが、２人のどちらかがそれに気づいていれば、立ち止まって「なぜ私はこれほど怒っているのだろう？」「怒りの原因は何？」と自問できる。そして、「私がこれほどの怒りを感じるのは、こんな気持ち〔傷ついた／無視されたと感じる／無力感を覚えている〕をかかえているからだ」と伝えられるかもしれない。

こんな感じで気持ちをオープンに伝えることが、対立の激化を食い止める最短の近道だ。ただし、衝突の渦中でこれを実行するのは難しいのも事実で、オプション1は理屈のうえでは可能だが、ハードルの高い選択肢だろう。

オプション2　エゴの罠に気づいて乗り越える

険悪な状況に陥ったミアとアニヤは、本来避けられたはずの複数の「エゴの罠」にはまってしまった。相手が先に謝るまで謝ろうとしない、傷ついたと認めるのは弱さのサインだと考える、相手を悪者扱いしないと自尊心を保てない……。

誤ったプライドは人の立場を固定し、その後の展開を自分でコントロールできなくなるリスクにつながるが、多くの場合、それを避けるには自らのエゴがこの状況に影響を与えたと自覚するだけで十分である。誤ったプライドの影響を認めるだけなら、オプション1よりも簡単だ。ミアとアニヤのどちらかが、そうした罠の存在や、独善につながりやすい態度を自覚できればよかったのだが。

オプション3　現状を把握し、将来に焦点を当てる

以前にも論じたように、人間関係が行き詰まったら、いったん立ち止まって「この状況を脱するために、自分たちに何ができるか」と問いかけるのも1つの手だ。ミアとアニヤのどちらかがそう問いかけ、非難合戦に発展しないよう食い止める道もあり得た。

非難合戦をエスカレートさせないコツの1つが、相手との関係に望むものについて話題にするアプローチだ。ミアとアニヤは互いに、思いやりに満ちたプライベートな付き合いや昔のような距離の近さを懐かしく思っていたので、どちらかが「今夜の会話は昔の私たちとは違ったね。昔のような思いやりと親密さが恋しい。取り戻したいと思うけれど、あなたはどう?」と切り出せたら、状況は変わっただろう。

この申し出を受け入れ、かつての親密さが失われたことについて相手を責める罠にどちらもはまらなければ、互いの要望を理解するチャンスが生まれる。そうなれば、積み上がった「ピンチ」を少しずつ解消できるかもしれない。

ここで挙げた3つのオプションは互いに相容れない方法ではなく、うまく組み合わせて活用できれば最高だ。一歩下がって現状を把握し、自分たちが望む関係について見つめ直すという3つ目の方法には、互いの気持ちを知りたい、打ち明けたいという思いを掻き立てる力がある。最大のポイントは、リアルタイムで自身の感情を把握できていれば、対処法の選択肢も増えるということだ。

3つのオプションすべてで必要なのは、自分の内面をさらけ出すこと。傷つけられ、誤解されたと感じているときには難しいチャレンジだが、リスクを取らなければリターンは得られない。

レストランでのアニヤとミアはどの方法も選べなかったが、もう手遅れというわけではない。2人の関係は袋小路に迷い込んでしまったが、目詰まりを解消する方法はあるはずだ。次の章では、その方法を探っていこう。

学びを深めるために

振り返る

1 まずアニヤの立場に立ってみる

あなたなら、いくつかの分かれ道でどんな対応を取るだろうか。

次にミアの立場に立って同じ質問に答える。「どう対応すべきか」ではなく、自分ならどう対応する可能性が高いかを答えること。

2 議論が行き詰まったとき

他者との議論が行き詰まってしまった場面を思い出そう。あなたのエゴが足を引っ張るパターンが浮かび上がらないだろうか。次に挙げた言動のうち、あなたに当てはまるものを選ぼう。

- 相手が先に謝るまで謝りたくない
- 「ごめんなさい」を口に出しにくい

●自分が悪かったと認めるのは難しい
●自分の立場が正しいと考えがちで、相手の立場を理解するのは難しい
●自分よりも相手に責任があると示したい
●何かと相手のミスを指摘したがる
●自分が傷ついたとは言いにくい
●人に傷つけられると、怒りを鎮《しず》めるのは困難だ
●否定的なフィードバックや批判を受けると、個人攻撃だと感じて自己防衛に走りがち
●相手が間違っていると思うときは、自分だけが正しいと考えがち

これらはどれも、自分を守るために使われる方策だ。あなたが選んだ項目について、そうした行動を取らなかったら、どうなってしまうという不安があるだろうか。

3 目詰まり

ミアとアニヤの関係がこじれた背景には、次に挙げる4つの理由があった。あなたが2で思い浮かべた場面にも、これらの要因が関係しているだろうか。

●「ピンチ」を積み上げてしまう
●気持ちを言葉にしない（理屈を並べたり、相手を責める言動をする）

- 責任を擦り付け合う
- 相手の言い分を理解しようとしない

実践する

特に大切な人間関係が行き詰まってしまった経験を1つ挙げてほしい。「振り返る」の2のリストのなかで、あなたと相手が取りがちだった行動はあるだろうか。それについて相手と話し合い、同じような事態を防ぐ方法を見つけよう。

意見が折り合わないまま、解決していない問題はないだろうか。もつれた糸をどう解きほぐすかを考え、試してみよう。

理解する

話し合いはどうだっただろうか。自分自身と、この手の議論について学んだことは？

今後、議論が行き詰まったときにはどう対処するだろうか。学んだことのうち、特に使ってみたい方法はどれだろうか。

11

目詰まりを解消する

ミア&アニャ　パート2&3

2章で紹介したワシントン山のハイキングの比喩を思い出してほしい。ミアとアニャは当初、簡単に壁を登れると思っていたが、天候が急変し、嵐が到来してずぶ濡れになった。現在は最も険しい壁の下にいる。

2人は登頂に挑戦すべきだろうか。岩は滑りやすく、困難な道のりが待ち受けている。では、引き返すべき?　前に進むと怪我をするかもしれないが、草原にたどり着ければ、困難続きだっただけに達成感もひとしおで、目の前の光景も一段と輝いて見えるだろう。

とはいえ、挑戦する価値はないかもしれない。すぐに引き返すのも一案だ。2人は重要な岐路に立っており、その判断には、互いへの思い、困難への対応力、衝突を重ねてでも続ける価値のある関係かどうかが深く関わってくる。

アニヤは袋小路に入り込んだ気分かもしれないが、実際にはいくつもの選択肢を持っている。ミアとの長年の関係に見切りをつけることもできるし、ミアが動くまで待つことも可能だ。ただし、後者の場合は今後の展開を自分でコントロールしにくくなる。

逆にアニヤが主導権を取って、ミアに連絡することもできる。その場合、何と声をかければいいのだろうか。自分の気持ちを伝えても、また「神経質すぎる」というレッテルを貼られてしまうかもしれない……。とはいえ、ディナーでの口論の責任はミアにあるという自分の見解を伝えても、事態を悪化させるだけではないか。アニヤには多くの選択肢があるが、どれもそれぞれに代償を伴う。

ミア&アニヤ　パート2

あの晩、アニヤは車を運転して自宅に向かいながら、レストランでのやり取りを思い出して怒りを募らせていた。自宅前の私道に入った頃には、涙がぽろぽろこぼれてきた。玄関で出迎えた夫のクリストファーにその日の出来事を話していると、さらに気分が悪くなってくる。「ミアとの友情に見切りをつけるタイミングなのだろう」と、アニヤは結論づけた。「苦労のわりに得るものは少ない」

「四半世紀以上続いた友情を本気で切り捨てるのか?」と、クリストファーは尋ねる。「君たち2人はたくさんの経験を共にしてきたのに」

「うーん、もし私との関係が大切なら、今夜の大惨事は基本的に彼女のせいなのだし、あちらから行動を起こすべき」

クリストファーは一瞬黙った後で言った。「君は自分でどうにかするのを諦めて、結論を完全にミアの手に委《ゆだ》ねるのかい？」

「わからない。わかっているのは疲れ切っているから、もうベッドに行ってぐっすり眠りたいということだけ」

翌日、仕事に向かう車の中で、アニヤはクリストファーの言葉を思い返していた。確かにミアとは多くの経験を共有してきたし、かつての親密さを恋しくも思う。実際、何よりつらいのは、そんな親密さが失われてしまったことだ。アニヤは悲しみと同時に虚しさを覚えた。人間関係には終わりがあるもの。ミアもそれを望んでいるのだろうか。

ミアに連絡しようかと思ったが、なんと言えばいいのかわからない。「どうしてそんなに神経質な反応をするの？」というミアの言葉への怒りも残っており、自分に対するミアの評価を裏付けるような形で問題を蒸し返したくはない。電話をかけようか迷いながら、結局かけないことにした。ミアにひどいことを言われたら、自分の言葉をコントロールできる自信がない……。そこでアニヤは、じっくり考えながら書けるメールで連絡することに決めた。

その夜、アニヤはメールを書いた。

「あなたの気持ちはわからないけれど、私は昨夜のディナーでの出来事を残念に思っています。私たちは長年、友情を育み、互いに大切な存在でした。あなたがどう感じているのかわかりませんが、私はまた会って話し合えればと思っています。でも、ディナーはやめましょう。慌ただしい食事より、もっとプライベートな場所で、時間をかけて話すほうがいいと思うから」

翌日、ミアから返事が届いた。

「メールをありがとう。来週土曜日のお昼にコミュニティガーデンの展望台で会うのはどう？　あそこはいつも空いているから。どうでしょう？」

アニヤはミアからすぐに返信があったことに安堵したが、メールの文面には、まだかすかな怒りが滲んでいる。また、心が不安定な人扱いされるのだろうか……。それでも、自分から誘ったのだから、と思い直し、「いいわね。では来週また」と返信した。

コミュニティガーデンはアニヤの自宅の近く。アニヤは約束の場所に向かって歩きながら、ミアが自分に便利な場所を選んでくれたことを有り難く思ったが、同時に2人で会って大丈夫だろうかという心配も浮かんでくる。どんな展開になるのだろう。いい方法が見つかるのか、溝が深まるだけか……。

先に展望台に到着していたのはミアだった。予想通り、周囲には誰もいない。よく晴れた日で、気温もちょうどよく、小さな展望台は居心地のよい空間だ。ミアは挨拶のハグをすると椅子に腰かけ、アニヤにも座るよう促す仕草をした。

「それで」とミア。「何が気になっているの？」

「私が気にしていることを、あなたも気にしているといいなと思っていた」とアニヤが言うと、ミアはため息をついて言った。

「だから、あなたは何を気にしているの？」

アニヤは一気に身構えた。「私が何を気にしているかって？　あなたはどうなの？　どうしてそんなに無神経なの？　私との関係を大切に思っていないみたい」

「私は細かいことにいちいち感情的にならないし、あなたみたいな反応もしない。でも、だからって無神経なわけでも、この関係を大切に思っていないわけでもない！」

「待って」とアニヤ。「同じことを繰り返すのはやめましょう」

「そうね、やめよう」

2人ともしばらく黙って座っていたが、やがてミアが「いったいどうしたの？　アニヤ」と尋ねた。

「それが問題なの。どうしてすべて私のせいなの？　あなたは私たちの関係が心配じゃない？」

「すべてがあなたのせいだなんて言ってない」。ミアは少し身構えた様子でそう言うと、声のトーンを和らげた。「私は不安なだけ。大切な関係なのに、手の施しようがない気がして」

「その言葉を聞けてよかった。でも、あなたがこの状態を気にかけていると聞いたのは、今が初めて。あなたが私との友情をどう思っているのかわからない。私と同じように、昔の親密さを懐かしく思う？」

「当たり前でしょう。そんなの、明白じゃない？　わざわざはっきり言わないといけないの？」

「明白じゃない」と、アニヤは言った。「また会おうと提案したメールでも、私はリスクを取って『ディナーでの出来事を残念に思う』と伝えて、私たちの関係への不安を書いたけれど、あなたの返事は『メールをありがとう』だった。あなたが私と同じように感じているのか見当がつかない」

「でも、よくわからない。なぜわざわざ言わないといけないの？」

「それが助けになるから」と、アニヤは言った。「私には人の心は読めない。あなたは、私の心が不安定だと決めつけたり、細かいことを気にしすぎると言ったでしょう。そのせいで、私は自分が格下の、問題だらけの人間みたいに思える。もちろん、私には私の要望があるけれど、それはあなたも同じでしょう？　私たちは対等じゃないの？」

ミアは黙って考え込んだ後に、柔らかい口調で言った。「なるほど……ようやくわかってきた。ごめんね。私も気が動転していたし、それをもっとはっきり伝えるべきだった」

しばらく沈黙が続いたが、2人とも体の緊張はほぐれてきた。するとミアは、さらに柔らかい口調で「他にも、あなたを遠ざけるような行動があったかしら？」と付け加えた。

「うーん、実はある」と、アニヤは答えた。「このところずっと、あなたはすべてが順調なのに、私は苦労続きで、一緒にいるのがつらい」

「順調だと、近況を話してはいけないの？　そうじゃないと、いい関係でいられない？　私の生活や私自身の大切なものについて黙っていろと？　それは一方的すぎると思う」

「もちろん、違う。親しく付き合うなら、何でも自由に話せるべきだと思う。あなたは私を神経質すぎると批判したけれど、一方で、新居建設にお金がかかる話をするとき、私がどう思っているかなんて気にしていない。それはちょっと無神経じゃない？」

ミアの目から涙がこぼれた。「ごめんなさい。でも、自分の身にいいことが起きたときに何でも話せるのは、あなただけだった」

「私も、そういう立場でありたいと思ってる」。アニヤは優しくそう返し、一息置いて尋ねた。「どうしたの？　なぜ涙が？」

すると、ミアは涙をこらえることなく泣き出した。「私がお金持ちの家の子たちに囲まれて育ったのは知っているでしょう？　うちも貧乏ではなかったけれど、いつもよその家より下だったから、今は豊かになれてすごくいい気分。自慢したくはないけれど、他の誰に話せばいいの？」

「ミア、あなたの成功をお祝いしたい気持ちは私にもある」。アニヤはミアの手を取った。「それに信じて。あなたの成功は嬉しいし、あなたが気持ちをさらけ出せる相手でありたいとも思ってる」。そう言うと、アニヤはミアが好きなだけ泣けるように数分間黙っていた。「それでも」。ミアの涙が止まると、アニヤはまた話し始めた。「あなたと話すと、うまく回っていない人生がいっそうつらく感じて、自分が欠陥だらけの人間に思えてしまう。親友と一緒にいるのにそう感じるのがとても苦しい」

「私にできることはある？」とミア。

「私を助けようと思ってくれているのはわかってる。でも、私が事情を打ち明けると、あなたは『そろそろ新しい仕事を探すタイミングかもね』なんてお気楽なアドバイスばかり。しかも、前向きな反応をしないと、今度は神経質すぎると言う。実は今だって、あなたに何を言われるか不安だし、口に出さないまま考えていることがあるんじゃないかとも心配している」

「そう言われるとつらいけれど、よくわかった」と、ミアは答えた。「そんな形で一緒にいたいとは思わない。あなたがどれほどつらかったか想像もできないけれど、神経質すぎると言ったことは謝る。それに、あなたの言う通りね――私は無神経だった」

「そんなふうに言ってくれてありがとう。すごく心強い。ディナーのときより理解し合えた気がする。ただ、あなたのことが妬ましい自分が嫌で、その気持ちをどう処理すればいいのかわからない」

「わからないのは私も同じ」とミア。「でも、こうやってオープンに話せて嬉しい。私たちならきっと解決できる」

危機一髪

ミアとアニヤの行き詰まった関係は、間一髪のところ崩壊を免れた。レストランでの会話が最後の一押しとなって完全に決裂していた可能性もあったし、その後、アニヤが（当初そうしようと思ったように）ミアからのアクションを待ち続けてしまう可能性もあった。ミアがすぐにメールに返信しなかったら、アニヤはそこで諦めていただろう。それに互いの無神経さと神経質さを責め合う言葉で始まった展望台での会話が決定打となった可能性もある。

こうした厳しい状況下では、「率直に思いをぶつけ合ったら対立がさらに激化するだろう」

という不安のせいで議論が行き詰まるパターンが一般的だ。また、相手が100%悪くて、自分には何の落ち度もないと信じるあまり、話を善悪の二元論に単純化してしまう傾向もある。これでは、和解に向けた選択肢の幅が狭まり、一方、または双方ともに一歩を踏み出すのをためらってしまいがちだ。この状態に陥ると、相手の言葉が耳に届かなくなり、生産的な解決策を探るのはいっそう困難になる。

大切に思っている人に傷つけられ、距離を置かれたと感じるときに何より必要なのは、心から話を聞いてもらえて、完全に理解してもらえたという感覚だ――これらは、先に指摘した「気持ちが通じ合う感覚」に必要な要素でもある。相手の心を読める人はいないので、この条件を満たすためには、自分自身の望みと感情を理解したうえで、それを言葉にして伝える作業が不可欠だ。このハードルを越えて初めて、共同で問題解決に当たり、関係を修復するステージに向かえる。

ミアとアニヤも大きな岐路に何度も直面した。2人はそれぞれの分かれ道で、問題に対峙して相手と向き合うか、あるいは引き返すかを選んだ。物別れに終わったディナーの直後に訪れた分岐点では幸い、アニヤがミアと向き合う選択をした。彼女は深く傷ついていたが、「ディナーでの出来事は残念だった」「この関係を大切に思っている」というメールを送ることで、リスクを冒して、それまでよりも深く自分をさらけ出したのだ。

この本でもたびたび強調しているように、一方が弱さを見せると、相手も同じように振る舞う傾向がある。ただし、ミアからのメールの返信はそうした内容ではなく、それ以上のつながりが生まれるチャンスは失われてしまった。

展望台での話し合いが始まると、2人は再び岐路に立たされる。すぐに非難合戦が始まり、アニヤはミアを無神経と呼び、ミアは「自分は細かいことにいちいち感情的にならない」と反撃した。関係が破綻してもおかしくない場面であり、こうした衝突を恐れて、多くの人はそもそも微妙な問題を表面化させようとしない。

怖いのは、意見の相違が相手を傷つける糾弾にエスカレートし、どちらも修復の方法がわからなくなってしまうことだ。アニヤが「もううんざり！」とキレて、ミアも同じように言い返すという展開も十分にあり得た。

ここでの運命の分かれ道は、どちらかが対立のエスカレートに歯止めをかけられるかだ。「待って。同じことを繰り返すのはやめよう」というアニヤの言葉が、それに当たる。

幸い、ミアも前向きな言葉で応じたが、2人はまだ暗闇をさまよっている。激しい対立には複数の要因が絡んでいるが、当初は根底にある問題に気づいていない場合も多く、怒りのような強い感情が手に負えない大きさになると、火に油が注がれ、大火災を引き起こす。それでも、うまくコントロールできれば、そうした強い感情のおかげで、「気持ちが激しく動くときほど、根底に他の問題がある可能性も高い」ことに気づくことができる。

もつれた糸を解きほぐすきっかけとなったのは、「あなたは私たちの関係が心配じゃない？」というアニヤからの問いかけだ。そう聞かれたミアは、ようやく思いを打ち明けた。「私は不安なだけ。大切な関係なのに、手の施しようがない気がして」

ミアが本音を見せたおかげで、アニヤも気になっている点を伝えやすくなった。これを機に、2人は相手に関心を持ち、相手の行動や反応の裏にあるものを理解し始めた。また、2人の関係の中核にある妬みなどの問題や、互いが求めるサポートの形について語り合える準備も整っていった。

アニヤの言動には、他にも会話の流れを好転させる要因があった。それは、自分の気持ちを語るという軸がぶれなかったことと、ミアの行動と問題点に焦点を当てたことだ。彼女はミアの無神経さを批判し続けるのではなく、メールへの返信内容やすぐにアドバイスをしたがる癖、本音を語らない点が問題を引き起こしていると指摘した。

何度も指摘してきたように、フィードバックとは、する側が自身の現実の領域にとどまり、相手の行動に特化した内容に限定するほど受け入れられやすく、より正確に伝わるのだ。

アニヤとミアの関係を停滞させていた目詰まりが、完全に取り除かれたわけではない。もつれた対人関係をいつ、どんな言葉で改善するのか、その答えは人それぞれ。アニヤとミアももっと早いタイミングで気持ちを伝えたり、自分が相手のコートに立ち入っていたことに気づければ、なおよかっただろう。それでも2人は、失敗しながらも大切なことに気づいた。

2人のやり取りから得られる最大の教訓は、忍耐の大切さだ。互いに背を向け、関係がさらに悪化しかねない局面はいくつもあった。2人がなんとか踏みとどまって相手と向き合うためには、多大な忍耐と自己管理、同じプロセスをやり直す意欲が必要だったが、努力は十分に報われた。

ミア&アニヤ　パート3

アニヤは子供時代についてのミアの言葉を思い返しながら、「多少は聞いていたけれど、大学時代にもその話はほとんどしなかった。私が思っていたよりずっと大変だったみたいね」と語りかけた。すると、ミアは率直に語り始めた。

「ええ、思い出すのも忌々《いまいま》しい。他の子たちは皆、服はブランドもの、バカンスはカンヌ、家は大豪邸。いつも人より優位に立とうと競っていたのに、私はその競争に入ることさえできなかった。量販店で買った服を着て、ミシシッピ川より西に行ったこともなく、家は小さなアパート。友達を家に招いたことなんてなかったし、すべてのエネルギーをかけて、住む世界が違うことを隠そうと必死だった」

「ミア、そんなに大変だったなんて……。こんなに長く付き合っているのに、ほとんど知らなかった。ごめんね」

ミアはうなずきながら、言葉を続けた。

「去年、卒業25周年で高校の同窓会に行ったら、初めて皆と対等だと感じた。ようやくここまで来られたって感じ。私のほうがいい仕事に就いていることも誇らしかった。でも、皆がハンプトンズ（ニューヨークの高級住宅地）の自宅やセントラルパークを見下ろすマンションの話を延々としながら、昔みたいに競っているのを聞いて、自慢話だけはしたくないと思った。あの手の自慢は大嫌い。すごく不快だし、豊かさを基準にして友達を選ぶ発想には耐えられない」

ミアは一息ついて、また話し始めた。「あんなふうに自慢したくはないし、私の話を聞いた人に、昔の私みたいな『見下されている感覚』も味わわせたくない。だから、何かいいことがあっても、あなたとジェイクにしか話していない」。そう言って、ミアは泣き出した。

ミアへの理解が深まるにつれて、アニヤは自分の心がほぐれていくのを感じた。アニヤは頭を軽く振りながら、「皮肉な話ね。あなたが高校時代の友達に感じていた思いを、私があなたに感じていたなんて。この話ができて本当によかった！」

「そう言われるとつらいけれど、その通りね」。ミアは穏やかに答えた。「皮肉だわ。あなたに同じことをしていたなんて、本当にごめんなさい」

2人ともリラックスして、しばらく子供時代の思い出を語り合った。その後、アニヤの提案で公園内を散策することに。歩きながら、アニヤは職場での八方ふさがりについて詳しく話し、もうすぐ異動できるという期待があるから転職をためらっているという事情を伝えた。ミアも愚痴をこぼしたいアニヤの思いを汲んで、応援している様子でうなずいた。

散策を続けながら、2人は相手に望むことを語り合い、この友情を大切にしようと再確認。アニヤはミアに、彼女の成功を一緒に喜びたいと伝え、ミアはワンパターンのアドバイスを控え、話を聞くことに徹すると約束した。

責任を取る

この章では――実際には、この本の全編を通じて――われわれは2つの命題について論じてきた。1つ目は「人は自分で選択して物事を決められる」、もう1つは「相手の反応次第で、選びやすくなる選択肢もあれば、選びにくくなる選択肢もある」というものだ。

ミアとアニヤには、相手に関係なく自力で、今回のような衝突を回避したり、早めに解決する方法もあったはずだ。われわれ2人も、学生や同僚、クライアント、友人らが「自ら行動して状況を変える自由」を手放してしまう姿を幾度となく見てきた。

その一方で、人は互いに影響を与え合っており、深い人間関係を望むなら、相手の行動が自分に及ぼす影響に加えて、自分が相手に課している制約にも敏感になるべきだ。

これら2つの命題を両立できれば、大きすぎることも小さすぎることもない適切な範囲の責任を負うことが可能になる。物別れに終わったディナーでは、ミアもアニヤもすべて相手が悪いと考え、自らの責任を感じてはいなかった。その後、自分の思いや不安を打ち明け合うプロセスを通して、2人は自身の言動に責任を感じ、また、相手がどう行動すれば自分が最善の対応をできるかを指摘し合った。

危険なのは、相手がどう反応しようと、それは自分の責任ではないと考えてしまうことだ。もしミアが「あなたのことはあなたの問題。私が人を見下すような発言をしても、それがあなたに影響するはずがない」と言ったとしたら、それは「人は互いに影響を与え合っている」という事実を認めていない証だろう。

反対に、責任を取りすぎるというリスクもある。仮にミアが「すべて私が悪かった」と認めたら、アニヤは非力な被害者となってしまう。でも、2人が最終的に選んだのは、「自分の行動は自分で決める」と「私はあなたから影響を受けている」という2つの命題を同等の重みで受け入れることだった。

もう1つ、覚えておきたいのは、祝福されるべき成功体験よりも困っている話のほうが人に話しやすい場合もあるということだ。成功体験を語ると、相手に「自分のことしか考えていない」と思われるのではないかと不安になりがちだが、友人とは本来、相手の話を自慢扱いせず、うまくいったことを一緒に喜んであげるべき存在である。ミアもアニヤにそう期待していた。

こじれた関係を脱したミアとアニヤの対話は、問題解決と修復のステージへ。2人がそれぞれの反応や要望の背景にある理由を共有するにつれて、いくつもの論点が浮かび上がってきた。たいていの人は、初めのうちは無難で表面的な感情しか伝えようとしないが、それでは重大な論点が隠されたままになってしまう。大切なのは、忍耐強く話し合い、互いの本音を浮かび上がらせることだ。ミアとアニヤも合意形成を重ねるプロセスを通して内面をさらけ出し、互いに支え合えるようになって初めて、互いの本音を理解できるようになった。

ディナーの席でミアが「落ち込んでいるみたいね。どうしたの？」とアニヤの気持ちに寄り添っていれば、そもそも衝突が起きず、夕食を楽しめたかもしれない。あるいは、アニヤが

「ミア、あなたのアドバイスは参考にならない」と伝えたら、ミアも「ごめん」と言って話題を変えたかもしれない。そうした方法で、その場ですぐに「ピンチ」に対処し、大惨事を防ぐのも1つの手だ。そのほうが楽しいディナーになっただろう……が、その反面、多くの課題を浮き彫りにし、最終的には2人の距離を近づけてくれた衝突は経験できなかったことになる。

衝突は多大なストレスを伴い、危険な場合さえあるが、実は役立つものだ。極めてストレートな方法で問題点を表面化させてくれるし、感情を揺さぶることで現状を浮かび上がらせ、相手の立場を理解できる。

ミアとアニヤの場合、以前から複数の軋轢があったところに衝突が起きて、すべてが露《あら》わになり、おかげで話し合いの舞台が整った。意見の相違は痛みを伴うが、結果として互いにとって最も大切なものに気づけたのだ。

問題に対峙する2人の能力は生産的な解決策を生んだだけでなく、この友情を大切にしようという再確認にもつながった。つまり2人は、マイナスから始まった話し合いをプラスの結果に結びつけられたのだ。対立を前向きな形で活用するためには複雑な能力が必要だが、その点については次の章で深掘りしよう。

学びを深めるために

振り返る

1　最初にアニヤ、次にミアの立場に立ってみる
　2人のやり取りを読み返してほしい。2人が打ち明けた内容をすべてを打ち明けるのは、あなたにとってどの程度容易／困難か。どの部分で行き詰まってしまうだろうか。自分なら、その状況にどう対処するか。

2　格下の立場に立つ
　自分が相手より格下だと感じている状況で、話し合いを持ちかけるのは難しい。もう一度アニヤの立場に立ち、自分の弱さをさらけ出せるかを考えよう。過去に経験した衝突のなかで、自分が相手より格下だと感じたために、相手が行動を起こすのを待っていたことはないだろうか。あなたはどう動いたか。これらの質問への答えから、自分について気づいたことはあるだろうか。

3　特に大切な人間関係
　特に大切な人間関係のなかで、相手の態度によって自分のほうが格下だと感じた出来事を具体的に思い浮かべよう。それはどんな状況で、あなたはどう対応したか。

4 格上の立場に立つ

特に大切な人間関係のうち、あなたの言動のせいで相手に格下だと感じさせてしまったり、弱みを見せにくいと思わせてしまったりしたことはあるか。

実践する

「振り返る」の質問3と質問4で思い浮かべた「上下関係を感じる関係」について、状況を変えるために互いに何ができるかを相手と話し合おう。

理解する

「実践する」の話し合いを通して学んだことはあるだろうか。互いの内面をもっとさらけ出す方向に向かったか。相手が弱さを見せられるよう、あなたがすべきことは何か。あなたは自分の弱さをさらけ出せただろうか。

12 衝突を生産的に活用する

マディ&アダム　パート2&3&4

口論を通して核となる問題点を浮かび上がらせたミアとアニヤは、根底にある原因に気づいたおかげで互いへの態度を微調整できた。2人の抱えていた問題は単純ではなかったが、手軽な変化で解決できる部分もあった。

だが、そうすんなりとはいかない対立も多々ある。両親に頼りながら子育てをしているとしよう。両親も喜んで協力してくれるものの、彼らはあなたよりもずっと子供のしつけに厳しいタイプ。腹が立つが、それを両親に指摘することで、サポートを断られたら大変だ。

この場合、両者の希望――あなたは両親に無償で子育てを任せ、子供に優しく接してほしいと願い、両親は厳格なしつけをしたいと願っている――は相容れないように思える。「両親の寛大さに甘えていると批判されたらどうしよう。子供時代の両親の厳しい態度への消えない不満が蘇ってきたらどうしよう」といった不安もあり、一触即発の懸念が山積みだ。

この手の対立では、いったん関係が悪化する可能性が高いため、全員に本気で取り組む覚悟が必要だ。5章で登場したマディとアダム夫妻の仕事と子育てをめぐる対立関係も、まさにこのケースだ。

マディ&アダム パート2

マディとアダムが仕事と育児の両立をめぐる考え方の違いについて話し合い、決裂してから数週間後、マディは友人のテレサとランチを共にした。テレサは子供の預け先を見つけてフルタイムの仕事に復帰したばかり。

「できなくはないけれど、お金はかかる」と、テレサは言う。夫をどう説得したか尋ねると、「簡単じゃなかったし、夫の家事分担を増やすことも含めて交渉が必要だったけれど、なんとか合意できたわ」

その晩、アダムが帰宅したのは、マディが子供たちを寝かしつけた後だった。その前にアダムから「いいニュースがある」と電話があったため、一緒に食事をしながら話を聞こうと思ったマディは、夕食を食べずに待っていた。空腹と疲労で、いら立ちが募る。テレサとの会話も頭の中を回っていた。

玄関を開けたアダムは満面の笑みを浮かべて、「すごい知らせがある。夕食を取りながら話すのが待ちきれない」と切り出した。そして食卓に着くと、大きなチャンスとなる新たな仕事をオファーされたことを誇らしげに報告。勉強熱心な彼は万全の準備を整えて、誰もがうらやむ抜擢を勝ち取ったのだ。

マディは夫の話を聞くばかりで、あまりしゃべらない。アダムは今後増える責任について語りながら、「しばらくは夜や週末の時間が今よりもっと取られるけれど、その価値はある」と言った。

マディはため息をつき、静かに言った。「よかったね」

「それだけ?」

「アダム、この何カ月間か話し合おうとしてきた問題が、これで一段と難しくなる。私は子育てと家事の負担が大きすぎて、今でも不満なのに、今まで以上に家にいられないと言われたら、あなたにとっては素晴らしいニュースでも、心から喜ぶのは無理」

「この件でもまた?」

「ええ、そうよ。この問題が消えることはない」

しばらく互いを凝視していると、マディが口を開いた。

「今日、テレサとランチをしたときに、いい保育園を見つけてフルタイムの仕事に戻れたという話を聞いた。うちも保育園を探して、私の時間をもう少しつくれないかな。あなたが夜や週末に家にいられないのならなおさら」

「でも、うちにはそんな余裕はない」とアダム。「保育園はものすごく高い。キッチンリフォームで貯金がかなり減ってしまったし、今はそんな出費はできない」

「それなら、新しい仕事を断ることを考えてみて」

「意味がわからない。このチャンスをつかめば、我が家の将来にも大きなプラスだ」

マディはお皿を手に取り、黙ってキッチンに下げようかと考えたが、思いとどまった。

「アダム、私があなたの昇進を喜べないのは、言いようのない怒りを感じているから。今回は黙って引き下がることはない。もううんざり！　話し合って、状況を変えるしかない。あなたのキャリア選択は私の負担の上に成り立っているし、それが夫婦関係を傷つけている」

「どういう意味だ？」

「いい？　あなたはすべてを手に入れている。面白くて、挑戦しがいがあって意義深い刺激的な仕事も、大人同士の交流も。私は3歳と5歳の子供と一緒に家に閉じ込められているのに」

「それだって意義深いだろう？」

「もちろん、ある意味では。でも、私の立場と入れ替わりたい？　子供たちはもちろんかわいいけれど、一日中、食料品の買い出しとキッチンの片づけ、子供たちとの遊びばかりで、大人と話すことも知的な刺激を味わうこともない」

「ちょっと待て。僕を悪い男扱いするなよ。当面は僕が稼いで、君が子供と家庭を守ると2人で決めただろう？　共働きはストレスが大きすぎるからって、一緒に決めたことだ」

「そうね、ごめんなさい」と、マディは言った。「でも、その約束はもう守れない。その約束をしたときにはデメリットに十分気づいていなかった」

「僕はどうしたらいいのか……。君を愛してる」

「それはわかっているけれど、問題はそこじゃなくて、互いの愛の示し方が違うこと。私はあなたを支えて、仕事の成功を応援したいと本気で思っているし、あなたの成長にも貢献したい。そして、あなたにも同じように私を応援してほしいのに、応援されているとは思えない。あなたは私が子供と家のことを全部引き受けるほうが嬉しいのだろうけれど、それでは私は幸せじゃないし、成長もできず、不満ばかりが募っていく」

「僕に今度の仕事を諦めろと？」

「もちろん違う。あなたを支えたいし、正当な評価を受けてもらいたい。でも、私も同じように支えてほしい」

「その方法がわからない。この話題になると君はいつも背を向けてしまうから、無力さを感じていた」

「本当？　驚いた。あなたが無力さを感じるなんて思いもしなかった。私の気持ちなんてどうでもいいか、正論を言いたいだけだと思っていたから」

「確かに、僕は正論にこだわっていた」と、アダムは決まりが悪そうに微笑んだ。「でも、君のことも気にかけている。僕の妻であり、人生のパートナーなんだから」

「私がこの話題に背を向けていたのは、その通りね。ただ、それはあなたにできることがないからじゃなくて、ぶつかった後に2人の関係がどうなるのか怖かったから。でも今は、このまま背を向け続けるほうが怖いと思ってる」

「怖いって何が？」。アダムは柔らかい口調で尋ねた。

「結婚した頃は対等な関係で、大事なことは一緒に決めて互いの成長を助け合っていたのに、今は違う。あなたに軽んじられたり、気分が落ち込む反応をされそうで怖かった。母親業の醍醐味を念押しされたり、子供たちが私を慕っている話をされたり。でも、怒りが膨れ上がっていることを伝えなかったのは間違いだったと思う。話し合いの第一ステップは、私が逃げ出さないことね」

マディが力を取り戻した経緯

マディとアダムのように重大な問題についての話し合いを避けていると、関係が行き詰まり、生産的な形で問題解決に当たれなくなりがちだ。2人が直面した課題は2つ。1つ目は子育てをめぐる見解の相違。2つ目はパワーの不均衡（マディは自分には夫を変える力はないと感じている）であり、そのせいで夫婦は1つ目の課題にも向き合えなくなっていた。

パワーの不均衡を是正するために、マディがまず取り組んだのは、「自分の思いや不安を強くぶつけたら夫婦の対立が激化する」という恐怖心を振り払うことだった。彼女は自身の母親も信奉する、男女の役割をめぐる社会的規範に疑問を呈し、自分が家事・育児を担当するという役割分担のデメリットを十分理解していなかったという理由を挙げて、夫婦間の合意事項に異議を唱えた。確固たる主張をもち、以前のように話し合いから逃げることもなかった。

こうしたマディの対応は、8章で紹介したフィードバックモデルの4つのバリエーションをすべて活用している。

「あなたの行動がこんなふうに私に影響を与えている」と伝える。自身の不満と怒りについてアダムに話した。

「そういう態度ではあなたの目標を実現できないと思う」と伝える。アダムの新たな仕事について、彼が望むほど応援することも、喜ぶこともできないと伝えた。

「目的は達せられるかもしれないが、大きな代償を伴う」と伝える。キャリア上の前進という目標は達成できても、それは2人の関係と、対等な結婚という2人の目標を犠牲にして得られるものだと指摘した。

「あなたがそんなふうに振る舞うのは私のせい？」と尋ねる。話し合いに背を向け、衝突を避けていた過去の自分の言動にも非があったと認めた。

もしもマディがテニスコートのネットを乗り越えて夫を責める言葉をぶつけていたら、話し合いはまったく別の展開になっただろう。

「あなたは自分のことしか考えていない」「私の幸せや結婚生活よりも、自分の成功が大事なのね」「私に子守りと家の掃除ばかりさせて」「人を利用するだけの身勝手な男」

こんなふうに言われたら、アダムは何一つ非を認めず、弁解に走るはずだ。糾弾の言葉を発した側は、積年の怒りを発散できて爽快な気分かもしれないが、言われたほうは逃げ出してしまう。

これまでも強調してきたように、力を生み出す源泉は自身の感情を自覚することだ。マディはアダムの新たな仕事に怒りを覚えたことで、夫婦関係が極めて深刻な状態にあると気づいた。自身の気持ちに気づけば、情報を得て選択をする道が開ける。

もしマディが今回も理性を優先して、感情を封じ込めていたら（「子供が小さいのは今のうちだけだから、子育てを楽しむべき」「アダムの収入が増えれば家族全体にとってもいい話だから、喜ばなくては」）、夫婦関係において最も大切なものを指摘し、アダムに本気で向き合ってもらうことはできなかっただろう。

この時点でマディが目指すべきゴールは、保育料を払って子供を預けるという提案をアダムに飲ませることではない。それは時期尚早で、まずは目の前の課題について真剣に論じるテーブルにアダムを座らせられれば十分だ。マディの言い分はあくまで彼女の視点であり、共同で問題を解決するにはアダムの協力が不可欠だが、2人にはその前にすべきことがある。

2人の結婚生活に潜む課題をあぶり出すには、「いったん対立が激化しても構わないから、なんとか粘ってみよう」という気持ちがカギとなる。意見がぶつかると強烈な感情が沸き起こり、相手の不安を聞く余裕がなくなるため、それぞれの立場に一段と固執し、対立がエスカレートするリスクも高まる。それでも、ミアとアニヤのケースで見たように、感情の強さはその問題の重要性の表れでもあり、頑張って乗り切ろうという思いに火をつけてくれる。

マディとアダムの話し合いは一歩前進したが、問題解決に取り組むステージはまだ先だ。それでも、問題点がテーブルの上に揃い、マディが引き下がらない決心をしている以上、2人の関係はもはや危機的ではない。

マディ＆アダム　パート3

アダムはマディの言葉に聞き入っていた。「聞くのはつらいが、こういう話ができてよかった」

マディも体の力を抜き、「ありがとう、そう言われるとほっとする」と答える。そして、しばらく静かに座って考えを巡らせると、こう付け加えた。「人生最大の決断をした時点に戻って、互いをどう支え合うか話し合う必要がありそうね」

「そうだな」とアダム。「でも……どうやって？」

「私が提案したのは子供を預ける案だけど、あなたは費用が高すぎると言ってすぐに却下した」

「だって、高いだろ！」

「待って。確かに高い。でも、高すぎるって何？　高すぎるかどうかを決める権利はあなたにあるの？」

「毎月の家計管理を気にしているのは僕だ。君は気にしていない」

「ムカつく」と、マディが語気を強めた。「いつもならここで話をやめているけれど、もうそんなことはしない。アダム、開いた口がふさがらないわ。家計の出費を私が気にしていないなんて、よく言えるわね。私が倹約家なのは知っているでしょう？　キッチンリフォームで安いオプションを探したのも私。さっきの言葉には本当に傷ついた」

「悪かったよ。でも、僕は家計について真剣に心配している」。アダムは弁解じみた口調で言った。

「私も同じだとは思わない？　私の望みは子供を少しの時間預けて、明けても暮れても家事と育児に追われる生活を少し変えたいだけ」

アダムは腕を組んだ。

「子供を保育園に預けても、解決にはならないよ。友達からも、保育園で病気をもらってばかりだと聞くだろう？　結局、仕事を休んで迎えに行くことになる。お金を払って子供の世話してもらっても、僕たち2人はストレスまみれで意味がない。他に方法はないのか？」

「こういうやり取りが嫌だと言っているの！　私が提案しても、あなたは却下するだけ。私の提案が気に入らないなら、何か別の方法を考えてほしい。子供や家族の問題は私たち2人の責任でしょう。あの子たちはあなたの子供でもあるし、これは『私』じゃなくて『私たち』の問題なのに」

アダムは何も答えない。

マディは質問した。「何を考えているの？」

「何も」

「何も？　あり得ない。何か考えているでしょう？」

「うーん、君にとって保育園がそんなに重要なら、まずはその費用を払えるだけの手取りを確保したら？」

「ちょっと待って、アダム。とても公平とは思えない。もし最初のうちは必要な額を稼げなかったら？　まるで子育てが私だけの責任みたいに聞こえる。これは２人の責任。私のことを気にかけてくれていたあなたはどこへ消えたの？　これじゃあまるで、私が贅沢品をねだっているみたい」

そう言われて、アダムはようやく口を開いた。「昔決めたことが全部ひっくり返されて、どうしたらいいかわからない」

「私が求めているのは、私の提案を却下するだけじゃなくて、他の方法を考えてほしいということだけ。どんな方法があると思う？」

アダムはまた黙り込み、こう言った。「こういう話はもうしたくない」

「私もこんな話は好きじゃないけれど、話し合わないと何も変わらない。ここで諦めたら、私たちの関係にもよくないと思う」

「さんざん話したのに、どうにもならないじゃないか」。アダムは腕を組んだまま、うつむいて黙ってしまった。

「話し合いから逃げても、いいことはないと思う」と、マディは言った。「どうにかなるまで粘りましょう。これまで何度も諦めてしまったけれど、同じことを繰り返したら、どうなってしまうのか心配で」

２人はそれ以上何を言えばいいのかわからないまま黙りこくり、テーブルを挟んで向き合っていた。

衝突を恐れる理由

一見、マディとアダムの対立はさらに深刻化したように見える。堂々巡りの感情的な口論が過熱し、非難合戦がエスカレートし、どちらも自分の主張に固執してばかり――こんな事態に陥るのが怖くて衝突を避けたい人も多いだろう。

確かに衝突は不快な混乱を伴い、恐怖心を掻き立てられる場合さえある。最悪の場合、２人の関係に修復不可能な傷が生じ、関係が途絶えてしまうことも……。それでも、この時点で対話を終わりにしてしまっては、「永遠の八方ふさがり」という最も恐れるべき結末につながる可能性が高まるだけで、しかも何の学びも得られない。

対立が激化すると個人攻撃を受けた気分になりやすいものだが、打つ手がないわけではない。アダムから「家計を気にしていない」と指摘されたマディには、いつものように感情を抑え込む選択肢も、逆に感情を爆発させて報復攻撃に出る選択肢もあり得たが、彼女は語気を強め、毅然とした態度で怒りの気持ちを伝えた。言葉も声の調子もその場の状況にぴったり。これが功を奏した。

ただし留意してほしいのは、どの方法も常に正解とは限らないということだ。家計を気にしていないというアダムからの批判に怒りを感じても、マディは「事実」で反論した。「私が倹約家なのは知っているでしょう？　キッチンリフォームで安いオプションを探したのも私」。そのうえで、アダムを攻撃するのではなく、「さっきの言葉には本当に傷ついた」と自分の気持ちを伝えた。彼女の一連の発言からも、自分の感情と、実際の行動に関する事実だけを述べることの大切さがよくわかる。

アダムを「ケチ」呼ばわりすることなく、自分の怒りと傷心を伝えたという点で、マディの対応はネットを乗り越えない行動だった。この選択によって彼女は事態の悪化を防ぎ、問題解決に向けた話し合いに向かえる可能性を高めた。

一方、アダムは腕を組んだまま「さんざん話したのに、どうにもならないじゃないか」と言って黙り込むことで、壁をつくって対話を拒む態度に出た。心理学者のジョン・ゴットマンが指摘するように、こうした対応は相手の怒りを助長するだけだ。しかし、「話し合いから逃げても、いいことはないと思う。どうにかなるまで粘りましょう」というマディの提案によって、アダムの試みは阻止される。

この場面のポイントは、マディが引き下がらなかった一方で、「黙っていないで何か言いなさいよ」といった言葉でアダムを追い詰め、発言を無理強いすることもなかったという点だ。代わりに彼女は、自分の思いを再度語り、2人の関係を大切に思っていると伝えた。感情の昂《たか》ぶりはアダムと同程度であっても、マディは事実に即した態度を守り続けたのだ。

マディ＆アダム　パート4

しばらくするとマディが沈黙を破り、純粋に興味がある様子で尋ねた。「保育園の費用がそんなに気になるのはどうして？」

アダムは、どこから話し始めたらいいのか迷っている様子で、しばし沈黙した後に「多分、リードが関係していると思う」と言った。リードは大学時代の友人だ。

「大学を卒業した後、彼は僕より稼ぎのいい仕事に就いて、金遣いが荒くなった。いつもかっこいい新車に乗っていて、僕たちがまだ賃貸暮らしだった頃に、借金をして大きな家も買った。彼の妻もお金を使うのが好きで、休暇になるとフィジーやシンガポールに行っていたのを覚えているだろ？　だから、僕らは一度も同行しなかった。でも、彼はあの後、自己破産してすべてを失い、結婚生活まで破綻してしまった。それがどうしても忘れられなくて、怖い。同じ目にはあいたくない」

マディの目に涙がこみ上げてくる。

「彼の離婚のことは聞いていたけれど、そんな背景があったことも、あなたがそんなに気にしていたことも知らなかった。あなたにとって重要な問題なのは明らかだし、話してくれて嬉しい。パズルのピースが1つ増えたことで、私たちの話し合いも進みそうね。お金についてのあなたの不安はわかったし、その気持ちは応援する。でも、リードの話はうちとは関係ないし、保育料を払っても、うちが破産することもない。私があなたを支えたいように、あなたにも私を支えてほしい」

アダムがうなずき、再び沈黙が広がったが、今回は2人とも視線を合わせている。沈黙を破ったのは、またもマディ。「あなたを愛していなかったら、こんな面倒な話し合いをする気にはなれない。あなたのことも、この結婚も大切に思ってる」

「僕もだ。仕事にかまけて、家庭の状況に気づかなかった。君が昔よりも怒りっぽくなったと思っていたが、話を聞いて、君の中にあるのは失望と悲しみ、恐れだとわかったよ」

「2人とも疲れているのね。一晩考えて、明日また話し合いましょう。明日は土曜日だから、時間をつくりやすいし。母が子供たちを一日中、動物園に連れ出してくれるみたい」

「ああ、それがいいね」

話し合いを拒もうとしたアダムに対して、マディが無理強いをせずに「保育園の費用がそんなに気になるのはどうして？」と尋ね、共感と関心を示した点は幸運だった。彼女は当初の問題から逃げることなく話題をさらに広げ、本音を話すようアダムに促した。

2人の会話の流れからわかるのは、問題解決のステージは一直線に進むわけではなく、各ステージがはっきりと分かれているわけでもないということだ。特に複雑で厄介な問題に取り組む際には、未解決の論点があっても、関係修復のステージに向けて歩み始めることが大切だ。

マディが示した夫への心からの好奇心には、彼への気遣いと懸念がにじみ出ていた。彼女がアダムとの絆を守りながらも、自身の要求や不安を率直に話せたおかげで、すべての論点をテーブルの上に並べ、関係修復のプロセスを始めることができたのだ。

早い段階で関係修復に着手するほど、よりよい結果につながる可能性も高まる。仮にマディが夫への軽蔑を募らせ、話し合いに背を向けていたら、あるいはアダムが対話を拒絶していたら、2人の関係はさらにひどく傷ついていただろうが、実際の2人は「ある程度理解してもらえた、気持ちが通じた」と互いに思えるまで粘り強く対話を続けた。

「休憩」を挟んだ点も重要なポイントだった。疲労困憊していたり、気持ちが昂りすぎているときは、一時的に距離を置くのも1つの手。感情が激しく揺さぶられている最中には、自分を振り返る余裕などないからだ。

ただし、関わりを拒絶するのと、気持ちを落ち着かせるために一時的に時間的・空間的な距離を取るのはまったくの別ものだ。アダムとマディもしばらく時間を置いてから対話を再開させたため、怒りが高まりそうなタイミングを避けて問題解決に向き合えたのだ。

自己啓発がブームとなった1960年代に「論争を翌日に持ち越すな」という言葉がもてはやされたが、われわれの考えは正反対である。「なんとか解決したい」という思いだけで拙速な合意に達しても、よく考えると納得いかないという状況に陥りがちなのに対し、休息には必要な視点をもたせてくれる力がある。

また、議論の途中に短めの休息を入れる方法も有益だ。対立の最中には議論が行ったり来たりしながら速いスピードで話が進むので、他のアプローチはないかとじっくり考える時間がもてない。マディとアダムの場合も、当初の沈黙は行き詰まりの表れだったが、マディが口論モードから、アダムに関心に寄せるモードに切り替えられたのは、しばらく沈黙した後のことだった。短い休息は、対話を避けるサインとはかぎらず、自分の気持ちを見直し、裏により深刻な問題が潜んでいないかを確認するチャンスでもあるのだ。

沈黙が続くと、いら立ちが募り、何か行動を起こしたくなるものだが、そんなときは「やたらと行動するよりも、静かに座れ」という言葉を思い返そう。

インターパーソナル・ダイナミクスの授業で、われわれは「プロセスを信頼せよ」と話している。これは「今の時点では本当の状況も解決策もわからないが、互いの気持ちを粘り強く伝え合っていれば、視界が晴れて、いずれうまくいく」という意味だ。「話し合いから逃げても、いいことはないと思う。どうにかなるまで粘りましょう」というマディの言葉は、まさにこのスタンスだ。

このプロセスにおいて、マディとアダムはゲームのルールを次のように変更した。

1 話し合いから逃げない。解決するまで粘る。
2 解決策を考える責任は双方にある。

3 それに伴う代償は2人で一緒に背負うべきだ。

こうした合意に達したとはいえ、2人はまだ問題解決のステージに完全には移行できていない。「相手のせいだ」と主張し合っていた段階から、互いにとって大切なものを理解し始めた段階へ、そして、問題の本質は育児の分担の話ではないと理解し始めた段階へと。先は長いものの、解決に向けて重要な節目を越えた2人の関係は、まだ「格別」とは言えないが、そこに向けた地ならしが始まった段階だ。

学びを深めるために

振り返る

1 マディの立場に立ってみる

結婚生活を守りながら、状況を改善したいと願うマディは、難しい立場に立たされている。彼女の言動を振り返り、あなたならどう対応したか考えよう。彼女の言動のどの部分が、自分には難しいと感じるだろうか。

2 効果的なアプローチ

衝突を恐れる気持ちを乗り越えたマディは、次のような効果的な方法で話し合いを進めた。

- 引き下がらず、粘り強く話し合う
- 相手を中傷しない
- 自分の非を認め、すべてをアダムのせいにはしない
- フィードバックモデルのアプローチを活用し、相手を責めない
- 自分の感情に敏感になり、それを効果的に使う
- 家計への関与についてアダムから否定的な発言があっても自己防衛に走らず、事実を示して反論する
- 検討する解決策の範囲を広げる
- 互いに目の前の話題から逃げないよう気をつける
- 相手に関心をもち、アダムの状況について質問する
- アダムの目標に賛同する一方、それを達成するための方法については明確に反対する

重要な論点について意見が対立して気持ちが昂った場面で、あなたならここに挙げたアプローチのうちのどれを使うだろうか。どの行動は実践しやすい、あるいは実践するのが難しいと感じるだろうか。

3　特に大切な人間関係

特に大切な人間関係のなかで、衝突への対処が上手な人はいるだろうか。その人は、具体的にどのように行動するだろうか。逆に、衝突への対処が苦手な人はいるか。その人はどんなふうに行動するか。

実践する

衝突への対処が上手な人がいる場合、怒りを感じたり、攻撃されたと思ったときにどのように対応しているのか尋ねてみよう。衝突への対処が苦手な人がいる場合、改善策について話し合おう。

理解する

衝突への向き合い方や自身の強みと弱みについて、学んだことはあるだろうか。さらなる改善に向けて、どんな段階を踏もうと思っているか。

衝突への対処が苦手な人と話し合った場合、その話し合いが2人の関係にどんな影響を及ぼしただろうか。話しにくい問題について話すことで、別の状況や別の相手にも応用できそうな気づきはあっただろうか。

Part II

山頂を目指して

TACKLING THE SUMMIT

草原にて

あなたと同行者は岩壁を登り終えたところだ。楽しい登頂だったが、とても疲れたので、草原に腰を下ろして休憩を取ることに。前方にはワシントン山の頂上がそびえているが、草原の芝は柔らかく、あたりには美しい光景が広がっている。

ここで、あなたには複数の選択肢がある。ここまでたどり着けたことに感謝し、この場所にとどまるか？　草原を散策し、山の周囲を回って山小屋に立ち寄るか？　それとも山頂を目指すか？　山の頂上には暗い雲が立ち込めているが、以前にもそんな状況で登頂したことがあり、素晴らしい経験だった。雲が晴れたら山頂からの眺めは圧巻で、どんな悪天候も操作できるような気分になってくる。

今の時点で決断する必要はないが……。

ここまでの章で、読者の皆さん――特に「学びを深めるために」の提案を実践してみた人――は、計り知れないほど有益なスキルを身につけてきた。良好な関係を構築し、それを強固かつ互いに有益な関係に進化させるコツを学び、手軽な方法から挑戦しがいのある方法までさまざまな形で関係を発展させるスキルも身につけたはずだ（ＰａｒｔⅠで学んだスキルを振り返りたい場合は付録Ｂを参照してほしい）。

そうした能力は、ただの知り合いから親友まであらゆる人間関係に影響を及ぼし、家族や友人のみならず、同僚から上司など職場の人間関係にも応用可能だ。インターパーソナル・ダイナミクスの授業がスタンフォードをはじめとする主要ビジネススクールで50年以上にわたって開講されているのも偶然ではない。ビジネスは人間同士の営みであり、こうした能力を職場で発揮することが成功のカギなのだ。

この先を読み進めなくても、皆さんはすでに多くのことを学んできたが、PartⅡではPartⅠで紹介した5つの人間関係が、連続体の端に位置する格別の関係に向かって進んでいく様子をお話ししよう。

うまくいくケースもあれば、うまくいかないケースもあるが、重大なジレンマに直面する点は全員に共通している。そうした場面で、これまで身につけてきた能力を活用できたか否かによって、強固で機能的な関係から、魔法のような深くて格別の関係へと進化できるかどうかが決まる。

5つの人間関係はどれも劇的な進化を遂げてきた。登場人物たちは相手への理解を深め、問題提起をする際のルールを定め、相手を責めることなく自分の要望を伝えるすべを学び、人によって差はあるものの効果的な問題解決に向けて取り組み始めた。

この先、格別の関係に至るためには何をすればいいのだろうか。また、どうしたら、格別の関係にたどり着いたと確認できるのだろうか。

「たどり着いた」と言える明確なタイミングはなく、ある程度は各自の判断次第だが、互いに自分の核となる大切な部分を隠すことなくさらけ出せるなら、格別の関係に至っていると言えるだろう。

また、自分たちの置かれた状況について不安や混乱を感じたときに、それを気楽に話せるなら、切り出すのが怖い重大な問題についても話し合えるのなら、それはきっと格別の関係だ。

ただし、格別の関係とは最終的な状態ではなく、それ自体も連続体のようなもの。さらなる自己開示やさらなる挑戦を続け、新たな成長の舞台を目指す余地は誰にでもある。関係を深める際の機微について理解が深まれば、あなたの「アンテナ」をより正確にチューニングすることも可能だろう。

多くの場合、格別の関係への移行は、同じようなプロセスを反復しながら徐々に深まっていくスパイラル方式で有機的に進む。これが可能なのは、たとえば家族や友人、職場などの長期的に続いている人間関係である。

そうした関係では意見の相違があっても解決にたどり着けるし、深刻な衝突や厄介な対立もない。「ピンチ」を感じたら遠慮なく相手に伝えられ、さらに重要な点として、両者ともに「ピンチ」が小さいうちに問題を解決するコツを知っている。相手の学びを応援し合い、相手の役に立ちそうな指摘は恐れることなく口にでき、関係の初期段階から一貫して真実を語り合い、対立しても愛情は失われない。こうした量的な積み重ねが、時間の経過とともに明確な質の変化をもたらすことだろう。

一方、この後の3つの章で取り上げるように、重大な岐路を経て格別の関係にたどり着けるパターンも存在する。13章ではマディとアダムが対立関係を脱するために必要な条件を考え、

14章では境界線を引く行為によってエレーナとサンジェイの関係が強化されるまでの苦しみを見ていこう。そして15章では、ミアとアニヤのジレンマを通して、一方の希望を叶えると、もう一方が苦痛を感じる状況の乗り越え方を探る。

すべての関係が格別の関係に至れるわけではない。16章では、そんなケースを複数紹介し、その理由を掘り下げる。また、職場における格別の関係という面倒な問題についても考える。仕事関係の相手であっても格別の関係を築くのは可能だが、いくつかの注意点がありそうだ。最後に、人間関係は一直線に発展するものではない。締《し》めとなる17章では、格別の関係が一時的に壊れてしまったわれわれ2人の経験を紹介しよう。こじれた関係を修復するプロセスのおかげで、2人の距離は一段と縮まった。

危機を経ることなく格別の関係に至るケースもあるが、この後の5つの章のうち4つの章のエピソードは何らかの危機を経験する。これは、恐怖心に負けて危機的な状況に向き合えないことが、格別の関係への道のりが阻む要因になりやすいことの表れだ。

山登りのたとえに戻ろう。あなたと同行者が登頂に挑んだのは今回が初めて。2人とも山頂に到達したいと思っているが、山頂は暗い雲に覆われ、風も強まってきた。これ以上の努力はしないで、草原にとどまるほうが楽だろう。着実に歩き続けるだけで格別の関係に至る場合もあるが、なかには深刻なトラブルに直面するケースも……。

この後の章のエピソードを通じて、皆さんの挑戦を後押しできれば幸いだ。

13 厄介な問題を解決するために

マディ＆アダム　パート5＆6

2人の人間がひざを突き合わせて一緒に導き出した解決策は往々にして、どちらか一方が一人で考えた方法よりもはるかに優れている。一緒に幅広い選択肢を検討したり、互いの意見の欠陥を指摘し合ったり、相手のやり方に学んだり。大胆なリスクを取りたがる人と慎重派、うまくいったという結果に満足する人と、残る問題点が気になる人――こうした組み合わせでは互いに補い合ってバランスを取っているが、それぞれが自分の特長を生産的な形で生かす方法を身につけなければ、ちょうどいいバランスにはたどり着けない。

マディ＆アダム　パート5

話し合いの翌朝、マディの母が子供たちを動物園に連れ出すと、マディとアダムはコーヒーを手に食卓を囲んだ。

「昨夜の会話についていろいろと考えた」とアダム。「君の気持ちがよくわかった。僕は自分のキャリアや自分の要望にばかり気を取られて、君の状況に目を向けていなかった。申し訳ない」

マディの目に涙が浮かんだ。「ありがとう。そう言ってくれて」

「OK、それじゃあ、昨日の話を振り返ろう」。アダムはそう言うと、マディの思いについて自分なりの解釈を話し、マディも同じようにした。

「それで、ここからどうしようか?」と、アダムが尋ねる。

「眠りに就きながら、いくつかの案が思い浮かんだ」とマディ。「ウィニカー家はジェニーのお母さんが同居している。でも、私の母とあなたの関係が良好でも、母との同居がいいとは思わない。オペア(外国語を学ぶ目的で家事・育児の手伝いをする留学生)を利用する方法もあるけれど、うちはそんなに広くないし、プライバシーも気になる」

「僕もその方法は考えたけれど、同じ理由で無理だと思う」

「3つ目の選択肢は、毎月の出費を一緒に見直して、保育料がいくらまでなら払えるのか調べること。それと同時に、私がパートタイムの仕事やボランティアを探し始めるのはどうかしら」

「でも、毎月の黒字はすべて貯金に回しているし、貯金には手をつけたくないな」

「同感だけど、すべてを手に入れることはできない。今度の仕事を引き受ければ報酬が上がるし、昇進して給料が上がるチャンスも増えると言っていたでしょう？　将来のために今に投資できないかしら？」

アダムはしばらく考えて、ようやく「ＯＫ」と答えた。「君の言いたいことはわかった」

「でも？」と、マディが聞き返す。「あなたの性格はよくわかってる。何を心配しているの？」

アダムは笑い出した。「本当によくわかっているな。でも、どう答えたらいいのかわからない。理屈のうえでは君の『将来に投資する』アプローチに賛成なのに、なんだか落ち着かないんだ。理由はよくわからない」。彼はしばらく考え込んだ後、こう続けた。「多分、僕が気になっているのは、デレクが生まれたときに君が家庭に入ると決めたのに、その約束が破られることだ」

「本気？」。マディは自己防衛に走りたくなる気持ちを抑えながら言った。「それが原因だなんて思いもよらなかった。確かに約束はしたし、それを変えたいという私の希望に腹が立ったと聞いてはいたけれど、状況は常に変わるものでしょう？　どうして、受け入れがたいの？」

「状況が変わるのはわかっているが、問題はそこじゃない。変わるものが多いからこそ、僕は変わらないものがほしい。僕たちの関係とか、約束とか。人生が想定していたのと違う方向に進むのがつらい」

「ちょっと待って」と遮るマディ。「変わらないものもたくさんある。結婚生活とか、子供への愛情とか。それに、約束を守りたいと言うなら、あなたが後回しにしがちだった、互いの成長を支え合おうという約束はどうなの？　一方の約束ばかりがそんなに大事なのはどうして？」

アダムはしばらく考え込んでいた。

「そうだね。理屈のうえでは完全に同意するよ。どちらか一方が家庭を守るという約束が、僕にとってはとても大きな意味があるのだと思う。保守的すぎるのか、考えすぎなのかもしれないが、共働きで疲弊しきっている家族がまわりに大勢いるだろう？　僕はもっとゆとりのある生活がしたい。それに、子育ての大変さをあまり外注したくない。僕にとっては、夫婦のどちらかが子育てに当たることが大切なんだ。自分が仕事を辞める気はないのに、こんなことを言うのは性差別主義者みたいでいたたまれないし、君の成長と幸福を大切に思っているのも嘘じゃない。矛盾しているけれど、これが僕の気持ちだ」

「打ち明けてくれてありがとう。そうじゃないかと思ったけれど、あなたの口から直接聞けてよかった。でもね、アダム、保育園を利用しても、私はこれからも子供たちの世話をする。それから、決めたことを守りたいというあなたの気持ちもよくわかったから、『暫定的な約束』を最終合意に切り替えるときには注意が必要ね。でも当面は、保育園を利用するのが最善の策だと思う。その路線で納得できそう？」

「ああ、言葉にしたことで気が楽になった。その方向で試してみよう」

アダムがうなずきながら答えると、マディも微笑みながら「ありがとう。でも、決める前に調べるべきことがいろいろとある」と返した。「パートタイムの仕事を探して、保育園についても調べてみる。家計を一緒に見直してカットできる支出を探しましょう。ＯＫ？」

アダムはゆっくりとうなずいた。「何をするにしても、一定期間のお試しのつもりで、うまくいくか確かめてみよう」

マディとアダムがいい形で話し合いを進められたのは、2人が以下のような典型的な罠にはまらなかったおかげだ。

●結論を急ぎすぎる

対立には強いストレスが伴うため、その状態から早く脱したいと願うあまり、最初に提案された選択肢に飛びついてしまう場合がある。複雑な問題には通常、複数の解決策があり、また多くの場合、思い入れの強い論点が関わっている。

幸い、マディとアダムは「結論を急ぎすぎる」という罠を回避できた。2人とも、話し合いの目的は双方にとって満足のいく方法で問題を解決することだとわかっていたためだ。

●二者択一で考える

二者択一の思考を突き詰めると、「全日の保育料を払うか、何の変化もなしか」といった極論になりかねないが、マディが最初に複数の選択肢を示したことで、この罠を避けられた。ただし、選択肢を用意するという大変な作業を担ったのはマディ一人。もしも2人で協力して知恵を出し合っていたら、マディの母に週に数日、助けてもらうといった別の選択肢も検討できたかもしれない。

- 互いの要望に注目せず、解決策ばかりを議論する

一歩下がって問題の本質を見極める代わりに、時期尚早な段階で特定の解決策のメリットとデメリットばかり気にしていると、この罠に陥りやすい。保育園は解決策の1つだが、知的刺激と大人との交流がほしいというマディの本当の要望を叶える唯一の解決策ではない。

- 単なる選択肢を事実だと思い込む

家計を精査していないのに、保育料は出せないと思い込んでいたという点で、アダムはこの罠にはまっていた。また、「新しい仕事を引き受けると夜と週末も忙しくなる」という彼の説明も、どこまで真実かわからない。上司に確認した？　それとも、アダムがそう思い込んでいるだけ？

- 「お試し」と最終的な決定を混同する

以前に夫婦間で決めた役割分担にマディが不満を募らせたように、現時点での正解がその後もずっと正解とはかぎらない。とりあえず行動を起こして情報を集め、うまくいくかどうかを確かめる「お試し合意」なら、最終的な決断を下す前に適切な変更を加えることが可能だ。

●各自の要望をないがしろにする

事実関係や論理的根拠は、可能な選択肢を示してくれるという意味で大切だが、互いの要望がバランスよく満たされることも同じくらい重要だ。アダムが「自分の不安は理屈では説明がつかないが、不安を感じるのは事実だ」と認めたのは素晴らしい行動だった。この発言がなければ、どんな解決策も不完全で長続きしなかっただろう。

●各自のスタイルを考慮しない

誰にでもなんらかの癖や傾向があるもの。アダムは約束を守ることにうるさいタイプのようなので、マディはその点に配慮して、「お試し」と「最終的な合意」を区別する提案をした。

●具体的な方法まで細かく定める

「何をするか」について多くの選択肢（や好み）があるのと同様に、「どう実行するか」についても多くの選択肢（と好み）がある。アダムはマディの仕事の探し方について口出しすべきではないし、マディもアダムがワークライフバランスについて上司に相談する方法について、とやかく言うべきではない。2人は「何をするか」について合意した一方、「それをどう実行するか」については相手の領域に踏み込まなかった。

マディ＆アダム　パート6

週が明けて水曜日の夜、アダムとマディは子供たちを寝かせてから、ソファでワインを楽しんでいる。

「話さなきゃいけないことがある」とアダム。「この間の土曜日には賛成したが、まだ気になっていることがある」

マディの表情に不安がよぎる。「全部ひっくり返したいわけじゃないよね？」

「心配しないで」と、アダムは笑った。「それに、君にとってもいい話だと思う。誰かに話を聞いてもらいたかったから、今日、ドリューとランチをしたんだ」

「え？　わが家のプライベートを人に話したの？」

「いやいや、大丈夫。ドリューと僕が親しいのは知っているだろう？　誰にでも話すわけじゃない。ドリューからも息子とのトラブルを聞いていたし、僕たちが決めたことを言葉にして話したかったんだ。それに、君を悪者扱いすることはないから大丈夫。彼は君の味方で、僕に率直に意見を言ってくれた」。そう言って、アダムは笑い声を上げた。「僕の友達なのに！」

「彼は何て？」

「君の言ったこととほとんど同じだ。僕は自分のことばかり気にして、君のことを十分考えていないと叱られた。僕は君にふさわしくないとまで言われた」。アダムは軽い調子で言った。

「いろいろと考えさせられる指摘だった」

「この問題に向き合ってくれるのだから、あなたは私にふさわしいわ」と、マディは笑顔で返した。

「この間の君の話に納得しなかったわけじゃない。ただ、他の人の意見も聞けたら安心だと思ったんだ。ドリューが夫婦で問題を乗り越えた話も聞けて、自分だけではないと思えた」

マディはうなずきながら「世界中から完璧な夫婦だと思われる必要はないしね」と答えると、しばらく沈黙した後に話し始めた。

「私も、どうして働くことにこれほどこだわるのか考えてみた。大人との交流と、成長し続けるチャンスがほしいという話はしたけれど、それ以外にも理由がある。私の母が結婚を機に大学を辞めた話を覚えている？　母はエンジニアリングの勉強をしていた父を支えるために働き始めたけれど、学位がないから事務職しかできなくて、その仕事も兄たちと私が生まれて辞めてしまったから、キャリアを築けなくて後悔していた」。マディは泣き始めた。「母みたいになってしまうのが怖い」

アダムはワイングラスを置くと、マディの肩に腕を回す。落ち着きを取り戻したマディは、言葉を続けた。

「今話しながら、気づいたことがある。パパはママを愛していたけれど、彼女をまるごと尊敬していたかどうかはわからない。もちろん子育てや家事の面では尊敬していたけれど、『まるごと』じゃない。多分私は、私たちにも同じことが起きるのが不安なのだと思う」

その言葉を聞いて、アダムはしばらく考えた後、「認めたくはないが」とついに口を開いた。

「君が不安を感じるのもわかる。僕は子育ての面で君に本当に感謝しているけれど……君には話さない話題もある。尊敬とは別の問題かもしれないが、君が不安を感じる理由はわかってきた」

アダムは一呼吸置くと、こう続けた。「この問題が大切な理由がよくわかった——僕たち2人にとって」

次の週末、2人は家計を吟味して保育料に回せる額を算出し、マディが自由に過ごせる時間を確保した。

「これならパートタイムの仕事をするには十分なはず」とマディ。「でも、この決定に縛られたくはないから、まずは試してみましょう。子供を預ける時間を増やしたくなるかもしれないし、あるいは減らしたくなるかもしれない」。その後の相談を経て、2人は「お試し期間」を6カ月と決めた。

「念のため確認するが、まずは試しにやってみるんだよね?」とアダム。

マディはうなずきながら、「そうよ。賛成してくれてありがとう」と答えた。

回を重ねるにつれて、2人の対話の枠組みは「マディの問題」から共同で解決すべき2人の問題へと変わっていった。2人とも複数の選択肢を考えて、共同で意思決定をする方法を編み出すなど、さまざまな解決策を生産的に検討できる状態になり、保育園問題については当面の解決策にたどり着いた。

どちらか一人、あるいは双方が特定の行動に強い抵抗を示す場合、その根底に長年の根深い問題があるケースが多いようだ。根底にある原因をあぶり出して深掘りするには、一定の時間と空間が必要だ。過去の出来事が現在の言動に与えている影響に気づければ、早まって相手を「そういう人だ」と決めつけてしまうリスクを回避できる。

マディとアダムも、そんなリスクに直面した。マディにとってはアダムをケチだと決めつけるほうが楽だったが、彼女はいったん立ち止まって「質問モード」に切り替え、「保育園の費用がそんなに気になるのはどうして？」と尋ねて、問題の本質をあぶり出そうとした。

マディの質問に加えて、アダムが自身の内面を振り返って返答しようとした点にも大きな意味があった。2人がこの次元にたどり着けたのは、互いを支え、大切にできる夫婦関係ができ上がっていたからこそだ。

一方、アダムが打ち明けた大学時代の友人のエピソードは、「それはリードの話で、私たちはそんなふうになるはずがない」と論破されかねない内容だった。それでも、アダムが過去の出来事から受けた影響について率直に打ち明けたおかげで、マディも後に同じような告白をしやすくなった。マディが自分の育った環境に起因する恐怖心を打ち明けたことも、2人の会話、そして2人の親密さに貢献した。

問題解決のパズルのピースをはめていく際に大切なのは、マディとアダムがしたように、異なる時間軸——現在、過去、未来——に注意を払うこと。「現在」に注目すると、不満や要望（知的刺激を求めるマディの要望、アダムの家計への不安など）の元となった原因が浮かび上がり、「過去」に注目すると失われたものや今に至る経緯がわかる。そして、「未来」に注目することで、互いの求めるゴールイメージを意識し、非難合戦を終わらせることが可能になる。この3つの時間軸を行ったり来たりしながら話し合いを進めることで、最良の結果を生み出せるのだ。

第三者の役割

第三者に助けを求める理由は人それぞれ。マディが友人のテレサに保育園について尋ねたように、他人が似たような状況をどう乗り切ったかを知りたい場合もあれば、アダムのように冷静な意見を聞きたい場合もある。

アダムは友人のドリューなら客観的な立場で、自分たち夫婦が気づいていない視点を提供してくれると期待した。保育園問題に強い思い入れのあるマディに対し、ドリューには個人的な利害関係がないからだ。ただし、この期待はドリューが夫婦双方を知っていて、公正な判断ができることを前提にしたもの。実際には、彼はマディを知ってはいても、あくまでアダムの友人だ。また、アダムの期待はドリューがすべての関連情報を知っていることも前提としているが、アダムがどれほど客観的に状況を説明しても、その内容とマディが説明した場合の内容は同じではあり得ない。ドリューの助言が役に立つか否かは、ドリューがこうした制約をどこまで自覚しているかによって変わってくる。

それでも、ドリューはこうした制約をものともせず、夫婦の目指すゴールを応援し、明瞭な視点を提供してくれた。彼はアダムに単刀直入に意見を伝えたが、この方法以外にも、「アダムに思いの丈《たけ》を吐き出させる」「オープン・クエスチョンを投げかけてアダムの視野を広げる手助けをする」といった方法も同じく効果的だったと思われる。

われわれは、第三者の力を借りて問題解決を図ることを推奨してはいない。理由は、第三者がすべての情報を把握するのは不可能だから。それでも彼らは、あなたが自身の要望を明確に自覚できるようサポートしてくれる強力なパートナーにはなり得る。そんな第三者の力を上手に借りながら、「あなた」がもう一人の当事者と協力して生産的な形で問題解決に取り組めばいい。

さまざまな結末

アダムとマディの対立は、双方にとってつらい経験だったが、その努力は報われたのだろうか。彼らは最終的に次のような状態に至った。

- 目の前の問題について、当面の解決策を見つけた
- 将来、別の問題が起きたときに、適切に問題提起をして解決する能力が高まった
- 夫婦の絆が強固になった
- 互いへの理解が深まった

困難な道を歩き続けた結果、2人はより深いレベルで互いを理解できるようになった。努力が報われて、人間関係の連続体の端に向かって歩みを進め、格別の関係の領域に足を踏み入れたのだ。

ただし、2人にとって最大の成果は、「将来、別の問題が起きたときに、適切に問題提起をして解決する能力が高まった」という2つ目の項目ではないだろうか。家計と保育料のバランスについて話し合うプロセスを通して、2人は今後新たな問題が浮上しても、前向きな形で問題提起をして解決策を編み出せる力を高められた。

マディはトラブルを避けたり、話し合いに背を向けたりしないと約束し、アダムは自分の要望だけでなく、マディの要望にも配慮すると約束。さらに彼は、子育てと家事はマディ一人の問題ではなく、自分自身も深く関わるべき問題だと気づいた。そして何より意味があったのは、夫婦の関係の足を引っ張っていた要因を2人で特定できたことだ。

このような合意形成は大きな意味を持つ第一歩だが、同時に、その後も合意を補強し続ける行動が必要となる。どちらかが約束を無視して、好き勝手に振る舞う場合もあるだろうが、そうした約束違反そのもの以上に心配なのは、違反に気づかず、話し合いもできない状態だ。

実際、合意に反する行動があっても、修正を経て再び約束が守られるようになれば、両者の学びはより強固なものになることだろう。

たとえば将来、アダムが一筋縄ではいきそうにない問題を提起し、マディが話し合いに背を向けたとしよう。そんなとき、アダムが「厳しい話し合いになっても、皿洗いに逃げたりしないと約束したよね」と言えば効果てきめんだ。

状況が（そして人間関係が）複雑さを増すほど、問題解決に取り組む過程で多くの論点が浮上する。ちょうど玉ねぎの皮を一枚ずつ剝《は》ぐようなイメージだ。初めは外側の皮があるために中身が見えないが、外側の皮をむくと現在進行形の問題が現れ、その内側にはさらに個人的な悩み（過去の出来事によって受けた大きな影響など）が隠れている場合も。内側の真実を見つけるまで、当事者それぞれが粘る必要がある。

平坦な道のりではない。「ローマは一日ではならず」と言われるように、大きな衝突ほど解決に時間がかかるもの。そして、そのためには忍耐とスキル、さらに論点をあぶり出し、協力して解決策を見出す努力が不可欠だ。

学びを深めるために

振り返る

1　マディの立場に立ってみる

アダムとの話し合いでは途中で諦めたり、脱線しそうになる場面がたびたびあったが、マディは当面の解決策を編み出すまで粘り強く取り組んだ。それぞれの分かれ道で、あなたならどう振る舞ったと思うか。マディが取った行動のうち、自分には難しいと感じるものはあったか。罠にはまりそうな場面は?

2 特に大切な人間関係

特に大切な関係の人との間で、問題解決が難しい状況が勃発した経験が一度や二度はあることだろう。あなたとその相手は、次のどの罠に陥りやすいと思うか。

- 結論を急ぎすぎる
- 二者択一で考える
- 互いの要望に注目せず、解決策ばかりを議論する
- 単なる選択肢を事実だと思い込む
- 「お試し」と最終的な決定を混同する
- 各自の要望をないがしろにする
- 各自のスタイルを考慮しない
- 具体的な方法まで細かく定める

3 第三者

あなたが第三者の立場で当事者から相談を受けたり、逆に当事者として第三者に相談を持ちかけたときに、次のような問題に直面した経験はあるか。

- 第三者が自分に求められている役割（ただ聞くだけ、視野を広げるサポート、前提を疑う、同情する、など）を理解していない
- 自分が解決策を提示すべきだと思っている
- 自分が重要な情報（もう一人の当事者の視点）を持っていないことを自覚していない
- 一方の味方をする立場に引きずり込まれる

実践する

特に大切な人間関係の相手との間で話し合うべき論点を見つけたら、意思決定／問題解決について学んできたあらゆるスキルを動員して話し合おう。

理解する

話し合いはどうだっただろうか。４つの狙い（問題を解決する、問題解決のスキルを高める、相手をより深く知る、絆を強化する）は達成できたか。

自分の能力を高めるため、そして２人の関係を格別の関係に近づけるために、今後すべきことは何だろうか。

14 境界線と期待

エレーナ＆サンジェイ　パート5＆6

ある同僚から「仕事帰りに空港まで送ってほしい」と頼まれ、快く引き受けたとしよう。自分の帰宅ルートからはやや外れるが、妥当な依頼だと感じたからだ。一方、別の友人から、早朝や夜遅くも含めてたびたび空港に迎えに来てほしいと頼まれたらどうだろうか。その人との関係を考えれば当然だと思えることもあれば、思えないことも……。

当然だと思えない場合、妥当な依頼と負担に感じる依頼の境界線をどのようにして決めるだろうか。また、負担が大きすぎると感じたとき、それをどこまで正直に相手に伝えられるだろうか。友情を守るために、何も言わずに付き合いを続けるべきだろうか。

私たちはそれぞれ、人間関係の各ステージにおいて「このくらいなら頼んでもいいだろう」と期待する基準をもっており、過去の経験や、「自分なら相手にこのくらいしてあげる」という感覚に基づいて、その度合いを判断している。具体的な期待値について友人同士で議論することはそうそうないだろうが、「こうあるべき」という感覚は誰もが心の奥底にもっている。問題が生じるのは、「この程度までなら要求していい」という基準が相手の想定と異なる場合だ。

大切な関係にひびが入るリスクを冒してでも、線引きをしなくてはならない場面もあるだろう。でも、それによって、相手が「拒絶された」「距離を置かれた」と感じてしまったら？ そう考えると、いい関係を続けるために衝突を避けるという選択肢がとても魅力的に思える。

しかし、古代ギリシャの哲学者プルタルコスはこう語ったと伝えられている。

「私が意見を変えたときに意見を変え、私がうなずいたときにうなずくような友人はいらない。そんなことは、私の影のほうがずっとうまくできるのだから」

現代風の言い方をすれば、真の友人とは、あなたが聞きたい言葉を言ってくれない人――つまり、あなたにとって最善だと思うことを率直に語ってくれる人のことだ。しかし、そうすることで関係がこじれてしまったらどうするのか。エレーナもサンジェイとの関係において、そんなジレンマに直面した。

エレーナ&サンジェイ　パート5

サンジェイとエレーナはその後も2年ほどにわたって友情を深めていた。エレーナは実績を買われて社内の別の部署で昇進を果たしたため、もうサンジェイの直属の部下ではないが、2

人は定期的にランチを共にしながら互いへの理解と思いやりを深め、気楽で心地よい友情を楽しんでいる。さらに、サンジェイの妻プリヤとエレーナの夫エリックも仲間に入り、4人で集まることもある。

ある日、サンジェイがエレーナに電話をかけ、「仕事の後に一杯どうか」とためらいがちに尋ねた。「仕事関係で話したいことがある。でも、社内じゃ話せない」。2人は町の反対側にある静かなバーで会うことにした。

サンジェイが選んだのは、他の人から離れたテーブル。ドリンクの注文を終えると、エレーナは「どうしたの?」と尋ねた。

「まず、時間を取ってくれてありがとう。誰かに相談したかった。ここでの話は誰にも言わないでほしい」

「もちろん。重大な話みたいね」

「そうなんだ」。サンジェイは深呼吸をすると、言葉を続けた。

「会社を辞めて、起業しようと思う。大学時代の友人のローランドから連絡があって、共同創業者になる話をもちかけられた。ずっとやりたかったことだけど、今まではタイミングが合わなかった。いや、ぴったりのタイミングだと思えることなんてないのかもしれないが。大学を出て就職した頃からずっと起業が夢だったけれど、結婚して子供が生まれて、住宅ローンを組んで、給料も上がっていって。まさに『黄金の手錠(恵まれすぎていて、現状から抜け出せない)』だ。でも、今動かなければ、僕はずっと動けない。それに、心から熱くなれるものを始めたいんだ」

「面白そうね、サンジェイ。もちろん、怖い気もするけれど」。エレーナはにっこり微笑んでそう答えた。「あなたは最近ずっと忙しそうだったから、あまり驚かなかった。チャレンジできて、ちょっとうらやましい。私には難しいな」

「ああ、怖くて、面白そうで、やる気が湧いてくる。僕はずっと保守的で無難な選択をしてきたし、家族にいい生活をさせたいという気持ちも強かった。こんなに稼ぎがよくて安定した仕事を捨てるなんて、考えることさえ馬鹿げているのかもしれない。でも、今やらなかったら、いつやるんだ？　仕事で無茶をしたことはなかったが、今こそすべきだと思う。ローランドはものすごくクリエイティブなのに、今の仕事がうまくいっていない。彼はエドテック（テクノロジーを活用して教育分野にイノベーションを起こすビジネス）関連の革新的なアイデアを持っていて、知っての通り、僕もその分野にはすごく関心がある。起業するべきだと思う？」

「プリヤの意見は？」

サンジェイの顔が曇った。「それが問題なんだ。プリヤにはまだ言えない」

驚いた様子のエレーナに向かって、サンジェイは言葉を続ける。

「君も知っているように彼女は心配性で、経済的な安定をすごく気にしている。子供たちもまだ小さいしね。だから、理解してもらえないか、最悪の場合、家族の幸せを犠牲にして自分の夢を追いかける身勝手な男扱いされかねない。彼女に話すのは、自分でとことん考えて、準備を整えてからにしたい。今は君と話して頭を整理したいんだ」

エレーナはドリンクに目を落として眉をひそめ、考えをまとめると静かに言った。「ごめん、サンジェイ。力になりたいけれど、そうすると私が困った立場になる。プリヤに対してフェアじゃないから、相談には乗れない」

「どういう意味だい？　君とは本音で話して助け合える関係だと思っていたのに」

「その通りよ」とエレーナ。

「でも、違うじゃないか」

顔をしかめるエレーナ。「そんなふうに言われるのはつらい。まず、がっかりさせたなら、ごめんなさい。私もあなたとはそういう関係だと思っているし、だからこそ本音で話してる。あなたを支えたいし、打ち明けてくれたことは嬉しい。でも、相談に乗ることがベストだとは思えない」

彼女はしばらく言葉を探した後に、また話し始めた。「あなたを大切に思うからこそ、プリヤに相談した後でなければ相談には乗れない。あなたの依頼に応じたらプリヤに迷惑をかけるし、あなた自身にも迷惑をかけてしまう」

「どういう意味だ？　プリヤにどんな迷惑がかかる？　起業の話を聞いたら、彼女はすごく動揺する。まだ決めていない段階で無用の心配をかけたくないから、君に相談したいんだ」

「いい、サンジェイ。問題は2つ。1つはあなたが新たなチャンレジをするかどうか。これは比較的簡単な問題ね。もう1つはあなたとプリヤの関係」

「これが僕たち夫婦の結婚の形だ」と、サンジェイの口調が熱を帯びてきた。「はっきり言って、君には関係ない！」

「もちろん、あなたたち夫婦の問題だけど、あなたがプリヤが絡む問題に私を引き込んだから、私の問題にもなっているの。起業するかもしれないという決断はプリヤにも大きく影響するのに、私が先に相談に乗ったら、私とプリヤの関係にも影響が出かねない。彼女が知ったら激怒するだろうし、それが当然だと思う。でも、それ以上に大きいのは、あなたにも悪いということ」

「僕に悪い？」

エレーナはうなずいた。

「今回の判断は起業に向けて必要な多くの重大な判断の第一弾で、この後にもおカネ絡みの判断がたくさん待ち受けている。それも全部、プリヤに黙っているつもり？　こんなふうに彼女抜きで決めていったら、彼女はどんどん疎外感を募らせて、夫婦が結束すべきときに心が離れてしまう。彼女に話を切り出しにくいのはよくわかるけれど、代わりに私に相談したら、私も共謀したことになってしまう。あなたをそんな事態に陥れたくない。あなたに悪いと言ったのは、そういう意味」

サンジェイは少し考えてから「とにかく今は、彼女に話せない。ひどい心配性だから伝えるべきじゃない」と答えた。

「彼女にそういう面があるのは確かだけど、あなたの選択はどこまでが彼女のためで、どこまでが自分のため？」

「何が言いたいんだ？」。サンジェイは怒りを込めて尋ねる。

「前から、あなたには彼女を守りすぎる傾向があると感じていた。この間、４人で食事をしたときも、最近の経営陣との対立について表面的な話しかしなかった。私とランチをしたときにはすごく怒っていたのに、彼女の前では穏やかな淡々とした口調で」

「確かに。でも、プリヤが小さなことでも騒ぎ立てるのは知っているだろう？　全部正直に話したら、僕がクビになるんじゃないかと心配して、落ち着かせるのに1時間はかかる！」

「そうね。彼女の反応が読めないのは事実。でも、あなたは何もかも彼女のせいにしている。あなたが対立を嫌う話を前にしたけれど、プリヤと話し合いたくない理由の一部も、そこにあるんじゃない？　あなたが守っているのはプリヤ、それともあなた自身？　どちらにしても、もしエリックがこんな重大な決断を私より先に誰かに相談していたら、半殺しにするわ」

「プリヤと僕の場合は違うし、僕の夫婦関係は僕の問題だ。なんてことだ。君に力になってほしいと思っただけなのに」

「力になれていないなら申し訳ないけれど、私としては全力でサポートしているつもり。時期が来たら、喜んで相談に乗る。プリヤの代理ではない形でね。あなたのよき友人として、これだけは忠告する。自分で答えを出す前に、今すぐ彼女にすべてを打ち明けることが何より大切だと思う」

「どうして起業の話が、僕の結婚や、対立を嫌う話になるのかわからない。今日はもう終わりにしよう」。サンジェイはドリンクを飲み干し、席を立とうとした。

「だめ、まだ帰らないで。あなたとプリヤの関係についてこれ以上話すことはない――私が言いたいことはもう言ったから。でも、望んだかどうかは別にして、私とあなたの関係にも問題が生じていて、ここで逃げ出してはいけないと思う」

サンジェイは再び腰を下ろしたが、腕は組んだまま。「僕たちの関係にも問題が生じているってどういう意味だ？」

「私は、あなたの考えに賛同するのと同じように、反論することもサポートの1つの形だと思っている。私なら自分が間違っているときには指摘してほしいから、私もあなたにそういうサポートを提供したい。起業の相談に乗れば、その瞬間は距離が縮まった気がするだろうけど、結局はあなたの結婚生活の足を引っ張ってしまう。それに、ここで私が相談に乗ったら、あなたは今後もプリヤじゃなくて、私に相談し続けるかもしれない。あなたを心から心配する友人として、悪い結果につながりかねない協力はしたくない」

「これからもずっと、ローランドのアイデアについて相談に乗る気はないと？」

「そうじゃない。今は相談に乗れないけれど、あなたがプリヤと話した後なら構わない。それが私にできる一番のサポートだと思う」

「気が変わる気配はなさそうだね」とサンジェイ。

「まったく」と、エレーナは微笑んだ。「でもあなたを思ってのことだとわかってほしい」

サンジェイは残念そうに微笑み、伝票を手に立ち上がった。「僕のおごりだ。時間をつくってくれてありがとう」

一緒に店から出る際に、サンジェイはこう付け加えた。「つらいな。君に厳しいことを言われたし……。でも、必要なことだったのかもしれない。考えることが山ほどあるから、また連絡するよ」

「君に厳しいことを言われたし」というサンジェイの言葉は的を射ている。事実、2人の関係が格別の関係に近づいたのは、エレーナの「厳しさ」のおかげだ。

2人は自身の要望や気持ちについて率直に語り合い、正直に向き合い、最終的には前向きな形で対立を収めることができた。サンジェイは当初、エレーナが味方になってくれないと感じていたが、エレーナは依頼を断るのはあくまでサンジェイのためだと繰り返し、さらに、サンジェイの相談に乗ることが自分にとってもマイナスになる――プリヤとの関係が壊れかねない――という面も否定しなかった。

今回の会話は結果的に2人の絆を強めたが、正反対の結末に至るリスクもあった。エレーナがサンジェイとの間に境界線を引いた際に、サンジェイがバーを飛び出し、2人の関係が終わってしまうというシナリオだ。

関係が深まると、相手に助けを求める場面が増えるが、それに加えて、頼まれたほうも思いやりと責任感から「頼みを引き受けるしかない」という感覚に陥りがち。エレーナもそんなプレッシャーを感じたが、そこに潜んでいる危険と、断った場合のメリットの大きさを考えて依頼を拒む道を選んだ。もし彼女が声を上げていなければ、「2人の友情では対立を乗り越えられない」というメッセージを発したことになってしまう。

2人のような前向きな結末にたどり着くには、双方がオープンな態度で相手の指摘を受け入れる必要がある。サンジェイは当初、エレーナの言葉を受け入れられず、自分の行動が大きな代償を伴うことも、何度も指摘されてようやく理解した。幸い、エレーナは自分の言い分をサンジェイに理解してもらえるまで粘り強く対応し、そのうえで「私が言いたいことはもう言ったから」と忠告を切り上げた。また、彼に殴りかかるような強い言葉ではなく、必要な情報のみを提供した点も評価できる。

エレーナとの会話を通して、サンジェイには大きな学びがあった。彼が今後、妻との問題にどこまで向き合えるかは不明だが、問題点がテーブルの上にわかりやすく並んだのは事実だ。また、エレーナとサンジェイが格別の関係における真のサポートの意味について語り合えた点にも、同じくらい大きな意義があった。

こうして2人の関係は「格別」の次元に到達したが、まだ進化の余地はある。今後も新たな状況に次々に直面するだろうし、ある面では成長が見られても、別の面では新たな課題が浮かび上がるものだ。2人はそのたびに問題解決に挑むだろうか。それとも今回の衝突に強いストレスを感じたせいで、これ以上のリスクは冒さないだろうか。

サンジェイが「対立嫌い」の改善に取り組むとして、彼は生産的なアプローチで自分の癖を変えられるだろうか。それとも苦しい思いをするだけだろうか。

人間関係には完璧な最終形は存在しないが、だからこそ面白く、挑戦しがいがある。学びと成長がいつまでも続く状態は楽ではないが、そのおかげで格別の関係の素晴らしさが際立つのだ。

今回のエピソードが厄介なのは、サンジェイとエレーナ2人だけの問題ではなかったからだ。人はそれぞれ人間関係のネットワークを持っている。エレーナはサンジェイとの間に格別の関係を望み、サンジェイはプリヤとの親密な関係を求め、エレーナはプリヤと親しい友人関係を維持したいと願っている。

もしエレーナがサンジェイの頼みを聞き入れていたら、2人の絆は（少なくとも当面は）強まっただろうが、2人それぞれのプリヤとの関係は弱まってしまったはずだ。ある関係を進化させるために、他の人との関係を犠牲にすべきではない。

厳しさの重要性

信頼と思いやりにあふれた格別の関係においては、相手から深刻な依頼を持ちかけられる場面があることだろう。もしも応じたくない頼み事を持ちかけられたら、むげに断られたと思われない形でノーと言えるだろうか。厳しい態度を取ると、大切な関係にひびが入るのではないかと心配になるが、厳しい態度を取らないこともまた、大切な関係にひびを入れかねない行動だ。

孫の世話をしょっちゅう頼まれてうんざりしているが、断ると息子・娘との関係が悪化しそう、高齢の親に運転免許を返納するよう説得してほしいと、きょうだいに頼まれてしまった、友人から借金を申し込まれた……。こんなとき、今後も親しい関係を維持するためにはどう対応すべきか。

われわれの友人であるブリエナの兄は大の酒好きで、酒癖の悪いタイプ。ブリエナは長年、兄とその妻が夕食を食べに来るたびに、兄のぶっきらぼうな態度に我慢を重ねてきた。やがて彼女は、兄の来訪に怯えるように……。

兄の仕事上のストレスを知っていた彼女は、酒癖について口を出すことでさらなるストレスを与え、兄妹の仲が悪くなるのを恐れていた。かといって、義姉にこっそり相談するのもおかしいし、効果もなさそう。それでも、兄の酒癖は無視できないほどひどくなり、ブリエナはこのまま黙っていたら兄との距離は開く一方だと思っていた。

いつにもまして不快な思いをした夕食の翌日、ブリエナは兄に電話をして「大事な話がある」と伝え、数日後のコーヒータイムに会う約束を取りつけた。「これまでの兄との会話のなかでも、とりわけつらい話し合いだった」と、ブリエナはわれわれに語ってくれた。「飲みすぎの兄と一緒に過ごすのがどれほど嫌いか、はっきりと伝えた。他の誰と、どんな場所で飲もうと勝手だけれど、私と一緒にいるときは飲まないでほしい、私が一緒のときにお酒を控えると約束できないなら、今後いっさい一緒に社交の場には行かないと伝えた。この話題を避けていたら、2人の関係がおかしくなると思っていることも含め、すべてをぶつけた。兄とは仲よしだったし、このままの関係が続いてほしいという思いは2人とも持っていたはず。兄は初めは『大げさすぎる』『厳しすぎる』と言っていたけれど、私は譲らなかった。私の頼みを聞いてくれないなら、お酒の入る場では二度と会わないと伝えたら、ようやく聞き入れてくれた」

「それ以来、一緒に夕食を食べるときも、共通の友人と集まるときも、兄が飲むのはスコッチのロックを一杯だけ（4～5杯ではない）。他の場所では今でも飲んでいると思うけど、私と一緒のときは飲まない。もし兄に何も言わなかったら――もし私にとって重要な境界線を引かないでいたら――、兄との友情は少しずつ壊れていったと思う。今でも兄とは仲よしだし、前よりもずっと親しくなれた」

このように、相手との間に境界線を引く行為には2人の距離を遠ざけるリスクもあるが、ブリエナもエレーナもその機会を活用して思いを伝え、相手との距離を縮めた。「よきフェンスがよき隣人をつくる」という言葉があるが、よいフェンスは親密で深い関係づくりにも貢献するのだ。

「厳しい」態度――エレーナもブリエナもそう批判された――は、相手につらく当たったり、相手を拒絶する態度とは違う。エレーナにはサンジェイを傷つける意図はなく、話し合いの間ずっと、彼の性格ではなく行動に限定した指摘に徹していた。話し合いを避けたがる相手に向かって、その人にとってベストだと信じる内容を指摘するためには、厳しい態度を取れる強さが不可欠なのだ。

一方、フィードバックを受ける側にも強さが求められる。自分の言動に問題があるという指摘を聞き入れるのは容易ではないが、サンジェイは最終的には受け入れた。彼は何度も結婚生活の話題を別の話題に変えようと試み、バーから立ち去ろうとさえしたが、最終的にはその場にとどまり、エレーナの指摘に耳を傾けたのだ。

ブリエナと兄の話し合いも似たようなパターンをたどった。気持ちの不安定な人と格別の関係を築くのは不可能とは言わないまでも難しいものだが、ブリエナもエレーナも、相手にはフィードバックを受け入れる強さがあると確信しており、相手にその思いを伝えたのだ。とはいえ、拒絶された気分にさせることなく相手の非を指摘するのは、なかなかの難題だ。エレーナがこの綱渡りを成功させられたのには、いくつかの理由があった。

彼女はまず、サンジェイの反応や怒りのこもった抵抗に腹を立てることなく、「自分はあなたを傷つけたいわけではなく、力になりたいだけ」というスタンスを繰り返し伝えていた。また、サンジェイに必要だと思うことを伝え、頼みを聞き入れると彼の結婚生活にもマイナスになりかねないと指摘し、相談に乗らないことが究極のサポートの形だと繰り返し強調した。

ここで注目すべきは、サンジェイからの依頼が常識外れの内容ではなかったということだ。プリヤの知らないところでエレーナがサンジェイの相談に乗ること自体は十分あり得る話だけに、エレーナが自分の主張を押し通すのは大変だった。

対照的に、もしもサンジェイが「リスクの高い起業の話に加わってみたいから、プリヤを説得してよ」と頼んできたとしたら、これは明らかに一線を踏み越える行為だ。今回はサンジェイの依頼が一見まっとうだったために、エレーナが境界線を引く困難さが一気に高まったのだ。

エレーナのエピソードのポイントは、そんな微妙な状況下でも彼女がきちんと境界線を引けたこと。人はそうした場面に直面すると、相手の都合に合わせてしまう罠に陥りやすいものだ。格別の関係を築けたからといって、相手の人生のすべての側面に踏み込んでいいわけではない。「これが僕たち夫婦の結婚の形だ。はっきり言って、君には関係ない！」というサンジェイの怒りはもっともな反応で、サンジェイとプリヤにはエレーナの意向に関係なく、自分たちなりの夫婦の形を決める権利がある。

バーでサンジェイが「起業に挑戦するが、妻には話さないつもりだ」と単に「報告」しただけだったら、エレーナは友人として懸念を伝えることはあっても、最終的な判断はサンジェイに委ねたはずだ。しかし実際のサンジェイは報告だけでなく、エレーナのアドバイスとコンサルティング、さらには精神的なサポートまで求め、エレーナを「共犯」に引き込んだ。こうなるとエレーナにも問題提起をする権利が生じるが、彼女がサンジェイにこの点を指摘したことで、彼の対応が好転する可能性が高まった。

もう1点、エレーナの対応が素晴らしかったのは、サンジェイに対して、妻に起業の計画を話すよう「命令」しなかったことである。彼女はただ「プリヤに話すまでは相談相手になれない」とストレートに伝えただけだ。

エレーナが取った3つの重要な選択によって、3人の友情は一段と深まった。1つ目は、サンジェイの依頼を断るという決断。2つ目は、サポートしてもらえないと感じたサンジェイにきつい言葉をぶつけられても、自己防衛に走らなかったこと。そして3つ目は、話を途中で切り上げようとしたサンジェイを引き留めたことだ。どの場面でもエレーナは、サンジェイと2人の関係にとって最善だと信じる道を選び、それを実行に移したと言える。

仮にどこかの場面で別の選択をしていても、すべてが台無しになってしまったとは限らない。

たとえば、「相談に乗ってほしい」という依頼をいったんは引き受けたものの、何度か話し合ううちに罠にはまりそうだと気づいた場合、その時点でサンジェイに「これ以上は協力できない」と伝えればいい。

同様に、相談を断った場合にサンジェイから責められて冷静さを失っても、後で謝り、自分が正しいと思うサポートの形を議論できれば十分だろう。また、仮に対立が解消されないままバーを出たとしても、次のランチの際にあらためて話し合えればOK。誰だって、常に完璧な選択をすることなどできないのだから。

エレーナ＆サンジェイ　パート6

エレーナとサンジェイは翌週、再び顔を合わせた。エレーナが椅子に腰かけてすぐに、プリヤに話したかサンジェイに尋ねると、サンジェイはしかめ面で「話はしたが、予想通りうまくいかなかった」と返答した。プリヤは激怒して、家計が破綻すると主張したそうだ。

「もう1つの問題についても話し合った？　彼女の反応の仕方が原因で、相談を切り出しにくい話」

「いや、どう伝えたらいいのかわからない。そんなことを言ったら、否定されるか、怒り出すか」

「そうね。でも、彼女が否定しにくい形で話を切り出せるチャンスだったかも」

「どうかな。難しいと思う。これ以上もめ事を増やしたくない」

「もちろん簡単じゃない」とエレーナ。「あなたたち2人の長年の関係性を根本的に変えようというのだから」

「難しいことを要求するね。OK、やってみるよ」

それから数週間にわたって、サンジェイは何度もプリヤと話し合った。プリヤは当初、「不安な気持ちをわかってくれない」と怒り、サンジェイを責めるなど激しく反発したが、サンジェイは夫婦関係にとってプラスになるという信念をもって話し合いを続けた。

ひとたび格別の関係に到達しても、その関係は常に進化し続けられる。エレーナとサンジェイは試練を経て、サンジェイの夫婦間の問題をはじめとする、さらなる難題に向き合えるようになった。エレーナがサンジェイ夫婦の関係に口出ししたように見えるかもしれないが、彼女の狙いはコーチとして、サンジェイの望みが叶うよう支援することだ。これも第三者が果たせる役割の一つであり、格別の関係に向かう2人だからこそできたことでもあった。

エレーナがサンジェイの成長を本気で応援していることはサンジェイも理解しているが、エレーナの取った方法は、サンジェイが当初依頼した形とは異なる、より生産的なアプローチだった。彼女はプリヤへのフィードバックの伝え方についてサンジェイに指導したが、そのせいで彼女とサンジェイ夫婦との関係が傷つくことはなかった。これは、エレーナがサンジェイを深く理解しており、彼が望む結婚の形についてもわかっているという前提があったためだ。

起業をめぐる相談に乗らなかったことで、結果的にエレーナとサンジェイの関係は一段と深まった。エレーナにしてみれば、リスクは折り込み済みだった。うまくいく保証はなかったが、潜在的なメリットを考えればリスクを取る価値はあると判断したのだ。

結果として、2人の友情は壊れることなく、むしろさらに豊かなものに進化した。エレーナがリスクを冒したからこそ、サンジェイは彼女の深い思いやりに気づき、その過程で2人とも自身への理解を深められたのだろう。

エレーナの賭けが成功したのは、すでに築いていた強固な土台に、有意義な対話をするスキルと能力が加わったおかげだ。相手と本気で向き合うほど、そして、人間関係の試練に対処するスキルと能力が高まるほど、難易度の高い対話が報われる可能性も高まるのだ。

学びを深めるために

振り返る

1 エレーナの立場に立ってみる

エレーナは難しい立場に置かれていた。サンジェイの頼みを断れば、彼は拒絶されたと感じ、2人の関係に悪影響が生じるかもしれない。こんなとき、あなただったらどうするだろうか。エレーナが選択を迫られた場面をすべて振り返り、自分ならどう対応したか考えよう。あなたは、このような状況をうまく乗り切れそうか。

2 特に大切な人間関係

特に大切な人間関係のなかから、相手にどこまで期待していいのか判断に迷うような関係を選ぶ。「頼んでも大丈夫と思えること」と「絶対に頼めないと思うこと」をリストアップし、そのうえで「頼んでいいのか判断に迷う」と感じることを書き出そう。

実践する

「振り返る」の2で選んだ相手に、書き出したリストを見せてみよう（事前に、あなたがしたのと同じように「頼めること／頼めないこと」のリストをつくるよう依頼するのもお勧め）。そして、判断の分かれる点について話し合おう。

理解する

境界線を引く行為には拒絶のサインとみなされるリスクがあるため、境界線について話題にするのは難しいものだ。相手に疎外感を与えることなく、境界線について率直に話し合えたか。境界線に関する相手の考えを聞いて、どう感じたか。話し合うことで、2人の関係性や親密さにどんな影響があったか。

15 複雑にこじれた問題

ミア＆アニヤ　パート4＆5

関係が進化するにつれて、会話の中身も深みを増していくものだ。高齢の両親のケアをどうするか？　子供をもつべきか？　レイオフされそうになったら、どう振る舞えばいいか？　結婚生活の深刻なストレスとどう向き合うべきか？――プライベートな話題になるほど強烈さとリアルさが高まって感情を激しく揺さぶられ、客観的な視点を持ちにくくなる。相手の持ち出した話題をきっかけに、自分が過去に味わった、今まさに味わっている、あるいは今後味わうであろう感情が激しく揺さぶられることもあるだろう。

この章ではミアとアニヤの物語を再び取り上げる。親友だった2人の関係はいったん壊れかけた後に見事に修復し、その後は以前よりも定期的に会ってプライベートな話ができるようになっている。アニヤは職場での出来事について、いいことも悪いこともミアに打ち明け、ミアも10代の息子とガールフレンドの関係についてアニヤに相談。そうした会話を通して距離が縮まり、今ではルームメイトだった大学時代のような絆を取り戻した。ところが、また面倒な問題が浮上して……。

ミア＆アニヤ　パート4

ある晩のディナーの席で、ミアは機嫌が悪く、気もそぞろな様子。それ以前のディナーでも同じような様子だったため、アニヤが「ミア、なんだか変ね。何か心配ごとでも？」と尋ねると、ミアはワイングラスに目を落として、こう答えた。「ええ、心配ごとはあるのだけど、どこまで話したいのかわからない」

「もちろん、あなた次第だけど、話してくれるなら喜んで聞く」

「本当にわからないの。力が湧かなくて……少し落ち込んでる。元気を出さなくちゃ。というか、元気が出ない理由が見当たらない。恵まれた仕事も、素敵な家も、私を愛してくれる夫もいるのに、わくわく感がなくて、それが悩み。マンネリなのかな。毎日が同じに思えて、他に何か面白いことがあるんじゃないかと思えてくる」

「それはつらいね」とアニヤ。「何か原因が思い当たる？　ジェイクとはうまくいっている？」

「まあね。素敵な人だけど、正直に言えば、愛し合っているというよりも親しい友達みたいで、昔のような情熱はない」

「結婚して20年近く経つのだから、初めの10年と同じことを期待するのは現実的じゃない。それに子供たちの存在も。子供は大切だけれど、夫婦としては失うものも多い。クリストファーと私もそうよ」

「頭ではわかっているのに、それ以上を望んでしまう。そんなことはない？」

「もちろん、漠然とそう思うことはある。でも、人生はすべてがバラ色ではないし、今ある幸せを受け入れて、完璧を求めないことも大切なんじゃない？」

「そうね。なんとかしてみる」。ミアがそう答えると、2人は他の話題に移っていった。

2人が再びディナーを共にしたのは、それから1カ月後のこと。ミアは口数が多く、明るい表情だ。注文を済ませ、取り急ぎいくつかの近況報告を終えると、彼女は「こうやって会えてよかった」と言った。

「私も。どうしたの？　今日は機嫌がいいみたい」

「この間、話を聞いてもらえてよかった。これまでは不満をため込みすぎていたと気がついた。本音を押し殺すほど不満が強まるのに」

「よかった。うまくいっているのね」

「ええ、とっても。昔の知り合いのタイラーから突然、フェイスブックで友達申請が来たの。今度この町に来るから、久しぶりに連絡を取ろうと思ったんだって。2人で飲みに行って、とても楽しかった。彼は面白い人だし、私に興味を持っていて、いろいろな話をするうちに自分が元気になっていくのを感じた。あんな楽しい思いをしたのは何年ぶりかしら。ジェイクにそんな気持ちを感じたのがいつだったか思い出せない」

アニヤは不安に駆られた。「へえ……」

「へえ、って何？　あのね、アニヤ、気さくなおしゃべりをして、笑って、深い話もできて楽しかったというだけ。終わりが来なければいいのにと思った」

「ふーん、それで、その日はどうやって終わったの？」

「もちろん、何もなかった。２人とも既婚者だし。でも楽しかったから、彼がまたこの町に来たら、ランチをすることになったの。出張で来る機会が多いみたい」

「え！　ミア、この先の展開が心配すぎる」

ミアはアニヤの言葉を無視してこう答えた。「大騒ぎしないで。面白い人に会えたから、ランチでもできれば楽しいだろうと思っただけ」

アニヤは不穏な気配を感じながらも、それ以上は何も言わずに「ＯＫ」と返し、話題はアニヤの勤め先での出来事に移った。

それから1カ月後のディナーの日、ミアは先に到着していたアニヤが待つテーブルに急ぎ足で駆け寄ってきて、「聞いて！　いいことがあったの。昨日、タイラーとまたランチをして、今もハイな気分が続いてる」。ミアはアニヤとの前回のディナーの後、すでにタイラーと二度、一緒にランチをした話を語り始めた。

アニヤは眉を少しだけひそめたが、黙ったままだ。

「それ以上は何もないの……今のところは。でも、この先の展開が想像できる。頭の中は彼でいっぱい。ばかみたいだけど、人生に欠けていたものが見つかった。こんな感覚はすごく久しぶり」

アニヤは体がこわばるのを感じながら、ドリンクを一口飲んで話し始めた。「ミア、展開が早すぎない？　退屈だからといって、結婚生活を反故《ほご》にしていい理由にはならないと思う」

ミアの顔が曇った。「がっかりだな。久しぶりにハッピーな気分なのに、どうして応援してくれないの？」

「浮気を応援しろと本気で言っているの？」

「そうじゃない。ただ、せめて私の気持ちに共感してほしい。同じような退屈な日常があと40年間も続くのが怖くなって、外で刺激がほしいと思ったことはない？」

「退屈で、焦りを覚える感覚には共感する。私もそう思うことはある」と、アニヤは注意深く言葉を選びながら言った。「でもタイラーと恋愛沙汰になったら、厄介なことになる」

「あなたはわかってない。そんなふうに批判しないで。私はただ、落とし穴にはまった気分で、日々、不満が募っていた。どうしてわかってくれないの？」

「気持ちがわかることと、間違いだと思う選択を応援するのは違う」とアニヤ。「最悪の状況を想像せずにはいられない。一線を越えたら、元に戻るのは難しい気がする」

「どうしちゃったの？　あなたはタイラーの件には最初から否定的だった。これは私の人生の話で、あなたの人生じゃない」

するとアニヤは手で顔を覆い、静かに泣き始めた。「私の問題でもあるの。私がどんなにつらいかわからないでしょうね」。アニヤは必死で感情を抑えながら言葉を続ける。

「数年前にクリストファーが浮気をした。あまり連絡を取り合っていない時期だったし、今となっては大昔の話に思えるから、あなたには話さなかった。でもタイラーの話を聞くと、裏切られて傷ついた古傷がうずく。心の痛みは今もずっとあって、表面に出ていなかっただけだと思う。恥ずかしいわ。すべてが恥ずかしいし、こんな話をして、あなたにどう思われるかも怖い。クリストファーも、あなたがさっき言っていたのと同じことを言っていて、当時の私は自分が不出来で、何か悪いことをしたせいだと思っていた。あなたの話を聞いていると、すべてが蘇ってくる」

「まあ、ごめんなさい。こんな話になるなんて。あなたを悪く思うなんてあり得ない。私の不満はジェイクのせいじゃないし、クリストファーの浮気もあなたのせいだったとは思わない」

「最終的には乗り越えたけれど、本当に問題が解決したのかはわからない。すごくつらい経験だったから、あなたたちに同じ思いはしてほしくない」

「わかった。私のことまで心配してくれてありがとう。でも、これは私の人生なの。タイラーへの気持ちが本物かどうか確かめる必要があるし、こんな話ができるのはあなただけ」

「ものすごい葛藤を感じる」とアニヤ。「自分の経験と切り離して、あなたの話を聞くのは難しい。浮気だけでもひどいのに、さらにひどいのは、そもそもクリストファーが私に不満を打ち明けていなかったこと。そのうえ、内緒で浮気まで……。最悪だった。あなたの話を聞いていると、心の傷を抑え込んで自分を守ろうとしてしまう。でも、本当はあなたのことも守りたい」

そう話して、アニヤは言葉を続けた。「早い段階で、クリストファーと一緒に夫婦セラピーを受けていればよかった。最終的にはセラピーを受けたけれど、受けていなければ結婚生活を続けられなかったと思う」

「クリストファーの浮気であなたがつらかったことも、その思いが今も続いていることもわかった」とミア。「でも、ただ隣にいて、私の話を聞くのも無理かな？」

いつの間にかアニヤは泣きやんでいた。「私にはなんでも話せると思ってほしいけれど、私が浮気を応援していると誤解されたら困る。それじゃあ、クリストファーの浮気まで応援しているみたいで、どうしたらいいのかわからない」

アニヤとミアはなんでもオープンに話し、率直に反応し、反対意見も伝えられるという意味で格別の関係に近づいているが、アニヤは難しい立場に追い込まれた。ミアの浮気問題に感情を激しく揺さぶられるからだ。

こうしたケースは珍しくない。職を失うという不安を抱えているときに友達が解雇されたり、病気の母の死期が近いとわかった直後に、友人が親を亡くしたり。新米の親になって試行錯誤しているタイミングで、友人が不妊に悩んでいる場合もあるだろう。

似たような状況だからこそ共感し、理解し合える場合もある一方、心の傷がえぐられてつらい場合もあるため、どれほど親しい関係でも「ごめんなさい。力になりたいけれど、今はつらすぎて」と伝えるのはＯＫ。そう言えないなら、それは相手が嫌がることを無理強いする関係になってしまう。

苦痛の大きさに応じて、他にもいろいろな対応策があり得る。その1つが、アニヤがしたように自身の感情を認め、それを言語化する方法だ。アニヤは会話の早い段階で、自分は客観的になれないと気づき、それをミアに伝えた。おかげでミアも、アニヤの立場をより明瞭に理解できるようになった。

2つ目の方法として、アニヤが次のような言葉を言い添える選択肢もあり。

「あなたの話を聞くのはつらいけれど、浮気を応援していると誤解されないなら、あなたの気持ちに共感することはできると思う。私の反応は私の不安の表れだから、あなたに指図しているとは思わないで。それに、私が心配な点を伝えることで、あなたも違う視点をもてるかもしれないし」

アニヤにとって3つ目の選択肢は、そもそもの問題、つまりミアの不満に光を当てるアプローチだ。ミアが最初に不満をもらした際に、アニヤはその点について多少は質問したが、その後は「人生はすべてバラ色ではない」という正論で話を切り上げてしまった。この場面でアニヤがミアの内面に関心をもち続け、憂鬱さの根底にある原因について考えるサポートしていたら、タイラーとの浮気以外にもさまざまな解決策が見えてきたかもしれない。

この後の展開で、アニヤは今挙げた3つのアプローチすべての要素を取り入れて、ミアと向き合っていく。

ミア＆アニヤ　パート5

できるだけミアの話を聞こうと決めたアニヤに、ミアも感謝している。その後、何度か話し合いの場をもつなかで、アニヤはミアが不満の根本的な原因を探り、浮気をした場合の問題について考えつつ選択肢を検討できるよう全力でサポートした。ミアの提案する解決策と、自分の家庭の問題を切り離すのはとても難しいことだが、そうすることで、浮気を容認しているふりをすることなく、ミアが浮気の代償について考えるサポートができた。

ある日の午後、ミアはこうつぶやいた。「タイラーとの束の間の浮気をジェイクに知られたとしても、それで結婚生活が終わることはないと思う。でも、彼が知る必要がある？　隠れてスリルを味わっている人は多いんじゃない？」

「うーん、秘密にすることもできるけど、夫婦の関係はどうなるの？」と、アニヤは言葉に力を込める。

「それでジェイクとの距離が縮まる？　もし知られたら、今後の信頼関係に大きく影響する。正直に言うと、私はクリストファーが女性の同僚の話をするだけで、今でも落ち着かない気分になる。夫婦間にそんな不安を持ち込む意味がある？　それに、もしタイラーと恋に落ちたらどうするの？　結婚生活を続けたいなら、ジェイクに望むものを明確にするほうがいいんじゃない？」

そう問われたミアは、迷っている様子でアニヤの指摘に耳を傾けながらも、タイラーとの逢《おう》瀬《せ》を諦めたくない様子だ。２人はその後も根底にある問題について議論を続け、アニヤはミアに、ジェイクに求めるものと、浮気以外にそれを手に入れる方法がないかを考えるよう言った。

話し合いの過程で、険悪な雰囲気になる瞬間も何度かあった。その１つが、アニヤがアドバイスモードに戻ってしまい、「そんな火遊びはやめるべき」と忠告した場面だ。ミアがその発言は役に立たないと指摘し、２人は元の路線に立ち返った。

また、憤慨したアニヤが「頭がぼーっとしているんじゃない？　この方法を検討しないなんて信じられない！」と言った場面もあった。

ミアは驚いた様子で、すぐに「傷つく言い方ね。裁かれているような気がする」と返答した。「ごめんなさい」とアニヤ。「そんなつもりはなかったけれど、私の考えや思いを率直に伝えて理解してもらうことが大事だと思ってる。それが友人としての私の責任だから」。その後、２人は元の話題に戻っていった。

２人の議論は行ったり来たりしながらも深みを増していったが、最後は行き詰まり、アニヤはミアにこう告げた。

「これ以上の手助けはできないと思う。私はプロのセラピストじゃないし、考えないよう努力しても思い出してしまうことがいろいろとあって。もう相談相手にはなれないけれど、あなたを心から心配しているし、この関係を特別に思っていることはわかってほしい」

ミアは「もちろん」と答えた。

格別の関係だからといって、すべての問題が解決できるとは限らないが、ミアとアニヤのようにこじれた状況にうまく対処できれば、絆をさらに深めることも可能だ。

アニヤとミアのケースがうまくいった要因は、互いを責めなかったことだ。「ただ隣にいて、私の話を聞くのも無理かな？」というミアの言葉は問いかけであって、「どうして私の話を聞いてくれないの？」攻撃的な要求とは別ものだ。同様に、アニヤも「私がこんなにつらいのに、支えてほしいなんてよく言えるわね」といった言い方はしなかった。

2つ目の要因は、2人がともに自分の弱さをさらけ出した点だ。ミアはわくわくした気持ちを取り戻すことがどれほど大切か、そしてアニヤの助けをどれほど切望しているかを伝え、アニヤはクリストファーの浮気と、自身の経験した苦しみを包み隠さず話した。

そして、もう一点、アニヤが苦しみをかかえながらも、ミアの側にい続けたこともポイントだった。そうした努力のおかげで、ミアはアニヤから大切にされていないと感じずにすんだのだ。

格別の関係だからといって、相手の要求をすべて聞き入れる必要はない。大切なのは、自分を大切にしつつ、相手の希望に応えるという2つの軸のバランスを取ること。複雑にもつれた問題を扱う際は特に、このバランスが重要になってくる。

ミアとアニヤのエピソードには、そんな難局を乗り越えるヒントが満載だ。自分の本音に耳を傾けつつ、相手の思いへの配慮も忘れず、互いを責めないことが成功の秘訣だ。

追加の3つの注意点

共感と同意はどう違う？

アニヤは不満を解消する手段として浮気をするというミアの提案を応援できないものの、ミアへの共感と理解は示したいと考えたが、これはかなりの難題だ。共感を示したからといって浮気を容認したわけではない、と双方が明確に理解している必要がある。

われわれの友人のイブも、父親との関係で似たような困難に直面した。父には家族をないがしろにし、何か指摘されると攻撃されたと受けとめる傾向があった。

イブは父の不満に共感を示して距離を縮めようと努力したが、父は娘からの共感を「自分が家族に冷遇されている」という主張への同意だと曲解してしまう。彼は常に「自分はよかれと思って行動している」と主張しており、イブが「問題はどういうつもりかではなく、どう行動したかだ」と指摘しても、また攻撃されたと受けとめるだけ。出口が見えない対立に、なすべがなかったという。

このケースのように相手が同意を求めている場合、共感と理解を示してもうまくいかないこともある。イブは、父親の望みには応えられないという事実を受け入れるしかなく、その代償として、父娘の距離は2人が望んだよりずっと遠くなってしまった。

相手へのサポートと自身の価値観が相容れない場合は？

アニヤがミアの計画に反対したのは、価値観の問題というよりも、自身が経験した浮気の代償があまりに大きかったためだが、彼女が「浮気は罪だ」と信じていた場合はどうだっただろうか。「罪を憎んで人を憎まず」を本気で実践できるか。実践できるとして、ミアはそんなアニヤからのサポートを本気のサポートだと感じられるだろうか。

ローマ・カトリック教会のフランシスコ教皇は同性愛への見解を問われ、「判断する立場にない」と答えたというが、強固な価値観を持ち、ローマ教皇でもない人にとっては「判断を下さない」という判断はとても難しい。

もしアニヤが婚外恋愛について強固な価値観を持ち、ミアもそれを知っていたなら、おそらくミアはアニヤに相談を持ちかけなかっただろう。格別の関係のたった一人にすべての悩みを話す必要はなく、だからこそ多くの人は複数の格別の関係を追い求めるのだから。

一線を越えて、セラピストのように振る舞ってしまったら？

アニヤはミアに対し、人生と結婚生活への不満の原因を探るよう励ました。不満の原因を自問し、その対処法として浮気以外の方法も考えるよう、オープン・クエスチョンを使ってミアの背中を押したのだ。またアニヤは、善悪の判断を押し付けないよう注意し、最善の答えはミア自身が知っているという事実を受け入れられるようにもなった。

それでも、専門家でない人にできることは限られており、アニヤも自身の限界を知っていた。

「これ以上の手助けはできないと思う。私はプロのセラピストじゃないし」というアニヤの発言は、親友としての役割の放棄ではなく、自身の限界を認める言葉なのだ。

とはいえ、相手にセラピーを受けるよう強要するのは無理である。アニヤは自分とクリストファーがセラピーによって助けられたと話したが、ミアは結局、その選択肢を却下。この時点で、アニヤはできることはすべて行ったと言える。

ひとたび誰かと親密な会話を経験すると「扉」が開かれ、他の人との関係においても、よくも悪くもその扉を開けずにはいられなくなるものだ。つまり、誰か一人と格別の関係に達すると、それ以外の人間関係にも大きな影響が及ぶ。

アニヤはクリストファーの過去の浮気問題は解決済みだと思っていたが、ミアとの対話を通して、心の奥底でくすぶる思いがあることに気づいた。彼女は今後、夫婦関係に必要な修復プロセスをめぐって夫との対話を再開させるかもしれない。

この手の会話は「諸刃《もろは》の剣」だ。さらなる話し合いがアニヤと夫の関係を好転させる可能性もあるとはいえ、アニヤにはもともと、苦しい過去をほじくり返す気はなかった。だが複雑にこじれた問題についてひとたび議論が始まると、解決に至るまで前に進み続けるしかない――そんなつもりがなくても、そして、対話の継続を望んでいなくても。ここでもやはり、この本のテーマである「学び続けるマインドセット」が重要になってくる。

クリストファーの過去の浮気に、アニヤが再び心を掻き乱されているとしよう。昔の話を持ち出されてクリストファーは気分が悪いだろうが、ここでアニヤが「どうしてあんなことをしたの?」と相手を責める次元を越えて、「心穏やかに過ごすために私はどうしたらいいのだろう?」「私たちの関係は今、どの地点にある?」と尋ねられたら、夫婦双方が多くの学びを得られる可能性が生まれる。簡単ではないが、これも分かれ道の一つだ。

相手に心から理解され、受け入れてもらえる経験、ありのままの自分に戻り、ありのままの相手と向き合える可能性、そして新たな学びのチャンス――こうした「特典」も、格別の関係が運んできてくれる魔法のような魅力の一つだ。楽な道のりではないが、格別の関係は満ち足りた人生の大切な一部なのだ。

学びを深めるために

振り返る

1 アニヤの立場に立ってみる

あなたがアニヤと同じ状況に置かれたら、どのように対処するか。ミアの異性問題の相談に乗りたくない理由を、ミアに疎外感を与えることなく伝えるためにどうするだろうか。

2　複雑な問題に巻き込まれた経験

親しい友人／家族／同僚から悩みを打ち明けられたものの、その話題に触れると強烈に感情を揺さぶられるという状況を経験したことがあるか。その際、どう対応したか。

3　複雑な問題に相手を巻き込んだ経験

悩みを打ち明けたいが、相手が聞いてくれるか確信がもてないという状況を経験したことはあるか。たとえば「親の体調不良について友人に相談したいが、友人は最近、認知症で親を亡くしたばかりで、死別の経験について話したくないかもしれない」というような状況。その際、あなたはどう対応したか。こうすればよかったと後悔している点はあるか。

4　現在抱えているジレンマ

今現在、「相談してみたいが、相手が嫌がるかもしれない」という問題を抱えているか。

実践する

「振り返る」の質問4で思い浮かべた相手と、その問題について話し合う方法を考えてみよう。その際、相手が断りやすく、あなたも拒絶されたと感じずにすむような話の切り出し方を考えること。

理解する

こうした話し合いには、ストレートさと繊細さの両面が必要だ。うまくいっただろうか。話し合いを通じて、自分自身や議論のプロセスについて学んだことはあるか。リスクを冒したことで、２人の関係に影響はあったか。

16

格別の関係になれないとき

われわれ2人は何十年にもわたって格別の関係を維持してきたが、誰とでもそうした関係を築けているわけではない。

キャロルの場合、子供時代から青年期にかけて、今は亡き母フローラと非常に親しくしてきた。フローラは娘と「親友」のような関係になることを望んでおり、実際、2人は何でも話せる間柄だった。フローラはメイクから男女交際、婚前交渉のリスクまであらゆることについてキャロルにアドバイスしたし、キャロルも母の忠告を有益だと感じており、規則を守り、よい成績を取り、トラブルに巻き込まれることなく育った。

そんな2人の関係が変わったのは、キャロルが結婚して子供を持ってからだ。母との「親しい」関係は、自分が常に母に従い、自身の希望を母の希望に合わせてきた（合わせなければ「自分勝手」と言われてしまった）からだと気づいたのだ。

フローラは落胆や怒りを感じると、すぐにそれをキャロルに伝えたが、自分の言動についてキャロルに意見されるのは大嫌いだった。キャロルの人間関係のなかでも際立って他人に厳しく、絶対に自分の考えを曲げないタイプだった。

効果的な対人関係について学びを深めるにつれて、キャロルは大人の女性同士として、母と真の意味での親しい関係を構築できないだろうかと考え始めた。大学院の博士課程も半ばに差しかかったある日、母娘は忘れられない対話をした。

「あなたが博士号なんかにどうしてこだわるのか、理解できない」とフローラ。「夫も子供たちもあなたに構ってもらえなくて、かわいそう」

「ママ、家族を犠牲にしてまで博士号にこだわる理由がわからない、なんて言われたら、私は罪悪感を覚える。そう思ってほしいの？」

「まさか。ただ、そんなに忙しくする意味がないと思って」

「意味がないって、誰にとって？」

「誰にとっても」

「私はこの件でアンディ（夫）とさんざん話し合ってきたし、彼は１００％、私を応援してくれている。『家族を犠牲にしすぎていると思うか』と尋ねたときも、そんなことはないと言ってくれた」

「信じられない」

「じゃあ、彼が私に嘘をついていると？」

フローラは少し沈黙してからこう言った。

「私は自分の経験から言っているの。以前はあなたといつも一緒に過ごしていた。買い物をしたり、ランチに行ったり、電話で何時間もおしゃべりしたり。今はそんな時間はなさそうね」

「確かにそう。だからこそ、空いた時間はアンディと子供たちと一緒に過ごしたい」

「そこが、私が博士号を取る意味がわからない理由なの」

「ママと一緒に過ごす時間が足りないから、私の博士号取得を応援できないってこと？」

「そんなことは言ってない。あなたは家族を無意味に傷つけていると言っただけ」


こんな具合に、キャロルは何度も母を説得しようと試みたが、うまくいかなかった。「母娘の間に距離が生じているのは、ママが人の話を聞こうとしないからだ」と説明しても、「家族の誰かについて決めつけるような発言をされるたびに嫌な気持ちになる」と伝えてもダメ。「自分に非がある可能性を認めようとしないなら距離を置きたい」と言っても、「大人同士のいい関係を築きたいからこそ、こうした指摘をしている」と伝えてもダメだった。

フローラの反応で最も多いのは、「ひどいことを言われた」と言って泣くことだった。キャロルも母と親しく付き合いたいとは思っていたが、あまりに多忙で、以前のようには時間を取れない。キャロルは、母娘の距離が近かったのは、キャロルが若かりし日の母娘関係（つまり、母の「正しい」意見にキャロルが従っていた関係）であって、今は無理だと指摘したが、フローラはそんなことはないと否定したり、話をねじ曲げたりした。

格別の関係の構築法について学んできたのに、自分の母親とはそんな関係を築けそうにない……。それはキャロルには受け入れがたいことだった。癌を患ったフローラの死期が近づくと、キャロルは最後にもう一度だけ頑張ってみることに。彼女は頻繁に母の元を訪れ、週に数日、病院に車で送迎するなど「最高の娘」であろうと努力した。そして、２人の関係について話し合いたいと何度も声をかけたが、フローラは応じない。

「母は自分が優位に立てそうな話にしか乗ってこないのだ」と、キャロルは思った。キャロルは母を愛しており、母に愛されていることもわかってはいたが、結局、２人は格別の関係には至らなかった。

格別の関係は互いに成長し、発展できるチャンスをもたらしてくれるが、その成長は、相手に期待される方向ではなく、各自が望む方向に向かう成長であるべきだ。では、相手の望む成長と、自分の望む成長の方向性が異なる場合はどうすればいいのだろうか。

フローラは娘の幸せだけを願っていると主張していたが、彼女が願うのは、キャロルの態度が10代の頃に戻る方向に成長してほしい（正確には成長しないでほしい）ということ。一方、キャロルは母に対し、死期が迫っているという事実（をはじめとする、さまざまな微妙な問題）について話し合える方向に成長してほしいと願っていた。

母娘でじっくり話し合えれば、こうしたすれ違いを乗り越えられたかもしれないが、フローラはそうした議論を好まなかった。格別の関係には、問題を直視し、己の非を認め、新たな視点を得ようという意欲が必要だが、常に「正しい」立場にいたいフローラには受け入れがたいことだったのだろう。

キャロルとフローラの間にも思いやりと愛は存在したが、それは「格別」の定義とはかけ離れたものだった。２人とも親密な母娘関係を望んでいたが、キャロルが母から自立しきれなかった代償は大きく、また、フローラが互いの成長に貢献する気がなかったことも相まって、2人は格別の関係に至れなかった。

この章では、必死に努力しても、有意義な関係を築けないケースについて考える。なかには、互いの価値観があまりに異なることに気づき、すり合わせる努力を放棄する場合もあるだろうし、共通点が少なすぎて、関係構築に伴う労力がメリットに見合わないケースもある。しかし、もし格別の関係に到達できる可能性があるのに、まだ到達できていないとしたら？　ここでは途中で壁にぶち当たってしまった関係を例に教訓を学び取ろう。

フィル&レイチェル――2人の限界

9章で紹介したレイチェルは、父親のフィルに「やたらとアドバイスをする癖と共感力のなさに腹が立つ」と伝えて大きな関門を突破した。もちろん一度の話し合いですべての問題を解決するのは無理だし、フィルはその後もときどきアドバイスをしたがるが、そんなときはレイチェルがフィルに注意できる。また、フィルも時間が経つにつれて自然にアドバイスを控えられるようになり、2人の関係は着実に進化していた。

すると、レイチェルの胸の中にフィルへのさらなる要望が沸き起こってきた。フィルは自身の内面について語りたがらないが、レイチェルはもっと深い話が聞きたいと思ったのだ。

母が亡くなった後、父が新しい生活に順応できているのか心配だし、外科医としての父の手腕にも懸念が募る。勤務先の病院には強制的な定年制度がなく、フィルは年金の受給可能年齢を何年か過ぎても仕事を続けている。レイチェルがときどき退職の時期について話題にしても、フィルはいつも「仕事をしているほうが若さを保てるから引退する予定はない」と言って、話を切り上げてしまう。

しかし彼女の耳には、フィルの手術の腕が以前ほどではないという噂も聞こえてきており、今後が心配だ。「自分で決めた時期に引退する代わりに、病院を追い出されるような事態だけは避けてあげたい」と思い、さりげなく話を振っても、フィルは「この年齢でまだ現役だから妬まれているだけだ」と笑い飛ばす。

この問題を入り口にして、父ともっと個人的な話ができるようになりたいと、レイチェルは強く願っていた。父は40年間のキャリアを振り返って、どう思っているのだろう。心残りはないのか。進みたかったのに諦めた道について考えたりしないのか。愛する妻を亡くして、本当に元気に過ごせているのだろうか——。

そんな話ができる環境を整えようと、レイチェルは自身のプライベートな話や仕事の悩みを打ち明けてきた。フィルがアドバイスを控えながらも、そうした話題に真剣に向き合ってくれたおかげで、レイチェルは悩みを打ち明けやすくなったが、だからといってフィルが個人的な話を始めることはなく、頑なに口を閉ざしたままだった。

そこでレイチェルは、もっとストレートなアプローチに切り替えることにした。一緒にディナーに出かけ、「前に自分の経験を私に伝えたいと言っていたでしょう？　そのために、パパの人生について聞かせてほしい」と切り出したのだ。

「俺はそんなことは言っていない」とフィル。「それほど楽しい人生でもなかったし、選ばなかった道について振り返っても意味がない。先に進むだけだ」。フィルはしばらく沈黙し、優しい口調でこう言い添えた。「それに、お前のママの話をするのはつらすぎる。今を楽しむだけでいいじゃないか」

それでも、レイチェルは粘った。「どんな感じか試してみない？　テーマをいくつか挙げるから、一番話しやすそうなのを1つ選んで試してみよう」。フィルは少し考えてから、「医者になったとき、2つの診療科のどちらを専門にするかで迷った。その話をしよう」と答え、30分ほどその話を続けたが、強制されている雰囲気で、心ここにあらず。やがて、頭を横に振りながら「ダメだ。お前の話を聞くのは好きだし、アドバイスもしなくなった。一緒に経験してきたこと――家族旅行やお前の小さい頃の話――なら喜んで話すが、それ以外の昔話はしたくない」と。

レイチェルはうなずき、フィルの出した妥協案に応じるしかなかった。

人間関係の基盤を見直す

レイチェルの望みは、彼女自身が考えていた以上に根元的なものだった。フィルのアドバイス癖のように体に染み込んだ行動であっても、人の「行動」であれば変えることは可能だが、人間関係の基盤そのものを変えるのは極めて難しい。レイチェルがフィルに望んだのは、そんな後者の変化だった。

大人になったレイチェルは、父との間にも大人同士の関係を求めているが、それには劇的な変化が伴う。レイチェルはそうした変化に前向きで、すぐに行動を起こしたが、フィルはアドバイスを控えるだけでなく、弱みを見せ、自己開示をするといった努力まで求められることに及び腰だ。フィルのアドバイス癖に関する話し合いがうまくいったことで、２人はより対等な関係に向けて踏み出したが、ここが限界のようだ。フィルにはこれ以上先に進む意欲はなく、レイチェルの望む地点に到達する気などさらさらない。レイチェルが望む変化は、フィルには大きすぎたのだろうか。

レイチェルはフィルに内面をさらけ出してほしいと願ったが、彼はより客観的なスタイルで人生の大半を過ごしてきた。しかも、職場は弱みをさらけ出しやすい環境には程遠く、家庭でも長年、妻が「通訳」となってフィルの気持ちをレイチェルに伝えてきた。この例のように対人関係の根本的な性質が長期間にわたって、特定の方向に強化されてきた場合、それを変えるのは極めて困難だ。

では、レイチェルにはどんな方法があるのだろうか。ここまでの成果に感謝し、これ以上は踏み込まないのも1つの方法だ。この1年でフィルとの関係はずいぶん前進し、レイチェルはもうフィルにアドバイスを押し付けられることなく自分の内面を打ち明けられるし、２人とも互いの距離が縮まったことを嬉しく思っているのだから。

格別の関係を目指すことにデメリットがあるとすれば、「格別」とまでは言えないレベルの絆を過小評価してしまうことだ。だが、ときには手元にあるものにただ感謝し、それ以上を望むべきでないケースもある。適材適所という言葉があるように、順調な結婚生活を送り、親しい友人もいるレイチェルは、父とは現在の関係を楽しみつつ、夫や友人との間により深いつながりを求めればいい。

一方で、もう少しだけ押してみるという方法もあり得る。自分を変えることができたフィルなら、あともう少し変われるはず……。ずっと親しい関係を維持してきた父娘だから、次の段階に進めれば、さらに豊かな絆が生まれることだろう。フィルにとっても、自分の人生について人に（それも娘に）話すのは難しいことだが、同時に関係を深める有意義なチャンスでもある。また、自分の経験を伝えたいという思いも叶えられる。

とはいえ、レイチェルはどこまで押すべきだろうか。ディナーの席で30分間もトライしたのだから、もう十分だろうか。フィルが提案した子供時代の思い出話をしていれば、そのうちにもっとプライベートな話に踏み込んでいけるかも？　あるいは、そんな努力は無駄骨に終わる？

その答えを知るために、次の質問に答えてほしい（われわれは教員なので、ついこんな口調になってしまう！）。

レイチェルがそこまで粘るのは誰のためか。

ときには、相手をそのまま受け入れるのがベストだという状況もある。レイチェルは、フィルが孤独を募らせ、誰かと親しく付き合いたいと願っているサインを察知したのだろうか。それとも、ただ自分の願望を叶えるため無理を言っているのか。

レイチェルの選択をめぐっては、別の見方も可能だ。この本の冒頭で紹介したように、心理学者のキャロル・ドゥエックは対人関係に限界を感じたら「まだ」という表現を付け加えるよう勧めている。たとえば、「親しい人にさえ、自分の希望を十分に伝えられない」としても、その表現に「まだ」を付け加えるだけで、「見込みゼロ」から「可能性がある」状況へと意味が一変する。

レイチェルにはフィルの未来はわからない。もしかすると、手術の腕が下がり、引き際について他の外科医に相談するよりは娘に相談するほうが気が楽だと思う日が来るかもしれないし、最盛期を過ぎたという自覚がない同僚医師を見て、同じ轍は踏みたくないと思う可能性もある。そうしたタイミングなら、フィルも自己開示に踏み切りやすいかもしれない。

無理を言いすぎると相手を孤立させてしまうリスクが高まり、自分の希望ばかり押し付けては関係が壊れてしまう恐れもある。それよりも、相手の現状をそのまま受け入れるほうが、将来的に同じ目標に向かって一緒に歩める可能性が高まるケースもあるだろう。

レイチェルもいつか状況が変わるかも、という希望をいだきつつも、すでに手に入れたものを大切にすべきだ。実際、レイチェル自身の考え方が変わる可能性もある。長年の父娘関係を通して得られたものに思いを馳せるうちに、フィルの内面について知りたいという思いが薄らいでいくかもしれないのだから。

ベン&リアム——失敗に終わった試み

4章で一定の進化を遂げたベンとリアムの友人関係。ベンはプライベートな質問を控えると約束し、リアムもすぐに黙り込むのではなく、気になる点を指摘し、自分についてももっと話すと約束した。

それから1年ほどの間、2人は順調に友情を深めていった。リアムが恋に落ちたブリトニーという女性は、ベンの目から見てもリアムにぴったり。威圧的な態度を取りがちなリアムにも物おじせずに対抗するブリトニーの姿を、ベンも好ましく思っていた。

リアムはブリトニーと一緒に過ごす時間が増え、ベンと会う頻度は減ったが、ある晩、2人で飲みに行くことに。ベンが近況を尋ねると、リアムはブリトニーとの結婚を考えていると打ち明けた。

「すごいじゃないか!」とベン。「彼女は素晴らしいよ。本当に嬉しい」

ところがリアムは気が乗らない表情で、ベンの目を見ようとしない。

「何か問題でも?」。ベンがそう尋ねると、リアムは首を振りながら笑い出した。「お前には隠し事はできないな……いいことだけど。問題は彼女の母親のナンシーだ。頭にくる。何も知らないくせに、自分の意見を押し付けてくるんだ」

話しながら、リアムはますますヒートアップしていった。「先週も、俺に向かって家の買い方をレクチャーし始めた。こちらの経済状況も不動産市場のことも何も知らないくせに」

ベンは同情した様子で、首を振った。「最悪だな。どうしてそんなことをするんだろう？」

「1つには、お金に困っているらしい。夫を4年前に亡くしてから、生活が苦しいみたいで。ブリトニーに毎日電話をしてくる。俺とブリトニーがときどき夕食に連れ出すんだが、食事の間も腹の立つことばかりだ。ブリトニーを質問攻めにして、何をどうすべきか指図ばかり。ブリトニーはもう大人で、しかもあんなに優秀なのに、いい加減にしてほしい！　みんなが自分の言葉をありがたがるとでも思っているのか？」

リアムは大きく息をついて、話を続けた。「それ以上に嫌なのはブリトニーの対応、いや、正確には対応しないことだ。彼女は何を言われても『ありがとう、ママ。考えておく』とだけ答えて、話題を変える。口を出すなとはっきり言えばいいのに。ブリトニーへの尊敬まで薄れつつある。結婚するなら骨のある女性がいい」

「なるほど、本気で怒っているみたいだな」

「もちろんさ。君だってそう思うだろう？」

ベンは葛藤を感じていた。リアムを応援したい気持ちがある一方、彼の話だけではわからない事情もありそうだからだ。ナンシーに会ったことはないが、リアムの話はあまりに一方的で、リアムが言うほどひどい人物だとはにわかに信じられない。ブリトニーについても、自信に満ちたしっかりした女性という印象で、母親の言いなりになる弱い人間には思えない。どう返事をすればいいのかわからないまま、ベンはうなずきながら答えた。

「ああ、多分」。そして、一息置いて「2人がそんなふうに振る舞う理由は何だと思う？」と尋ねてみた。

「いいか、俺は彼女たちのセラピストじゃないし、お前にもセラピストの真似なんかしてほしくない。俺はただ、うっぷんを晴らしたいだけ。他にこんな話ができる相手はいないから」

「わかった」とベン。「大変そうだな。君のブリトニーへの気持ちを考えると、なおさらだ」

リアムは椅子にもたれ、少し落ち着きを取り戻した。

「それに、話を聞けて嬉しいよ」とベン。「なんでも話せる相手だと思ってほしいから。ただ、正直に言えば、君の見方は視野が狭いと思う。そこまで極端な話じゃないかもしれないのに、そのせいでブリトニーとの関係が壊れたらもったいない。話したくなければ話さなくていいが、これだけは言っておきたかった」

リアムはしばらく黙っていたが、ためらいがちにうなずいて「それで？　お前はどう思う？」と尋ねた。

「僕はナンシーのことは知らないが、本当に君が言うように魔女みたいな悪人なんだろうか。それに、ブリトニーのことはそれなりに知っている。彼女は骨のある女性そのもので、君にだって平気で反論するのに、どこが受け身なんだ？　僕には母親とうまく付き合うコツを知っているように思える」

「そうだな。でも、そのせいでナンシーはいい気になっている。ブリトニーが母親を黙らせるべきだ」

「それは君のやり方だろう？　君はナンシーがなんでも知っている気になっていると言うが、

君も同じじゃないのか？　いずれにしても、なぜそんなに感情的になるんだ？　ブリトニーは聞き流しているのに」

「ムカつくな。どうして、いつも俺に反対するんだ？　俺が悪いと言うのか？」

「いや、そうじゃない。僕が言いたいのは、自分でコントロールできるのは自分だけだということだ。僕もナンシーに会ったらイラつくだろうが、君みたいに取り乱しはしない。それに、ブリトニーの対応も素晴らしいと思う。母親に振り回されず、母親を攻撃することもない。自分の反応の根底にある理由を考えてみたら？」

「何のために？」

「ブリトニーと結婚したらナンシーは義理の母になるから、それなりの関係を築く必要がある。彼女を拒絶しなくてすむよう、自分の気持ちを振り返ってみろよ」

「そういうのは得意じゃないが、考えておくよ」と、リアムは答えた。

それから数カ月間、リアムとブリトニーは交際を深め、ベンがリアムと会う機会はますます少なくなっていった。それでもリアムがブリトニーをめぐる思いを打ち明けたことで、2人の友情はより強固なものとなり、ベンはナンシーの件を心配しつつもリアムに尋ねるのは控えていた。

やがてリアムはブリトニーと婚約し、6月に結婚式を挙げることに。リアムとベンは久しぶりに会って祝杯を挙げた。仕事などの近況を報告し合った後、ベンがリアムに結婚式の準備について尋ねると、リアムはあきれ顔でビールを一気に飲んで言った。

「駆け落ちしたい気分だ。予想通りナンシーが口を出してきて、ブリトニーも母親を止めようとしない。まるでナンシーの結婚式だ」

「ひどいな。ブリトニーもつらいだろう」

「そうでもなさそうだ」とリアム。「何より腹が立つのは、ナンシーの決めたことをブリトニーが受け入れていることだ。ムカつく」

「ナンシーとの関係は好転しているのかと思っていた」

「いや、話さなかっただけだ」

ベンはしばらく考え込んでから、口を開いた。「リアム、僕はいまだに、君がナンシーにそこまで腹を立てる理由がわからない。ブリトニーは気にしていないみたいだし。君自身や、君とナンシーの関係に原因があるのかもしれない」

すると、リアムの怒りが爆発した。「ベン、もううんざりだ。僕が何かに怒るたびに、そうやって心理分析をしようとするな。こういうベタベタした話は二度としたくない。君に何も話したくなくなる」

ベンは「ごめん。力になりたかっただけだ」と発言を撤回。2人の話題は仕事の話や、マラソン大会に向けたベンのトレーニング法、リアムとブリトニーが借りる予定のアパート、ベンがリアムの結婚式に同伴する交際女性の話へと移っていった。

結婚式が終わっても、リアムがナンシー絡みの不満をこぼす状況は変わらなかったが、ベンは共感するだけで、根底にある原因を探ろうとはしなかった。リアムは最近のベンの対応に助けられていると語り、「感情絡みのベタベタした話をせずに、僕の愚痴を聞いてくれてありがとう」と言った。

「僕たちは好みが違うらしい」と、ベンは肩をすくめた。「前にも言ったように、僕はこの手の問題を深く考えるのが好きなんだ」

リアムは首を振りながら、「ああ、僕はベタベタしたことを考えるのは苦手だ」と返した。

年月が経つにつれて、2人は徐々に疎遠になっていった。リアムは結婚生活に忙しく、ベンもリアムとの関係から得られるものが減っていることに気づいたからだ。2人の友情は変わらず、たまに飲みに行くこともあるが、ベンは他の人たちとそれ以上に深い関係を築いており、そちらに時間とエネルギーを費やすようになっている。

互いの好みが違ったら

一見したところ、ベンとリアムが格別の関係に至らなかった原因は、2人の好みがかけ離れていたために思える。リアムは日々のあれこれを共有できる「相棒」的なつながりを求めていたが、ベンが望んだのは、より深く個人的なつながりだった。かつての2人は仕事やスポーツでの共通体験を通して友情を育んでいたが、年月を重ねるうちに、相手に求めるものの食い違いが友情に影を落とすようになった。

求めるものの違いが常に友情の障壁となるとは言わないが、違いについて話し合う必要はある。成長の方向性は人それぞれで、その過程で互いの求めるものが異なるからといって疎遠になるとは限らないが、ベンとリアムの関係にとって根本的な問題は、2人が違いについて話し合えなかったこと。話し合えなければ、違いを乗り越えるのは不可能だ。

2人が陥ったのは「二者択一の罠」である。ベンがプライベートな質問をやめるか、リアムが我慢するかという二項対立の思考のせいで、互いが望むこと、望まないことを理解し合うチャンスが失われてしまった。

リアムは本当に内省的な話をすべて拒絶していたのか。それとも、ベンのアプローチの仕方が嫌だっただけ？　ベンがリアムに相談するという形で自身の内面について語りつつ、リアムにも同じことを求めなければうまくいったのでは？

その答えはわれわれにはわからないが、ベンとリアムにもわからない。2人はそこまで踏み込んだ話を一度もしなかったのだから。

ベンが「何が僕たちの対話を阻んでいるんだろう？」と問題提起しても、リアムにいつも通り「ベタベタした話」扱いされただけかもしれないが、そうならなかった可能性もある。いずれにしてもポイントは、ベンが問題提起をせず、不協和音の原因を解き明かすチャンスが失われたことだ。その結果、2人の関係が発展する可能性は狭まってしまった。うまくいけば、今後もときどき会って近況報告をし合う仲が続くだろうが、縁が切れてしまう可能性もあり、真に意義深い関係を築くのは難しそうだ。

職場での格別の関係

われわれ2人は、この本で紹介してきたような能力を職場で発揮するコツを長年にわたって伝授してきた。クライアントは企業や非営利団体から教育や医療の現場、国や地方の政府系組織まで幅広く、平社員からCEOまであらゆる人々に向けて、率直かつ誠実に人と向き合うコツや、対立をうまく収めて対人関係のトラブルを解決し、強力な人間関係を構築できるチームづくりを指導してきた。そして、その過程で個人の目覚ましい成長や職場環境の改善、パフォーマンスの向上を目の当たりにしてきた。

職場の人間関係のなかから格別の関係が生まれる場面にも立ち会ってきた。職場という環境でも、格別の関係にみられる特徴はこの本で紹介してきたものと同じである。仕事が絡むだけに難しい面もあるが、上司や直属の部下、同僚などさまざまな立場の人との間に特別な関係を構築することは可能だ。

ただし職場では、他の環境にはない大きな制約がつきまとう。それは、友人やパートナーは自分で選べるのに、同僚は選べないことだ。同僚のサイモンに心底腹が立っても、仕事を一緒に担当する以上、前向きな関係をつくるしかないのだ。

また、職場で深い友情が生まれても、自分を犠牲にしてまで相手を助けられるかという問題もある。力になりたいという気持ちはあっても、階層社会には競争が付きもので、トップの枠は限られている。相手の成長を本気で応援できることが格別の関係の条件の1つとはいえ、あなた自身も狙っているポストに同僚が就けるよう応援するとなると葛藤が生じるはず。妨害はしないだろうが、どこまで自分の出世を犠牲にできるだろうか。

職場での良好な人間関係が親しい友人関係に発展すれば、互いに気取らず誠実に向き合えるうえに、話しにくい話題を切り出しやすくなるといったメリットもあるが、それでも限界はある。

ゼネラル・エレクトリック社のジェフ・イメルトCEOはかつてスタンフォード大学で行った講演で、その限界を明確に言語化してくれた。

「私は（当時のCEOであった）ジャック・ウェルチの下で働く3人の上級副社長の1人でした。ジャックと私は親しい友人で、よく家族ぐるみでバーベキューをしたものです。でも、私が2期連続で目標の業績を達成できなかったある日、幹部会議でジャックは私を呼び、肩に腕を回してこう言ったんです。『ジェフ、君のことは好きだが、次の四半期もこれまで同様の業績だったら、君はクビだ』。私は必死で目標を達成しました」

社員の成長を応援する前向きな雰囲気の職場もあるが、組織である以上、個人のニーズよりも組織の論理が優先されるのが常なのだ。

管理職の場合、組織と個人のバランスをめぐってさらなる制約もある。効果的なフィードバックを提供し、ややハードルの高い仕事を与えることが部下の成長を促すとわかっていても、あなたに課せられた最大の任務は組織に利益をもたらすことだ。貴重な学びのチャンスであっても、失敗しそうな部下に重要な仕事は任せられないという判断もあり得るだろう。管理職には個人の成長と組織の成功のバランスを取る力が不可欠だが、そこにはリスクが伴うのだ。

　信頼し合える強固な関係では率直に本音を語れるものだが、そうは言っても、部下が上司に「自信がない」と打ち明けるのは難しいものだ。本音を打ち明ければ適切な指導を受けられるかもしれないが、希望の仕事を得られる可能性は下がりかねない。

　また、上司の仕事の欠陥について部下が気づいても、自分の給料を決める権限をもつ上司に向かって、それを正直に伝えたり、強く反論するのは不安だろう。ハリウッドの大物映画プロデューサー、サミュエル・ゴールドウィンは部下に対して「本当のことを言え。それでお前が仕事を失っても」と迫ったと言われる。上に立つ人間は「率直な意見がほしい」と言うものだが、その言葉はどこまで本気だろうか。

　それでも、今挙げたような障壁があるからといって、職場で格別の関係が築けないわけではない。たとえば、あなたと同様に昇進を目指している同僚と、あるいは上司であるあなたが組織の論理と部下への思いやりのバランスをうまく取ることによって、部下との間に、はたまた、立場の違いを乗り越えて上司との間にも格別の関係を築けることもある。そのためのコツは、この本で紹介してきたとおりだ。

　職場の人間関係を格別の関係に進化させる際にも、これまでに学んできたスキルが役立つ。自己開示、率直さ、「ピンチ」への対処法、フィードバックの与え方・受け取り方、話しにくい話題の切り出し方、力関係の違いの乗り越え方——どれも格別の関係づくりの土台となる要素だ。

職場の人間関係の多くは「草原」まではたどり着けることだろう。その段階に到達したら、自己開示を増やして快適ゾーンから15％外に踏み出し、うまくいかなくても、それを撤退の口実にする代わりに、そこから学ぶという姿勢を持ち続ける努力を着実に積み上げる必要がある。

われわれの経験から言えば、組織ならではの制約はあるものの、上司も部下も多くの場合、現状よりもオープンで率直な対話を望んでいる。

幹部向けプログラムで「上司に対して、どのくらい率直に意見を言えますか」と尋ねると、参加者の役職の高低にかかわらず、「細心の注意を払っています」「反対意見を言うときは言葉遣いに気をつけます」「新たな案を思いついたのは上司自身だ、と思わせることが大切です」といった答えが返ってくる。

次に「あなたの部下があなたの案に反対だとしたら、どんなふうに言ってほしいですか」と尋ねると、今度も役職の高低にかかわらず、皆口を揃えて「遠回しではなく、率直に意見を言ってほしい。本音を知りたい」と言う。

そこで、われわれは参加者にこう指摘する。「面白いですね。ここに集まった皆さんは全員が冷静な自信家なのに、全員に不安で自信のない上司がいるようです。このプログラムに参加すべきはあなた方ではなく、皆さんの上司のようですね！」

先ほども述べたように、この本で学んだことを活用すれば、率直かつストレートな態度を維持しつつ、上司に「自分はあなたの味方だ」と伝えられるはずだ。そうすることで相手から尊重されるだけでなく、より強固で実用的な関係を築ける可能性も高まるし、それを土台に格別の関係にまで到達できる道も開けていく。

簡単にできるとは言わない。この本の中身には簡単なことなど何一つないのだから！　しかし、それは読者の皆さんもすでに重々承知のはずだ。

もちろん、この本の内容を組織の中で実践するのは言葉で語るよりはるかに複雑な話だ。さらに詳しく知りたい人は、デービッドと同僚のアラン・コーエンの共著「*Power Up: Transforming Organizations Through Shared Leadership*」と「*Influence Without Authority*」を参照してほしい。

学びを深めるために

振り返る

1　進歩を確認する

この本の冒頭で、今よりも発展させたい人間関係をリストアップした。現在、彼らとの関係はどうなっているか。さらに発展する可能性もあるが、あなたは現状に満足しているか？　レイチェルと父親のフィルが経験したような大きな進歩はあっただろうか。草原に到着して満足している？　それとも、頂上を目指して最後の登山に挑みたいか。

2 職場環境

仕事関連で、関係を劇的に改善したい、あるいは格別の関係に向かっていきたいと思う相手を2人ほど思い浮かべ、それぞれとの関係を強化するために必要なことを具体的に挙げよう。「格別の関係を目指したい」という思いを相手に伝える状況をイメージすると、どんな不安が浮かぶだろうか。

実践する

草原にたどり着いた、またはさらにその先に進んでいる関係の相手に対して、この「旅」に同行してくれたことへの感謝の思いを伝えただろうか。まだ伝えていない場合は、すぐに伝えよう！

草原で止まったままの関係については、今後どうしたいかを決めよう。草原にとどまる道を選んだなら、ここまでたどり着いたことへの感謝を伝え、先に進まないからといってこれまでに達成したことの意義が薄れるわけではないと念押しする。逆に、さらに先を目指したい場合は、強制ではない説得力のある伝え方で、相手にその希望を伝えよう。

「振り返る」の2で思い浮かべた仕事関連の人間関係から1人を選び、関係を今以上に深めるために、その人と一緒にできることを考えよう。

理解する

「実践する」での対話を通して何を学んだだろう？　うまくいった点、うまくいかなかった点は何か。

17 格別の関係が壊れ……復活するとき

われわれ2人は長年にわたって親密な関係を築いてきた。最初に出会ったのは20年以上前。デービッドはスタンフォード大学でインターパーソナル・ダイナミクスのコースを担当しながら、授業のファシリテーター養成にも携わっており、キャロルはファシリテーターのトレーニングを受けた後、もう一人の担当教員として授業に参加。2人はすぐに親しい師弟関係を築き、やがて格別の関係に向かって進んでいった。

われわれは大きな目標については意見が一致する一方、問題への具体的な対処法はやや異なる傾向があり、おかげで自分一人で考えるよりもよい解決策を導き出せる。意見の相違点を気軽に指摘し合って解消できるので仕事には好都合だし、友情も深まり、公私にわたって互いを活用してきた。

自分たちはオープンで信頼し合える関係を築けており、互いを深く理解していると確信していたのだ。その上、この本で紹介してきたこと——互いの自己開示、「前向きなフィードバック」と「発展を促すフィードバック」のやり取り、「ピンチ」の解消、問題解決に向けた共同作業など——も日々、実践してきた。

ところがある日、思いもよらない対立が生じ、信頼と思いやりに満ちた関係は崩壊の瀬戸際に。複数の問題がもつれた糸のように絡み合い、どこから解きほぐせばいいのか見当がつかなかった。われわれは第三者の助けを借り、この本で紹介したスキルを駆使して解決の糸口を見つけたが、まさに危機一髪。この出来事は、たとえ熟練の専門家同士であっても、格別の関係を築くのがいかに難しいかを如実に示している。

意見の食い違いの具体的な中身は、どこにでもありそうな話だった。雇用主の対応に納得できないキャロルが、デービットが自分の味方になってくれないと知って激怒したのだ。

一連の出来事を、それぞれの視点から振り返ってみよう。

デービッドの視点

インターパーソナル・ダイナミクスのコースを長年率いてきた私は、そろそろ担当を降りてもいいと思っていた。このコースはスタンフォードでの私のキャリアの頂点と呼ぶべき存在だ。キャロルを10年以上にわたって指導してきた私は、彼女の大学でのキャリアが花開く様子を嬉しく思っていた。

キャロルは仕事に打ち込み、学内での責任も増える一方。インターパーソナル・ダイナミクスのコースで複数のセクションを担当するほか、ＭＢＡでもエグゼクティブ・プログラムでも新たなコースを開発し、スタンフォードの花形であるリーダーシップ・フェローズ・プログラムの抜本的な見直しにも取り組んでいた。大学は彼女の功績を十分に認識していなかったが、私は彼女を高く買っており、私の後任にふさわしいと思っていた。

キャロルも後任の座に就く意欲を示しており、引き継ぎは順調に進みそうだった。その点も、予算獲得競争の真っただ中にいた私には心強かった。当時、スタンフォードのビジネススクールは経済的に苦しく、各コースへの支援を削減していた。インターパーソナル・ダイナミクスは破格にコストのかかるコースで、必要な資金援助が打ち切られないよう画策することが、私にとっての最優先課題だった。

キャロルの視点

デービッドが退任を表明し、私が後任に就く話が浮上すると、私は大学側にインターパーソナル・ダイナミクスの位置づけを従来の「コース」から「プログラム」に変更するよう要請した。この変更が重要である背景には複雑な事情があるが、一言で言えば、「プログラム」のほうが運営に手間がかかるとされ、インフラ面のサポートを得やすかったからだ。また、「プログラム」に昇格すると私は「ディレクター」となり、講師陣や大学側に対する信頼性が高まるとも考えた。

何十年も責任者の立場にあったデービッドと違い、私が同じような成果を挙げるにはこの2つの条件が不可欠であり、それが満たされなければ、彼の遺《のこ》したレガシーを十分に継承できない。また、大学は圧倒的な男性中心社会で、私は女性としてさまざまな不利益を被ってきた。

長年、民間企業で多くの差別を経験してきたため、学問の世界は違うはずだと思っていたが、結局は似たり寄ったり。私は師でもあるデービッドが、私の希望を叶えるために尽力してくれると信じていた。

私は大学側に2つの要望を伝えたが、どちらも却下されて激怒した。それまでも全身全霊で仕事に取り組んでいたが、学生には感謝されても、大学から認められ、感謝されたことはなく、「もっと、もっと」と要求されてばかり。「よき兵士」として組織のために尽くせば、いずれは報われると信じていたが、それは間違いだったのかもしれない。

大学にあれこれ要望したことはなかったが、今回ばかりはコースの成功のために必要な要望だ。それにもかかわらず大学側には要望を聞き入れる気はなさそうで、私の怒りは募る一方だった。

「果報は寝て待て」を信じられなくなった私は、インターパーソナル・ダイナミクスが「プログラム」として認定され、私が責任者だと公式に認められないかぎり、担当を引き受けないと宣言。応援を求めて、デービッドの元を訪れた。

一度目の対話

挨拶を終えるとすぐ、キャロルはデービッドに状況を説明した。デービッドの返答は「キャロル、どうしてそんなにプログラムという名称と肩書きにこだわるんだい？」。

「あなたが今やっている予算獲得の戦いを、私が引き継ぐことになる。名称と肩書きがなければ、うまくいくとは思えない」

デービッドは少し考えてから、こう言った。「そんなことはないと思う。君は高い評価を確立してきて、大学側もそれをわかっているし、インターパーソナル・ダイナミクスの講師陣も君の味方だ」

キャロルも反撃する。

「あのコースは今、進化の途上の重要な岐路に立っている。不確定要素が多くて運営は複雑極まりないし、他のどのコースよりも学部から独立している。もうプログラムとして認定されるべき時期を迎えているし、私も責任者として信用の裏づけがほしい」

デービッドは、自分が今後もサポートすると伝え、キャロルに絶大な信頼を置いていると強調したが、「それだけでは足りない」とキャロル。「私のために立ち上がって、私の要求を聞き入れるよう大学側に言ってほしい。そうでないと、女性として、そしてテニュア（終身在職権のある教員）でない立場として、この体制下で成果を挙げるのは無理」

「悪いが、君の功績を考えれば、その必要はない。さらに言えば、僕は予算の確保に全力で取り組む必要がある。大学側は予算削減を検討していて、本当に削減されたらコースに重大な影響が生じるし、君も苦しい立場になる。僕は当面、予算の問題で手いっぱいで、その努力を台無しにしたくない」

「コースの未来にとって、両方とも重大な課題だと言えばいいんじゃない？」

デービッドはキャロルの希望を大学側に伝えると約束したが、強く主張する気はないとも付け加えた。「僕にできるのはここまでだ」

キャロルは怒りを抑えられない。私にとって、そして彼のライフワークにとって重大な問題なのに、なぜそれがわからないのだろう……。

一方、デービッドも困惑を深めていた。そんな肩書きがなくても十分にうまくやれるのに、キャロルにはなぜそれがわからないのだろう。それに、功績が完璧に認められるなんてあり得ないと、なぜわからないのか。僕だってずっとそうだったし、そういうものだと思ってきた。僕は「プログラム」と呼ばれなくても、インターパーソナル・ダイナミクスを運営してきた。キャロルにだってできるはずだ。

控えめに言って、2人の会話はまったく噛み合わなかった。しかも、事態はさらに悪化していく。

次の予算折衝の場で、デービッドが大学側にキャロルの要望を伝えたときのことだ。「その要望を叶えることが、他の講師陣を率いるために不可欠か」と問われたデービッドは、一瞬口ごもり、「えー、希望が叶わないとキャロルは大変でしょうが、なんとかなるとは思います」と返答。そして、キャロルにとっての最大の懸念は大学から正当に評価されないことだと付け加えた。

大学側の担当者が「その点は問題ない」と答えたので、今度は「プログラム」への格上げと、キャロルの役職名の変更が難しい理由を質問したところ、「今は財政問題に忙殺されており、それを最優先にしたい。予算絡みの危機が落ち着いたら各種プログラムと役職名の全面的な見直しを行うため、現時点では個別対応はしたくない」という話だった。デービッドはそれ以上は踏み込まなかった。

デービッドがこの会議の内容と、そこで引き下がった自分の判断についてキャロルに伝えたところ、キャロルは怒り狂い、深く傷ついた。「ひどい侮辱ね、デービッド。重大な案件でなかったら、私がこんなに必死になるはずがないでしょう？」

デービッドは、キャロルの仕事はもちろん「重大な案件」だとしたうえで、キャロルは自身が積み上げてきた信頼を過小評価していると話した。それでもキャロルは、この判断が長期的にコースに及ぼす悪影響が心配だと繰り返し、こう付け加えた。

「もしも逆の立場だったら、私は今すぐ飛んでいって、あなたのために全力で戦う。たとえ男の人には、私が求めているようなサポートは必要なくても」

「キャロル、僕はそんなことは望んでいない。どうして、そんなことを？」

「あなたの大学への貢献が正当に評価されてほしいから。そして、あなたも私に対して同じことをしてほしい。私を正当に評価しなければ、大学に加担することになるとわからない？　私はあなたと、あなたの大切なインターパーソナル・ダイナミクスのために全力を尽くしてきたのに、こんな仕打ちは信じられない」

「君は大学とコースのために多大な貢献をしてきたし、僕は――他の人たちも――その点はものすごく感謝している。でも、このコースにとって最善の道を考える際には、その要因は考慮すべきじゃない。予算の問題は今が正念場で、プログラムという呼び方や肩書きについては大学側のやり方を尊重すべきだと思う。それに、僕たちが友人同士だから君の後押しをしているとは思われたくない。そう思われたら、君が不利になる」

一度目の話し合いは、ここで終わった。

キャロルの視点

当時のデービッドは組織全体を代弁しており、「使い捨て」扱いされ、のけ者にされてきた私の長年の不満のすべてを体現している存在に見えた。デービッドが不当な扱いに気づいて私を正当に評価してくれるのでなければ、もう誰にも頼れない。

私はデービッドを見限った。再び彼を信頼できる日が来るのだろうか。私と彼では世界観が違いすぎる。私は忠誠心をとても重視しているが、彼は違うようだ。あるいは、忠誠心の定義が異なるのか。２人の溝は埋めがたく、もう二度と彼と関わりたくない。

デービッドの視点

このときの僕は無力感でいっぱいだった。キャロルに見限られたと感じてつらかったが、話が堂々巡りで、何を言えばいいのかわからなかった。時間が経って、いつかキャロルの怒りが落ち着き、付き合いを再開できることを祈るばかりだ。

関係がどれほどこじれても、年度の終わりまでは一緒に仕事をしなければならないが、2人は必要最低限の言葉しか交わさず、できるだけ短時間で会議を終え、ほとんど関わらなくなった。プロとして丁重な態度は崩さなかったが、相手にアドバイスを求めたり、問題点を話し合うことはなくなり、ましてや昔のように冗談を言い合うことは皆無だった。

人間関係の修復方法はインターパーソナル・ダイナミクスの重要テーマの1つだから、同僚たちはキャロルに講義内容を実践してデービッドと話し合うよう勧めたが、不当な扱いを受けて裏切られたと感じ、深く傷ついたキャロルは歩み寄りを拒否した。もし逆の立場だったら、デービッドを全面的に応援したはずだという確信は揺るがず、一切の関わりを断ちたいと思っていた。デービッドはそんなキャロルの気持ちを知り、途方に暮れていた。

修復が始まる

数カ月後、負の感情が根強く残る一方、喪失感も募っていたキャロルは、周囲に勧められてデービッドと連絡を取り、関係修復の糸口について話し合うためにオフィスに来てほしいと依頼。打つ手がなく途方に暮れていたデービッドは、すぐに誘いに応じた。以前と違う対話ができる自信はなかったが、彼は希望の光を感じていた。

不愛想でぎこちない挨拶の後、キャロルが「関係修復に向けた対話を始めたい」と切り出すと、デービッドも同じ思いを伝えた。初めのうちは以前と同じようなやり取りが続き、何の成果もなく終わりそうな気配が漂っていたが、流れが変わったのは、デービッドが「キャロルが激怒した理由がわからず当惑している」と話したときだ。キャロルには、自分を深く理解してくれていたはずのデービッドが怒りの理由をわかっていないことが信じられなかった。

「次の地雷がどこに埋まっているかわからないと考えると、すごく緊張する」と、デービッドは言った。

「地雷の問題じゃない」とキャロル。「価値観がまったく違う気がして、本当に互いを理解していたのか疑問を感じている」

キャロルはデービッドに賛同してもらえずつらかったという話を繰り返した後、ディレクターの肩書きと「プログラム」という呼び名が極めて重要だった理由を詳しく説明し、すべてを捧げてきた組織に正当に評価されなかったつらさと、女性として人一倍苦労してきた経験が入り混じった思いを語った。

また、誤解されてしまうという恐怖心が募って強気の態度を取った自分の弱さを痛感したこと、そして、数十年にわたってデービッドと彼のライフワークを支えてきたのに、自分が危機に陥ったときに彼に頼れないとわかり、深く失望したことも打ち明けた。

話を聞いたデービッドは、キャロルの不安の深さと重大さがわかってきた。新たな事実を知ったわけではないが、ようやくキャロルの苦悩の全体像を理解し始めたのだ。予算折衝を優先すべきだという気持ちは変わらないが、キャロルの状況に共感する思いが生まれ、デービッドは「君の状況がわかったよ、おそらく今初めて。悪かった」と言った。

キャロルにとっては、これが大きな転機となった。思いが届いたと感じたのも、自分の反応が間違っているかのように扱われなかったのも、対立が生じて以来初めてのことだった。怒った理由にデービッドが共感してくれたおかげで、彼の反対意見も多少は受け入れられそうな気がしてくる。気持ちが通じたと初めて感じたキャロルは、説得を試みる代わりにひたすら寄り添おうとしてくれたデービッドの思いに触れ、理屈よりも感情面の話し合いから始めるべきだと考えるようになった。

「私の後押しをしつつ、並行して予算の獲得も目指すことがなぜできなかったの?」。キャロルはその点が純粋に気になって、そう質問した。

「キャロル、君はコースをうまく運営できるか心配していたね。もしも僕が予算削減を全力で阻止していなかったら、コース運営は地獄だったはずだ。それに、僕が君の希望通りに動いていたら、君が求めていた立場も手に入らなかっただろう」

デービッドは、自分の介入によってなんとかキャロルの希望が実現しても、むしろキャロルへの信頼に傷がつくと懸念していた、と説明した。また、キャロルの希望をねじ込むのと引き換えに自分が失うものを考えると、ものすごい重圧を感じたとも話した。そして最後に、自分自身も長年、功績を十分に認められず、組織とはそういうものだと諦めてきたこと、それなのにキャロルが条件を提示し、条件が満たされないかぎり後任に就かないと主張したため怒りと失望を覚えたことも伝えた。

2人の問題は極めて複雑にもつれており、話し合いは何時間にも及んだ。以前よりずっと深く原因を掘り下げ、相手の振る舞いの理由についても理解を深めたが、すべてがすっきりしたわけではない。対立によって負った傷はあまりに深く、一度の話し合いで完全に解決するなんて無理な話だ。それでも、突破口が開けたおかげで、われわれは互いへの信頼を取り戻し、再び相手の言葉に心から耳を傾けられるようになっていった。

分析——なぜこんな事態になったのか

有能なはずの2人が袋小路に陥り、何をしても裏目に出る状態にはまってしまったのはなぜだろうか。このケースでは、あまりに多くの要因が複雑に絡み合い、糸の結び目を引っ張れば引っ張るほどますます固く締まってしまう状況で、どの糸から解きほぐせばいいのか見当がつかなかったのだ。

われわれはこの本の中で、相手をよく知り、相手への好奇心をもって根底にある原因を探る大切さを一貫して強調してきた。その教えの通り、われわれも相手に質問を投げかけてみたが、それは真の意味での好奇心から湧き出た言葉ではなかった。なぜか。

デービッドには複数の理由があった。まずキャロルの実力を心から認めており、肩書きや「プログラム」という呼び名は不要だと信じていたこと。また、キャロルがこだわる事情——主に彼女のエゴと不安——をわかっているつもりだったので、あえて尋ねる必要性を感じなかったのだ。

加えて、キャロルの実力と、彼女の言動の背景についての自身の見解（ネットを踏み越えた推測だが）に強い確信があったため、どんな形の「質問」も非難のニュアンスを伴い、キャロルの怒りの火に油を注ぐ結果になりかねない。つまり、キャロルへの純粋な好奇心はなかった。そのうえ、自分は功績を認められなくてもずっと我慢してきたのに、なぜキャロルは我慢できないのかという思いや、キャロルの指導に全力で取り組んできたのに報われなかったという怒り、そして、コースの今後を心配する気持ちもあった。

一方、キャロルは自分の怒りと心の傷が正当なものだと確信しており、それ以外の事情は目に入らない。また、自分はプロフェッショナルで、極めて誠実な人間だという自負もあった。大学に何も要求してこなかった自分は弱い人間だという思いや根深い疎外感も抱えていたが、そうした思いをデービッドに明かしたことはなかった。

こうした状況から、どちらかが相手を理詰めで説得しようと試みても、うまくいかないばかりか、むしろ逆効果なだけだ。また、根本的な価値観の相違も行き詰まりの原因の1つだった。キャロルの強烈な反応の中核には、彼女が何より大切にしてきた価値観——忠誠心——を踏みにじられたという思いがある。キャロルにとっての忠誠心とは、約束や恩義を守り、誠実に応対すること。彼女がデービッドに、立場が逆なら彼を全力でサポートしたはずだと伝えたのも、この価値観の影響だ。自分ならこうするというビジョンがあまりに明確だったので、デービッドが異なる反応をするなんて想像もしていなかったのだ。

忠誠心を大切にしているのはデービッドも同じだが、その定義が異なる。彼にとっての忠誠心とは、相手の成長と成功を応援することであり、相手との絆が強いほど応援の度合いも強まるものである。だからこそ、彼はキャロルを全力で指導してきたし、キャロルの実力を信じているからこそ、彼女の要望は成功の必須条件ではないと考えていた。

われわれの間にはもう1つ、別の価値観の相違もあった。自分のほうが誠実な対応をし、コースと大学にとって最善の方法を主張していると双方が思っていた点だ。その結果、どちらも相手が間違っていると考えて批判的な目を向けるようになった。そして、互いに相手から否定的に見られていると感じた結果、どちらも相手を理解しようという気持ちを失ってしまった。

袋小路から脱出できたきっかけ

対話再開の背中を押してくれたという意味で同僚たちは重要な役割を果たしてくれたが、彼らの後押しがなくても、われわれは最終的には難局を打開できたと思う。その理由は以下の通りだ。

- 相手を悪者扱いしていなかった

どちらも「相手の悪意や性格の悪さが対立を引き起こした」というストーリーをでっちあげることはなかった(キャロルはデービッドの真意をわからないながらも、自分を傷つけようという意図がないことは理解していた)。同様に、どちらも相手に失望したが、相手が悪魔のようなひどい人間だと決めつけることはなかった。最終的に再びわかり合えたのは、そうした極端な考えをもたなかったおかげだ。

● 誤ったプライドに縛られなかった

キャロルの立場に置かれたら「自分からデービッドに連絡を取るなんて面子《メンツ》が丸つぶれだ」と考えても不思議ではないが、幸い、彼女のプライドはその方向には働かなかった。また2人とも、自身の言動を反省したり、相手の痛みへの理解を示す手段として、ためらうことなく謝罪の言葉を口にできるタイプだった。

● 「理解」と「同意」を区別していた

デービッドは、キャロルの主張が客観的に見て正しいと同意したわけではない。2人の対立に突破口が開けたのは、デービッドがキャロルの傷ついた理由を「理解」することと、彼女の意見に「同意」することを切り離して考えられたからだ。ポイントは、キャロルの気持ちを受け入れ、受け入れた事実をきちんと伝えたこと。その結果、キャロルも時間はかかったものの、デービッドの選択の背景を理解（そして尊重）できるようになった。

● 理屈を脇に置いて、個人的な問題を深掘りした

第一回目の話し合いが不調和に終わったのは、どちらも理屈を前面に打ち出し、自分が「正

しい」と主張したからだ。また、コースにとって何が最善かをめぐって意見が異なり、どちらの意見にも一理あった。その後、理屈を脇に置いて話し合ったことで、論理的に正しいかはともかく、心理的には納得のいく結論に至ることができた。

われわれの対話は、ここに挙げた「対立解消を成功させる4つの条件」を満たしていた。おかげで、相手と本音で向き合い、深いレベルで互いを理解し、問題解決能力を高め（もう二度と袋小路には陥らないはず）、2人の絆は以前よりもずっと強固なものになった。

回復と修復——ひび割れに光を当てる

「キンツギ（金継ぎ）」という日本語がある。これは壊れた陶磁器を修復する日本独自の手法だ。金や銀、白金などの金属粉を漆に混ぜて破損した部分に塗ると、陶磁器の修復という実用的な目的が果たされるだけでなく、割れやひびの模様が美しく浮かび上がってくる。そこには哲学——物が壊れても、それは隠して捨て去るべき過去ではなく、祝福されるべき歴史の1ページである——がある。破損部分を強調する金属粉の装飾は、何かが壊れても、そのおかげで一段と美しくなれることを示しているのだ。

われわれは、人間関係の「ひび割れ」と、その修復方法にも同じ原則が当てはまると考えている。われわれ2人の関係修復もまさに「キンツギ」。袋小路に迷い込んで苦しんだが、そこから得たものは大きかった。

破綻の瀬戸際から関係を修復できたことで、われわれは今後、どんなに意見が対立しても乗り越えられるという自信を手に入れた。つまり、「感情の貯金残高」がさらに増加したのだ。また、「昔からよく知っている相手だから、互いのすべてを深く理解している」という前提をはじめ、未確認の思い込みが多々あったことにも気づかされた。あのつらい経験のおかげで、われわれは常に相手に関心を寄せるようになり、相手の状況をわかっているという思い込みを手放せたのだ。

あの対立がもたらした重大な変化が、もう1つある。それは、2人のパワーバランスの見直しだ。背景には、職場での格別の関係ならではの複雑な事情があった。

キャロルは出会った当初からデービッドに畏敬の念をいだいており、彼の指導を仰げることを最高の幸運だと思ってきた。気楽に反論できる関係ではあっても、インターパーソナル・ダイナミクスの一部の担当を引き継いだ後も、キャロルがデービッドの意向に従いがちな傾向は変わらなかった。力関係の不均衡には大きな犠牲が伴うと熟知していたのに、2人とも自分たちの状況には無頓着だったのだ。こうした状況に加えて、重要な問題をめぐってほぼ常に意見が一致していたこともあり、2人の間に大きな衝突が生じることはなかった。

一連の対立を経て、キャロルがデービッドを「間違いを犯すこともある一人の人間」とみなせるようになった結果、2人のパワーバランスは対等な関係にシフトした。キャロルは自信を、デービッドは自由を手に入れた。こうしたパワーバランスの変化がなかったら、キャロルはこの本の共同執筆を引き受けていなかったかもしれない。

長い回り道だった。しかし、そのおかげで元の関係に戻れただけでなく、2人の距離はかつてないほど近くなった。他人行儀のよそよそしい対話から、徐々に温かい空気が生まれ、やがて以前のような関係に戻り、そして、より強固な関係へ。楽な道のりではなかったが、苦しみ、努力した価値はあった。それを証明するかのように、われわれの関係には「キンツギ」が光り輝いている。

エピローグ

「神よ、人がわれらを見るごとく、己れをば見る力をわれらに与えたまえ」
ロバート・バーンズ（スコットランドの国民的詩人）

この本の締めくくりとして、恐怖心について話すことにしよう。おかしな選択に思えるかもしれないが、恐怖心について語らなければ、恐怖心を乗り越えた先の風景は見えてこない。人は誰でも、否定的な評価を恐れて、内面をさらけ出すのをためらうもの。「自分は違う」とは言わせない。われわれが指導したすべてのTグループで、参加者たちは一様に「必死に隠してきた自分の内面を、ここで話すなんて無理」と尻込みしたものだ。

「相手が乗り気でないかも」という不安から人と積極的に関わるのを控えたり、失敗が怖くて新しいことに挑戦しなかったり。あるいは、関係が壊れるのを恐れて、自分の要望を伝えなかったり、自分を傷つけた相手に立ち向かわなかったりする。それ以上に根本的な恐れとして、本当の自分――自分のすべて――を知られたら、相手に拒まれるのではないかという恐怖心もある。

他人から見た姿と本人の自己イメージが大きく異なるケースを周囲で見聞きしたことがあるだろう。あなたにもそんな面があるのでは？　必死で作り上げてきた自己イメージが崩壊しかねないのに、「他人の目線で自分を見る」力は本当に喜ばしい才能だろうか。他者からの指摘に従って自分を変えたら、自尊心や自信が崩壊しかねないという恐怖もあることだろう。

そうした恐怖は成長と学びを妨げ、リスクを冒して新たな行動を試してみようという意欲を減退させてしまう。その結果、目を背けたくなるような不幸にはまり込み、エネルギーを消耗し、大切な人との絆まで失われることも……。恐怖心とは「一見、本物に見える誤った期待」と同義なのかもしれない。

何より残念なのは、そうした恐怖心のせいで、大切な人間関係が格別の関係に進化する可能性まで制限されてしまうことだ。この本で繰り返し指摘してきたように、格別の関係が可能になるのは、恐怖心をコントロールして必要なリスクを冒した場合だけなのに……。

ここで、パラドックスが生じる――恐怖心のせいで行動を起こせなくなりやすい反面、ひとたびリスクを冒して格別の関係を構築・維持すれば、そうした恐怖心の大半は消えていくのだ。

その理由の1つは、リスクを取って挑戦してみたら、恐れていたことの多くは誤解にすぎなかったとわかるためだ。深い人間関係を作り上げていくプロセスには、対人関係能力を磨き、本心を語って、ありのままの自分をさらけ出せる自信を伸ばす力がある。そして、そうした経験を積み重ねるうちに、「そんなことは口に出せない」「私が～したら、あの人にどう思われるだろう」といった不安は消え去っていく。

自分の力を疑って無駄にエネルギーを消耗するよりも、そのエネルギーを好奇心をもった学びに集中させよう。それでも結果への不安は消えないかもしれないが、それは素のままの自分では拒絶されるのではないかという不安とは別ものだ。このように、格別の関係には、モノトーンな人生から色彩豊かな人生へのシフトを後押しする力があるのだ。

格別の関係の中核にあるのは、まるで魔法のような自由の感覚。自分のことを気にかけ、誠実に向き合い、適切なフィードバックを与えてくれる人がいる——そんな安心感のおかげで、ありのままの自分を受け入れられるようになり、自分の強みを理解すると同時に、弱みも成長のチャンスにつながる自分の一部だと考えられるようになる。

格別の関係は、あなたの信念を試す試金石でもある。過去には正しかったはずの信念が通用しない状況に直面しても、相手からの指摘がきっかけとなって視野が広がり、現状認識を改めたり、新たな選択ができるようになるかもしれない。

もっとも、格別の関係の最大の意義は、大切な誰かに「欠陥だらけの一人の人間」としてまるごと受け入れてもらえる点にある。他人から見た自分と本当の自分の溝を埋めようとしてきたあなたにとって、相手に受け入れられる経験は自分を受け入れることにつながるはず。そこから生まれる解放感は、きっと何にも代えがたい感覚だろう。

己を知り、己を受け入れられるようになると、内面にぶれない「軸」が生まれ、他人の指摘や反応に振り回されなくなる。自分にとって大切なものに忠実になり、結果として他人の視点を取り入れやすくもなる。学びと成長にはリスクを取る姿勢が不可欠だが、あなたにはすでに確固たる基盤があり、生涯にわたって学び続ける準備は万全。さらに、他者と深い次元で結びつく能力も備えている。

あなたは山頂にたどり着いたのだ。今のあなたの眼下には、谷底や草原にいたときには見えなかった広い世界が広がっているはず。そんな場所に大切な誰かと一緒にたどり着いたあなたは、さまざまな見晴らし台から新たな絶景を眺められるチャンスを手に入れた。

しかも、こうした登山を何度か繰り返すうちに、今度は他の人々とも一緒に山頂を目指せると気づくことだろう。あなたの未来には、多くの人々との魔法のような絆が待ち受けている。

謝辞

ペンギン・ランダムハウス社のダニエル・クルーが「『タッチー・フィーリー』の名で知られる、かの有名な授業を書籍の形でまとめないか」と打診してくれなかったら、われわれがこの本を書くことはなかっただろう。われわれをこの旅に招き入れ、われわれを信じて、3年以上にわたって数多くの助言をしてくれた彼に真っ先に感謝の意を捧げたい。また、優れた編集者目線で草稿に改良を加え、原稿の質を高めてくれたエマ・ベリーの素晴らしい対応力にも心から感謝したい。

原稿に粘り強く手を入れ、はるかに面白い読み物に仕上げてくれたジェナ・フリーにも深く感謝している。彼女は冗長な部分をそぎ落として内容を明確にし、詰め込みすぎた要素を整理する見事な手腕でこの本に命を吹き込み、緻密な編集を通してわれわれに「少ないほど豊かなこともある」と教えてくれた。さらに、出版に向けて常にわれわれを導いてくれたエージェントのハワード・ユンに御礼を申し上げる。

友人のメアリー・アン・ハッカベイ、頻繁に相談に乗って幅広い助言を与えてくれたマックス・リチャード、何度も原稿を読んでは具体的な提案をし、われわれの思考を整理してくれたアデル・ケルマンとバネッサ・ローダーには大変お世話になった。また、執筆の各段階で、多くの方々が賢明な指摘や意見を提供してくれた。インターパーソナル・ダイナミクスの同僚であるエド・バチスタ、アンドレア・コーニー、コリンズ・ドブズ、イファット・レビン、当初の企画書を精査して本の方向性を定めるサポートをしてくれた友人の故ランズ・ローウェンに感謝したい。

アラン・ブリスキン、ゲイリー・デクスター、バスヤ・ゲール、メリー・ガーバー、スーザン・ハリス、トニー・レビタン、エドガー・シャイン、ロジャー・ショールからは、3年以上にわたって多くの素晴らしい提案をもらった。取り入れたものも、そうでないものもあるが、彼らのアイデアやアドバイスのおかげでわれわれは立ち止まり、自分たちが何を伝えたいのかをより深く考えられた。本の内容は執筆の過程で大きく変わったが、彼らの言葉がなければこの形にたどり着けなかったのは間違いない。なお、この本に残る不備の責任はすべてわれわれ2人にある。

パトリシア・ウィル、ロイ・バハトとリッキ・フランケル、シンシア・ゴーニー、ウェンディ・キャベンディシュは叱咤激励と情熱的なサポートを提供し、「リーダーズ・イン・テック」の仲間たちは改良点を幾度となく指摘してくれた。

われわれの思考を形作り、個人的にも多大な影響を与えてくれた何千人もの受講生やクライアントにも謝意を伝えたい。意義深い関係づくりについて彼らが教えてくれたことを、この本で余すことなく伝えられただろうか。執筆の過程で、実に多くの人々と無数の対話を重ねた。

全員のお名前をここに記すのは現実的ではないが、個別に御礼を述べられないことをお詫びする。

最後に、この本をわれわれ2人の妻と夫に捧げる。加えて、われわれの人生にとって極めて大きな存在であり、格別の関係を築くのに必要なものを教えてくれた子供たちと孫たち――ジェフ・ブラッドフォード（ソフィア・ラウ）、ウィンリー・ブラッドフォード、ケンドラ・ブラッドフォード（トッド・シャスター）、レブ・シャスター、ゲイル・シャスター、ニック・ロビン（アレックス・ロビン）、モリー・ロビン――に、心からありがとうと伝えたい。

付録A

感情の語彙

	幸せ	愛情
穏やかな感情	嬉しい いい感じ 納得している 満足している 満ち足りている 快適 喜ばしい 良好	好ましい 親しみを覚える 好き いいイメージ
中程度の感情	陽気 元気 いい気分 心穏やか 素敵 愉快だ 輝いている 気持ちが高まる 楽しい 幸せな気分 気分が高揚する	好意を持つ 敬意を感じる 尊敬の念を持つ 称賛する 気遣う かわいい 信頼する 親しみを感じる
強烈な感情	わくわくする 最高 恍惚とした 大喜び 興奮している 驚嘆する 見事だ 浮き浮きした気分 素晴らしい 至福 大得意 夢中 歓喜する 輝かしい すごい 有頂天 解放感でいっぱい	愛おしい のぼせ上がる 心を奪われる 大事に思う 溺愛する 敬愛する 愛情深く見守る 親愛の情を抱く 魅了される 慕う 愛情を注ぐ 憧れる

恐怖心	自信の欠如	気分の落ち込み
緊張する 不安 自信がない ためらう 臆病 内気 心配 心もとない 恥ずかしい きまりが悪い 落ち着かない 居心地が悪い 疑わしい びくびくする ピリピリする 気まずい 気後れする	自信がない 自分を信じられない 確信がない 弱い 手際が悪い	嬉しくない 気分が下がる 気が重い 不愉快 退屈だ がっかり 悲しい しょんぼり へこむ
おじけづく 怖がる 危惧する 神経過敏 身震いする 脅威を感じる 不信感を抱く リスクを感じる 仰天する 胸がざわめく 抵抗を感じる 身構える	疲れ切った 挫折感 不適任 能力不足 打ちのめされる 役に立たない 力が足りない 無能な 肩身が狭い 不相応 大事にされない 不十分 無益 身動きが取れない	心を痛める 気分を害する うなだれる 悲しい やる気を失う 落胆する 悲惨だ 悲観的 涙に暮れる 涙目になる つまらない 嫌 不快 気分が塞ぐ 途方に暮れる 憂鬱
恐れおののく 恐怖に怯える 恐れをなす 震えあがる 死に物狂い パニックに陥る 恐怖に襲われる 無力感 体が固まる 畏怖の念 身がすくむ	手の施しようがない 虚無感 がんじがらめ 劣等感 骨抜きにされた 使い物にならない 再起不能 ダメ人間 価値がない 甲斐性なし	陰鬱な 散々な気分 寒々しい やけっぱち 虚しい 不毛だ 悲嘆に暮れる 苦悩する 残酷 わびしい 意気消沈 絶望する 疎外感

	混乱	心の傷
穏やかな感情	不確か 迷う 気になる 気まずい 決められない	けなされる 無視される 見過ごされる 重視されない 失望させられる 報われない 正当に評価されない
中程度の感情	複雑な心境 頭が混乱する 靄がかかった 問題を抱えている 当てもなくさまよう 途方に暮れる 何も決まらない 紛糾する 考えがまとまらない 不満がたまる 苦境に陥る どっちつかず 心が乱れる 無力感 堂々巡り	見くびられる 却下される 見過ごされる 虐げられる 安く見られる 批判される 悪口を言われる とがめられる 信用を傷つけられる 軽んじられる 笑われる 中傷される 虐待される 嘲笑される 軽視される 軽蔑される からかわれる あざ笑われる 利用される 搾取される 評判を傷つけられる 酷評される 名誉を傷つけられる 非難される 蔑まれる
強烈な感情	当惑する 困惑する 狐につままれる まごつく 追い詰められた気分 狼狽する ジレンマ 大混乱 板挟み 疑問だらけ	打ちひしがれる 打ち砕かれる 破滅させられる 評判を汚される 苦しめられる 傷を負わされる 壊滅させられる 拷問される 顔に泥を塗られる 辱められる 苦渋を味わう 翻弄される 見捨てられる 見放される 拒絶される 棄てられる

怒り	寂しさ	罪悪感／恥
ピリピリ 不快だ ムカつく うんざりする 気分を害する むっとする 腹を立てる うろたえる むしゃくしゃする 悔しがる 機嫌が悪い じれったい 「ピンチ」を感じる	取り残された のけ者にされた 寂しい 他人行儀 打ち解けられない	残念だ 間違えた 当惑する 責任を感じる 誤りを犯す 落ち度がある しくじる へまをした 嘆く ばつが悪い
憤慨する イライラする 敵意を感じる 怒る 頭にくる 動揺する 激怒する 癪に障る 立腹する 敵対的な 業を煮やす ケンカ腰 意地悪 怒りがこみ上げる 悪意に満ちた 報復心	疎外された 疎遠 よそよそしい 独り 自分だけ違う 遮断された	恥じ入る 罪悪感を覚える 後悔する 気分が悪い 責任を痛感する 面子を失う 面目がつぶれる
怒り狂う 激高する はらわたが煮えくり返る 激しい怒りを覚える 怒りに燃える カンカンに怒る 暴力的 憤怒する 憎悪 苦々しい 煮え湯を飲まされる 復讐に燃えた 憎しみを募らせる 怒りで顔色が変わる 嫌悪感を募らせる	孤独 棄てられる 独りぼっち 見放される 切り捨てられる	胸を痛める 恥さらし 許しがたい 辱められる 顔に泥を塗られる 評判を汚される 最悪の気分 屈辱的

さらなる学びへ

この本を通して身につけてほしい最も重要かつ長期的に役立つスキルは「学び方」だ。Tグループを分析した結果、この本で紹介した能力を身につけた参加者たちはインターパーソナル・ダイナミクスのコースが終わっても学び続け、その能力をさらに磨いていることがわかった。

皆さんはこの本で、次に挙げるようなさまざまな能力を身につけてきた。そうした能力を活用して、自分の力をさらに伸ばす好循環を体感してほしい。

- 感情を表出させる力を含め、より自分らしくいられる方法を知り、15%ルールを使って自己開示に踏み出すコツを身につけた。弱みをさらけ出すことにはリスクもあるが、多くの場合、それをはるかに凌《しの》ぐメリットがある。ありのままの自分を見せるのは勇気のいる行為だが、あなたはもう、自分をさらけ出せるのは弱さではなく強さの証だと知っているはずだ。
- 相手がありのままの姿を見せられるような環境を整えるには、相手の気持ちに耳を傾け、思いの丈を表現するよう促す努力が不可欠。また、相手の言動を理解できなかったり腹が立ったりしても、早急に判断を下さず、相手に関心を寄せることも大切だ。自分と同じ思考を求めるのではなく、その人らしさを大事にする方法も学んだ。

- アドバイスという行為の限界とオープン・クエスチョンの効果。相手に共感するスキルを高め、自分がまるごと受け入れられたいのと同じ形で、相手をまるごと受け入れるコツも身につけた。
- 「行動に特化したフィードバック」の与え方と受けとめ方を知り、問題提起と問題解決を図りながら、その人の強みと改善点を伝えられるようになった。対立の度合いは些細な「ピンチ」から深刻な衝突まで幅広いが、いずれの場合もフィードバックは個人攻撃ではなく、問題の核心を浮かび上がらせて一緒に解決するための手段である。相手の成長に深く関与し合える関係においては、フィードバックは素晴らしい贈り物となる。
- さまざまな感情の存在とその威力を知り、複数の感情が同時に沸き起こることを理解した。また、感情を認識して適切に活用するのを妨げる自分の癖にも気づいた。
- サポートには多種多様な形があるが、相手の力になるためには、気まずい雰囲気になっても言いにくいことを指摘せざるを得ない場合もある。その際、できる限り誠実に相手と向き合うには、相手の性格や行動の理由を分析してみせるのではなく、まずは自分から見た現実の領域――相手の言動が自分にどう影響を及ぼしたか――をはみ出さないよう心得ること。

- あなたの手元には、当初自覚していたよりもずっと多くの選択肢がある。何かをしないのは、「できない」のではなく、「やらない」という選択肢を選んだ結果だ。ときには黙っているのがベストという場面もあるだろうが、それも自分の選択だと自覚しておくことが重要だ。
- 衝突が人間関係を破壊するとは限らない。フィードバックモデルを正しく活用すれば、切り出しにくい問題を指摘し、解決に至る過程でむしろ絆を深められる。
- 人間関係はたいてい一直線には進化せず、「二歩進んだら一歩下がる」ことだろう。意義深い関係を築くには忍耐が必要だ。困難はいずれ解決される一時的な障壁にすぎず、傷を負っても修復できる。
- 得意分野や足かせとなる要因など、自分自身についての理解も深めたはず。何より重要なのは、さまざまな学びの手段に気づいたこと。たとえば、感情は自分にとって何が大切かを教えてくれるシグナルであり、自分の感情から学べることは多い。また、「私はなぜこんなふうに反応しているのだろう」という自分への問いかけや、あなたの言動の影響について教えてもらえるフィードバックも学びの宝庫だ。

もっとも、こうしたスキル以上に重要なのは、関係改善に向けて行動してみるなかで、これらのスキルを活用しつつ、経験から多くを学べたことだろう。自分と相手にとって特に効果的なアプローチがわかったのだから、問題点の存在を否定することなく不具合から学ぶことで、次に何か起きたときにうまく対処できるはず。ここに挙げたスキルを身につけてパワーアップしたあなたは、以前ほどリスクを恐れないだろう。それが、学び続ける自由をもたらしてくれる。

行動を起こそう

1. 「さらなる学びへ」での要約とこの本全体の内容を踏まえて、あなたにとって最も改善が必要なのはどんな能力か。

2. 具体的な学びのゴールを設定する

「さらなる学びへ」で挙げた能力のなかでも、人によって得意な分野は異なる。すべての能力を一度に鍛えるわけにはいかないため、まずは15%ルールを意識しつつ、自分にとって特に重要な力を選んで伸ばすといい。

同様に、自分の行動に制限をかけたり罠に陥ったりしやすいパターンはないだろうか。自分の弱みと強みを意識することで、そうしたスキルが求められる場面に気づけるようになる。

3. 助けを借りる

自分一人で大きな変化を起こすのは難しい。学びの目標を達成するためには、他者の助けを借りることも必要だ。

たとえば、意見をはっきり述べられるようになりたいと思っているのに、つい引っ込み思案になってしまう場合、信頼できる人に改善したい点を伝え、あなたがいつものパターンに陥ったり、改善のチャンスを見逃していたりしたら指摘してほしいと依頼しよう。彼らは目標を明確化したり、そこに至る方法を考えるための手助けもしてくれるかもしれない。

4. 記録して振り返る

この本の初めのほうで、進捗状況の把握のためだけでなく、振り返りの材料とするためにも記録をつけることを推奨した。たとえば、感情に振り回されて失敗した経験があった場合、その原因は何か、特定の感情に苦手意識があるのではないか、エゴの罠にはまったせいで弱みを見せにくかったのではないか、といった点を振り返ってみよう。

こんな物語がある。ある患者がセラピストに「病気が治ったと、どうしたらわかりますか」と尋ねたところ、セラピストは「私より先に、自分で気づきますよ」と答えた。

長年かけて育まれた習慣を変えるのは容易ではなく、あなたは今後も人との衝突が苦手なままかもしれない。そんなときは、衝突への対応が「得意」になるのではなく、「可能」になる状態を目標に設定しよう。新しい行動パターンを取り入れるのには鍛錬と忍耐が必要だが、とにかく続けて、自分の進歩を認めてあげること。一時的に後退しても諦めてはいけない。

最後に、画家のルノワールが死の間際に遺したという「(絵画について)何かわかり始めた気がする」という言葉に立ち返ろう。われわれは皆さんが生涯にわたって成長を続け、最期の瞬間まで新たな発見に満ちた人生を歩むことを願っている。それこそが人生の醍醐味なのだから。

Discuss What Matters Most (New York: Penguin Books, 2010).

12 衝突を生産的に活用する

John Gottman, *Why Marriages Succeed or Fail: And How You Can Make Yours Last* (New York: Simon & Schuster,1995). [ジョン・ゴットマン、ニール・ジェイコブソン『夫が妻に暴力をふるうとき―ドメスティック・バイオレンスの真実』戸田律子（講談社、1999年)]

13 厄介な問題を解決するために

Norman R. F. Maier and Allen R. Solem,"Improving Solutions by Turning Choice Situations into Problems," *Personnel Psychology* 15, no. 2 (1962): doi.org/10.1111/j.744-6570.1962.tb01857.x; Norman R. F. Maier and L. Richard Hoffman,"Quality of First and Second Solutions in Group Problem Solving," *Journal of Applied Psychology* 44, no. 4 (1960): doi.org/10.1037/h0041372.

16 格別の関係になれないとき

Carol Dweck, *Mindset: The New Psychology of Success* (New York: Random House, 2006). [キャロル・S・ドゥエック『マインドセット「やればできる！」の研究』今西康子・訳 (草思社、2016年)]

Allan R. Cohen and David L. Bradford, *Power Up: Transforming Organizations Through Shared Leadership* (New York: John Wiley & Sons, 1998) [デビッドL.・ブラッドフォード、アラン R. コーエン『POWER UP―責任共有のリーダーシップ』高嶋成豪、高嶋薫・訳（税務経理協会、2010年）David L. Bradford and Allan R. Cohen, *Influence Without Authority,* 3rd ed. (New York: John Wiley & Sons, 2017). [L.・ブラッドフォード、アラン R. コーエン『影響力の法則―現代組織を生き抜くバイブル』高嶋成豪、高嶋薫・訳（税務経理協会、2007年)]

Allan R. Cohen and David L. Bradford, *Influencing Up* (New York: John Wiley & Sons, 2012).

06 ピンチとクランチ

Douglas Stone, Bruce Patton, and Sheila Heen, *Difficult Conversations: How to Discuss What Matters Most* (New York: Penguin Books, 2010).

APA Dictionary of Psychology, American Psychological Association, accessed March 11, 2020, dictionary.apa.org/confirmation-bias.

Jennifer Aaker and Naomi Bagdonas, interview by David Needle, "Humor in the Workplace," *Gentry Magazine,* September 2017, https://www.gsb.stanford.edu/experience/news- history/humor-serious-business.

08 フィードバックを効果的に活用する難しさ

Daniel Goleman, *Emotional Intelligence* (New York: Bantam Books, Inc., 1995). [ダニエル・ゴールマン『EQ こころの知能指数』土屋京子・訳(講談社、1998年)]

Jennifer Aaker and Naomi Bagdonas, interview by David Needle, "Humor in the Workplace," *Gentry Magazine,* September 2017, https://www.gsb.stanford.edu/experience/news- history/humor-serious- business.

10 「感情の手綱を握る」ために

Brené Brown, "The Power of Vulnerability," TEDxHouston lecture,2010, www.ted.com/talks/brene_brown_on_vulnerability/transcript?language=en#t- 640207.

Douglas Stone, Bruce Patton, and Sheila Heen, *Difficult Conversations: How to*

(2018); Lynn Offermann and Lisa Rosh, "Building Trust Through Skillful Self-Disclosure," *Harvard Business Review*, June 13, 2012, hbr.org/2012/06/instantaneous- intimacy- skillfu.

Laura Morgan Roberts, "Changing Faces: Professional Image Construction in Diverse Organizational Settings," *Academy of Management Review* 30, no. 4 (2005).

04 自分を知ってもらうために

Katherine W. Phillips, Nancy P. Rothbard, and Tracy L. Dumas, "To Disclose or Not to Disclose? Status Distance and Self- Disclosure in Diverse Environments," *Academy of Management Review* 34, no. 4 (2009).

David L. Bradford and Allan R. Cohen, *Power Up: Transforming Organizations Through Shared Leadership* (New York: John Wiley & Sons, Inc., 1998).［アラン R. コーエン、デビッド L.・ブラッドフォード『POWER UP―責任共有のリーダーシップ』高嶋成豪、高嶋薫・訳（税務経理協会、2010年）］

05 影響力のバランス

Jean M. Twenge, W. Keith Campbell, and Craig A. Foster, "Parenthoodand Marital Satisfaction: A Meta-Analytic Review," *Journal of Marriage and the Family* 65, no. 3 (2003); Gilad Hirschberger, Sanjay Srivastava, PennyMarsh, Carolyn Pape Cowan, and Philip A. Cowan,"Attachment, MaritalSatisfaction, and Divorce During the First Fifteen Years of Parenthood," *Personal Relationships* 16, no. 3 (2009); Sara Gorchoff , John Oliver, and RavennaHelson, "Contextualizing Change in Marital Satisfaction During MiddleAge: An 18-Year Longitudinal Study," *Psychological Science* 19, no. 11 (2008).

L. Festinger, "A Theory of Social Comparison Processes," *Human Relations* 7 (1954), pp. 117—140.

参考文献

03 伝えるべきか、黙っているべきか

Nancy L. Collins and Lynn Carol Miller, "Self-Disclosure and Liking: A Meta-Analytic Review," *Psychological Bulletin* 116, no. 3 (1994): doi.org/10.1037/0033-2909.116.3.457; Susan Sprecher, Stanislav Treger, and JoshuaD. Wondra, "Effects of Self-Disclosure Role on Liking, Closeness, and OtherImpressions in Get-Acquainted Interactions," *Journal of Social and Personal Relationships* 30, no. 4 (2013): doi.org/10.1177/0265407512459033.

P. C. Wason, "On the Failure to Eliminate Hypotheses in a Conceptual Task," *Quarterly Journal of Experimental Psychology* 12, no. 3 (1960): doi.org/10.1080/17470216008416717.; "The tendency to gather evidence that confirms preexisting expectations, typically by emphasizing or pursuing supporting evidence while dismissing or failing to seek contradictory evidence." *APA Dictionary of Psychology*, American Psychological Association, accessed March 11, 2020, dictionary.apa.org/confirmation-bias.

Keith Oatley, Dacher Keltner, and Jennifer Jenkins, "Cultural Understandings of Emotion," in *Understanding Emotions,* 3rd ed. (New York: John Wiley & Sons, 2013).

Daniel Goleman, *Emotional Intelligence* (New York: Bantam Books, Inc., 1995).
[ダニエル・ゴールマン『EQ こころの知能指数』土屋京子・訳（講談社、1998年）]

Martin Hewson, "Agency," in *Encyclopedia of Case Study Research,* eds. Albert J. Mills, Gabrielle Durepos, and Elden Weibe (Thousand Oaks, CA: Sage Publications, Inc., 2010), dx.doi.org/10.4135/9781412957397.n5.

Katherine W. Phillips, Nancy P. Rothbard, and Tracy L. Dumas, "To Disclose or Not to Disclose? Status Distance and Self- Disclosure in Diverse Environments," *Academy of Management Review* 34, no. 4 (2009); Kerry Roberts Gibsona, Dana Hararib, and Jennifer Carson Marr, "When Sharing Hurts: How and Why Self-Disclosing Weakness Undermines the Task- Oriented Relationships of Higher Status Disclosers," *Organizational Behavior and Human Decision Processes* 144

著者

デイビッド・ブラッドフォード David Bradford

スタンフォード大学上級講師（ユージーン・オケリー２世名誉上級講師）、専門はリーダーシップ論。ミシガン大学で博士号（社会心理学）取得。1969年にスタンフォード大学ビジネススクールに着任以降、人間関係学講座「インターパーソナル・ダイナミクス（タッチー・フィーリー）」のプログラム開発者として活躍。著書に『POWER UP――責任共有のリーダーシップ』『影響力の法則――現代組織を生き抜くバイブル』（ともに共著、税務経理協会）など多数。

キャロル・ロビン Carole Robin

元スタンフォード大学講師。ノースウェスタン大学卒業（専攻は化学）、フィールディング大学院大学にて博士号取得（人間科学・組織論）。コンサルティング会社でシニアコンサルタントを務めた後、スタンフォード大学講師に。2017年までスタンフォード大学ビジネススクールで約20年間、「インターパーソナル・ダイナミクス（タッチー・フィーリー）」に携わり、プログラム拡大に寄与。同講座を元にしたメソッドをシリコンバレーのエグゼクティブ向けに教えるLeaders in Techの共同創業者。

訳者

井口景子 Keiko Iguchi

翻訳家、ジャーナリスト。「ニューズウィーク日本版」編集部を経て、フリーに。専門は、教育、英語、医療など。米インディアナ大学大学院、および慶應義塾大学大学院にて言語学を学び、修士号取得。訳書に『ウォーキング・セラピー――ストレス・不安・うつ・悪習慣を自分で断ち切る』『敏感すぎるあなたが生きやすくなるヒント』（ともにCCCメディアハウス）などがある。現在、昭和女子大学非常勤講師もつとめている。

装丁＋本文デザイン　Keishodo Graphics

校正　麦秋アートセンター

スタンフォード式《しき》

人生《じんせい》を変《か》える人間《にんげん》関係《かんけい》の授業《じゅぎょう》

2021年９月５日　初版発行

著　者　デイビッド・ブラッドフォード、キャロル・ロビン
訳　者　井口景子
発行者　小林圭太
発行所　株式会社ＣＣＣメディアハウス
〒141－8205　東京都品川区上大崎３丁目１番１号
電話　販売　03-5436-5721
　　　編集　03-5436-5735
http://books.cccmh.co.jp

印刷・製本　株式会社新藤慶昌堂

ISBN978-4-484-21109-1